成功する収納デザイン

暮らしが整う、ラクになる

最新版

はじめに

「片づく家」のつくり方

家が片づかない、と悩む住まい手はとても多いのが実状。しかし、こと収納に関しては、住まい手の性格や家事能力以上に、現状の家の間取りや収納方法に問題があるケースがほとんどです。

なぜ、日本にはすっきりと片づく美しい家が少ないのでしょうか？　ここ数十年で急速に進んだ消費生活の拡大化と、生活様式の洋風化による「和洋折衷《せっちゅう》の生活」に、住宅設計が未だ追いついていないことが原因の１つとして挙げられます。

元々の日本の住宅は可変性の高い和室空間でしたが、１９６０年代頃から欧米風の「個室」が導入されました。欧米の個室とは本来、それぞれの寝室にバスルームを備えつけた〝完全にプライベートな空間〟を指しますが、居住スペースが限られることの多い日本では、このプランはなかなか採用できず、身だしなみを整えるために必要な行為の多くは、依然として家族の共用空間である洗面室で行われています。この矛盾が、「動線の複雑化」を引き起こしたとも言えるでしょう。結果、さまざまなモノの置き場が定まらないまま、もやもやとしたストレスを抱えて〝とりあえず〟生活し続けている人がほとんどなのです。

片づいた住まいをつくるためには、適切な「動線」と「収納」の設計が不可欠です。たとえば洗面室のない階には小さな洗面コーナーを設けるなど生活の動線をスムーズに配し、床から天井までの高さをいっぱいに使った高密度の収納を動線上の適切な位置に設けることで、連鎖的に家のなかが片づき、美しく整えられていくのです。

リフォームを含めて今までに２００軒程の住宅設計を手掛けてきましたが、いつどの家を訪ねてもすっきりと片づいています。最初に「散らからないシステム」を構築しておけば、美しい状態をキープしながら住み続けることは十分に可能です。住宅設計においては、住まい手が「いつまでも美しく、心地よく過ごせる家」をつくることが必須事項であり、設計者の責任だと言えるでしょう。

［水越美枝子／アトリエサラ］

「片づけなくても片づく家」の基本

収納棚は「仕切る」ことで空間稼働率が上がり、使いやすくなる。収めるモノと仕分けするためのカゴのサイズを想定し、収納の奥行きや幅にぴったり合うカゴを建築主に提供することで、仕切って整理する習慣づけが徹底できる

棚板は可動式とし、収めるモノの高さに合わせて棚の高さを調整することで高密度にモノを収納できる

扉の色は壁や棚に合わせてすっきりと見せる

見せる収納と隠す収納のバランスをとる

「米崎邸」設計：アトリエサラ　写真：永野佳世

「片づけなくても片づく家」を設計するポイント

❶ すっきり片づく家の3大要素

美しく片づいた住み心地のよい家を実現するためには、「**動線・収納・インテリア**」の3要素を精査したうえでの設計が不可欠だ。シンプルな動線と機能的な収納システムが巧みに連携した土台の上にこそ、美しい意匠が成立する。動線上の最適な場所に効率的な収納を設けることで、「意識的に片づけなくても片づく家」を設計できる

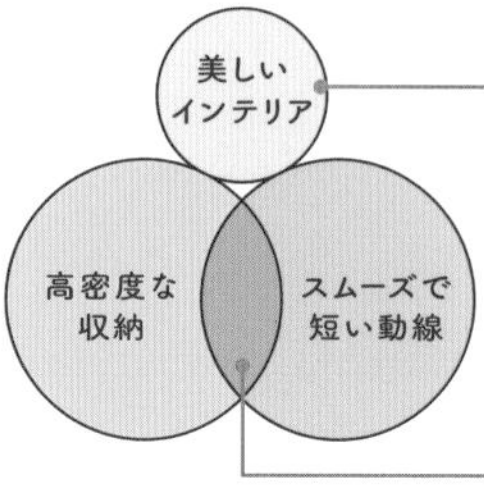

美しい
インテリア
高密度な
収納
スムーズで
短い動線

動線と収納で家のなかをすっきり整えてこそ、インテリアが映える

シンプルな動線と機能的な収納がリンクすることで、「片づけなくても片づく家」の土台となる

❷ 高密度収納で有効面積を増やす

限られたスペースでも、棚の数を増やすことで収納面積を生み出せる。幅1,800×奥行300㎜（約1／3畳）の収納スペースをつくる場合、床から天井までの高さが2,400㎜なら高さ200㎜の棚を12段つくれる。その結果、約4畳分の広さを持つ高密度な収納スペースが生まれる

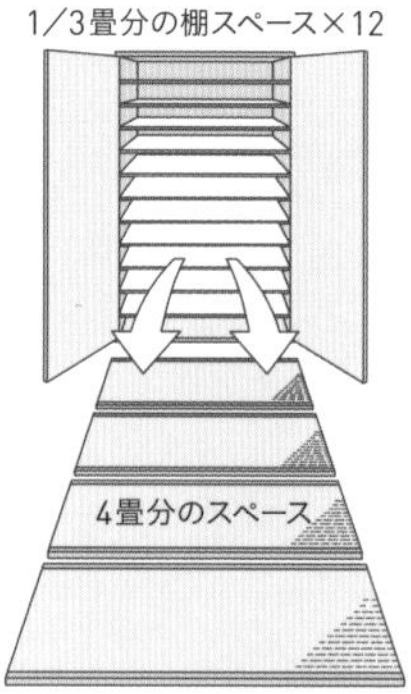

1／3畳分の棚スペース×12
4畳分のスペース

❸ 適切な収納診断とアドバイス

家具を決めたり、新しい住居に必要な収納量を決める「収納診断」を設計前に行う。現在の住まいの収納状況を確認するために「それらを写真に撮らせてほしい」と依頼することが、片づく家の設計の第一歩だ。この過程を恥ずかしがる住まい手は少なくないが、意図を正確に理解してもらい、問題点を共有することで、設計者と住まい手の間に信頼関係が生まれる。この作業により不要なモノが見えてくるため、モノの量を減らすことにもつながる

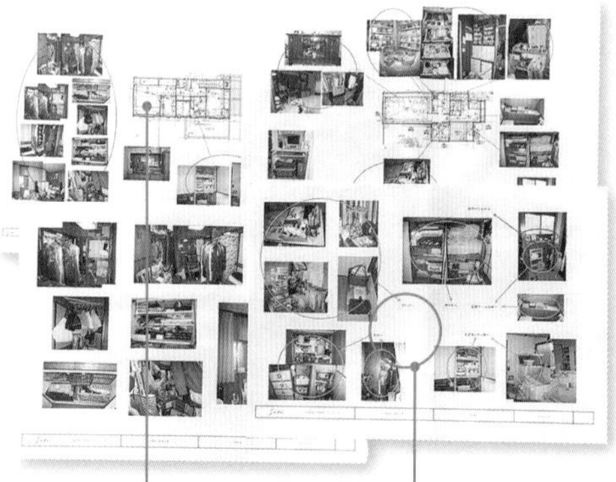

間取り図と写真を基に、現状のプランニングと収納の問題点を詳しく解説する

収まらないモノをどの場所に収納したらよいかを事前に提案する

❹「適所収納」を徹底する

「片づけなくても片づく収納」の鉄則は、「使う場所の近くに、モノの住所を定めること」。住まい手へのヒアリングの際には、右のような適所診断用のチェックリストを用いて現状を確認する。それにより、あてはまる答えを記載していく過程で、家のなかにあるモノと置き場所の問題点を見直すことができる。とくに家族共有のモノには「決まった置き場所＝住所」を定め、あいまいさを排除するシステムをつくっておくことが、「常に片づいた状態の家」への近道だ。このシステムをさらにわかりやすく便利にするために、入居前の段階で高さや幅の異なる白いプラスチックのカゴを100個（16種）ほど住まい手に提供し、あらかじめさらに細かくモノの位置を分類してもらう。このカゴを引出し代わりに活用することで、モノの指定席が決まり、棚の使い心地もよくなる。

□ **住まい手に右のA～Eを書き込んでもらう。また、「適所」にはモノの置き場としてふさわしい場所を書き込むとよい。**

- A　よく出しっぱなしになっている
- B　家族によく場所を聞かれる
- C　収納場所が遠く感じられる
- D　収納から出すのが面倒に感じる
- E　よく行方不明になる

表｜「適所収納」チェックリスト

	モノ	診断	適所
1	帽子や手袋		
2	家人のコート		
3	客用のコート		
4	ハンカチ、ポケットティッシュ		
5	外出時に持っていくスポーツタオル		
6	マスクや携帯用カイロ		
7	紙袋（ストック）		
8	古新聞、古雑誌		
9	荷造り用テープ、はさみ、紐		
10	家族共通の文具類のストック		
11	家族の診察券		
12	病院の領収書		
13	爪切り、耳かき、体温計		
14	ろうそく、マッチ		
15	主婦用の文具、筆記具		
16	便せん、封筒、はがき、切手		
17	家電関係の説明書、保証書		
18	家関係の書類		
19	子ども関係の書類		
20	工具		
21	裁縫箱		
22	薬箱		
23	アルバム		
24	アイロン、アイロン台		
25	ビデオカメラ、カメラ		
26	パソコンと周辺機器		
27	電話、ファックス親機		
28	箸、カトラリー		
29	取り皿		
30	湯呑み茶碗、コーヒーカップ		
31	テーブルクロス、ランチョンマット		
32	生ゴミ入れ（置き場）		
33	びん、缶、ペットボトル（置き場）		
34	プラスチックゴミ（置き場）		
35	食料品のストック		
36	毎日は使わない調理器具		
37	客用おしぼり		
38	花びん		
39	パジャマ		
40	下着		
41	タオルのストック		
42	洗剤のストック		
43	ボックスティッシュ、トイレットペーパー（ストック）		
44	掃除機		
45	季節外の寝具		
46	季節で使う暖房機や扇風機		
47	電球（ストック）		
48	電池（ストック）、電池（処分用）		
49	スポーツ用具		
50	CDやDVD		

資料提供：アトリエサラ

もくじ

第3章 造作収納家具の基本とつくり方

第4章 今どき家族の持ち物寸法事典

※ 本書は『暮らしが整う、ラクになる 成功する収納デザイン』（2018 年発行）を加筆・改訂したものです。

美しく心地よい収納デザイン

限られた面積の中で、美しく機能的に暮らすにはどうしたらいい？家づくりや収納を計画する中で、誰もが頭を悩ませるこの問題。ここでは、「すべてのモノに居場所をつくる」「〝見せる〟と〝しまう〟を適宜使い分ける」ことで実現した美しい住まいをご紹介します。

3階リビングからダイニング・キッチンを見る。“見せる”ための飾り棚と、“しまう”ためのバランスが絶妙な造作キッチン。特徴的な変形の切妻天井も相まって、キッチンに立つと船の操舵室のような印象を受ける

敷地面積：69.47㎡（21.01坪）
延床面積：102.46㎡（1F：36.34㎡、2F：37.53㎡、3F：28.59㎡）

「染織りの家」 設計：佐藤・布施建築事務所 写真：石曽根昭仁

上：玄関から1階のアトリエを見る。染織作家である住まい手の仕事道具「糸巻き」のサイズに合わせて高さを決めた飾り棚が空間のアクセントに｜左：3階キッチン中央に位置する作業台の正面は、好きな作家ものの器を飾るためガラス張りに。サイドにはレシピ本などを収めるための書棚を設けている

機能性と美を両立した職住一体の住まい

都内の閑静な住宅街に建つ3階建てのこの家。住まい手（染織作家）の仕事場と住居を兼ねており、1階はアトリエ、2階は水廻り・寝室・子ども部屋のプライベートフロア、3階はリビング・ダイニングと各階で機能を切り分けています。総面積は約100㎡の都市型住宅ですが、自分たちの持ち物をしっかりと把握し、収めるべき場所をきっちりと決めて設計することで、無駄なく効率的な収納に。ぐるりと回遊できるウォークスルー収納や造作キッチンなど動線にもこだわり、ストレスのない快適な暮らしを実現しました。

機能性と美を併せ持つ
アトリエの収納計画

住まいの玄関兼アトリエ(仕事場)。大判の大理石を乱張りにした土間床が印象的な空間です。北側には壁付のデスク(作業台)を、染め場には作業用のシンクを設けています。西側には染め場と内玄関をつなぐ廊下の壁面を利用して、ウォークスルー収納を造作しました。

1F

飾り棚

染色した糸を収めるための造作棚。好きな小物やオブジェ用の飾り棚も兼ねている。糸巻きがちょうど入るよう、棚の高さを綿密に調整(写真は11頁参照)

アトリエから玄関側を見る。左手の扉が玄関で、外部とほぼフラットにつながる。普段は住まい手の仕事場(織り場)だが、織り機を畳めば広い空間となり、作品を展示するギャラリーとしても使用可能。吹抜けを通して2階寝室までつながる大きな窓が印象的

デスク（作業台）廻り

アーチ状の開口部の奥に位置する。好きな小物を置くための飾り棚を設けており、作業台は壁付の造作

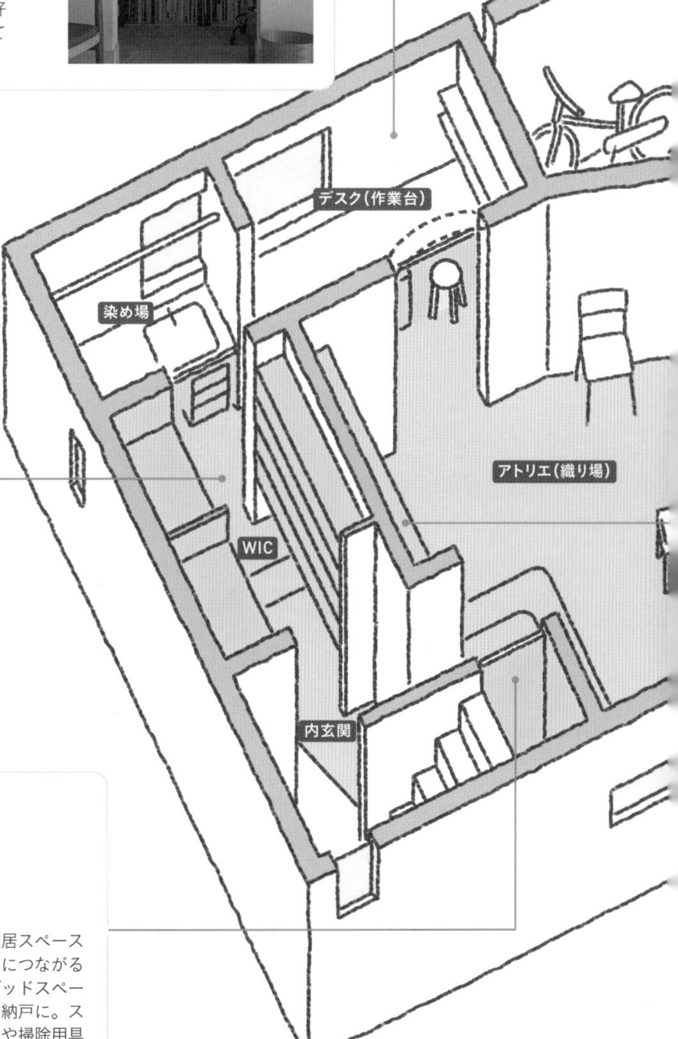

ウォークスルー収納

両側の壁面を収納として有効活用。染色に使う道具類や、家族の靴や雑貨、外で使うモノなどを効率よく収められる。コートなどをかけるハンガーパイプも設置

階段下

内玄関（住居スペースへの入口）につながる階段下のデッドスペースを小さな納戸に。スーツケースや掃除用具などを収めている

風と光が抜ける プライベートフロアの 収納計画

水廻り・寝室・子ども部屋のある2階。家族の衣類や個人の持ち物はほぼこのフロアに収納する必要があるため、限られた空間を最大限利用するための工夫が凝らされています。特筆すべきは両面を引戸としたクロゼットで、個室側（寝室・子ども部屋）と廊下側の両方からモノの出し入れが可能。引戸をすべて開け放つと2階全体に風が通り、心地よい空間に。

2F

浴室・洗面

洗面・脱衣室には下着やタオル類を収めるための収納を多めに造作。美しい浴室は木と相性の良いグレーのタイル張りでシックにまとめた。洗面所には小物やボトル類を置くための棚を設けた

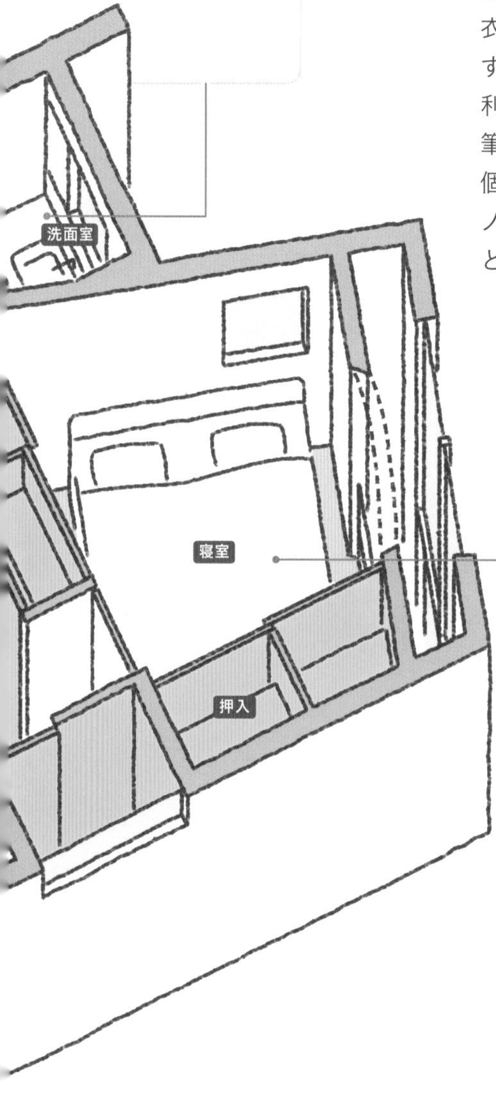

寝室

1階から吹抜けを通じて大窓がつながる寝室。南側に寝具などをしまうための押入を設け、エアコンもここに収めている

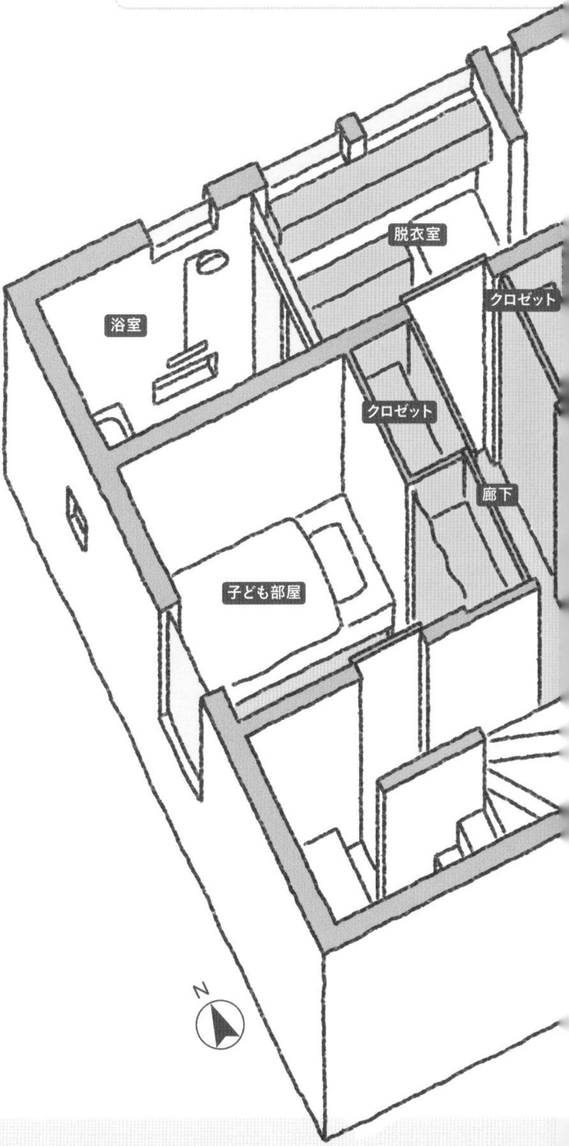
脱衣室
クロゼット
浴室
クロゼット
廊下
子ども部屋
N

廊下から脱衣室側を見る。左手が子ども部屋、右側が寝室。風や寝室の大窓から入る光がフロア全体に抜けるよう、普段は引戸を開け放って生活している。湿気が籠りがちな季節は風を通すことで衣類や収納しているモノを守れる

キッチンの収納は調理台下と作業台下の引き出しと飾り棚、壁面の小さな棚のみ。あえて吊戸棚はつくらず、空間をすっきり見せることを意識した

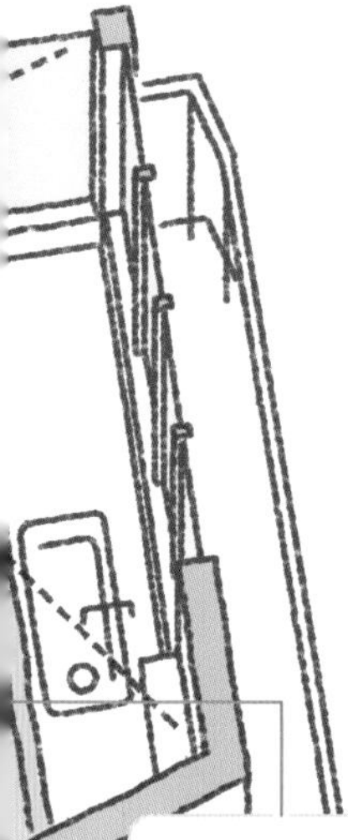

3F

すべてのモノが収まるノンストレスのLDK収納計画

見晴らしを確保するため、あえて3階に設けたLDK。中でも連窓が印象的なキッチンは、住まい手が特にこだわった場所です。細かな要望を反映させた造作で、沢山の引き出し収納をぴったりと端正に納めました。調理道具や器などを厳選し、すべてのモノに居場所をつくることで、常にすっきりと片付いたLDKを実現した好例です。

キッチン

キッチン中央に位置する作業台は、収める器の高さや寸法をきっちり測り、引き出しの高さなどをすべて指定（引き出しを開けた様子は巻頭の写真参照）。シンクや調理台はシャープに仕上げているが、木製の飾り棚で空間に機能性とニュアンスを加えている

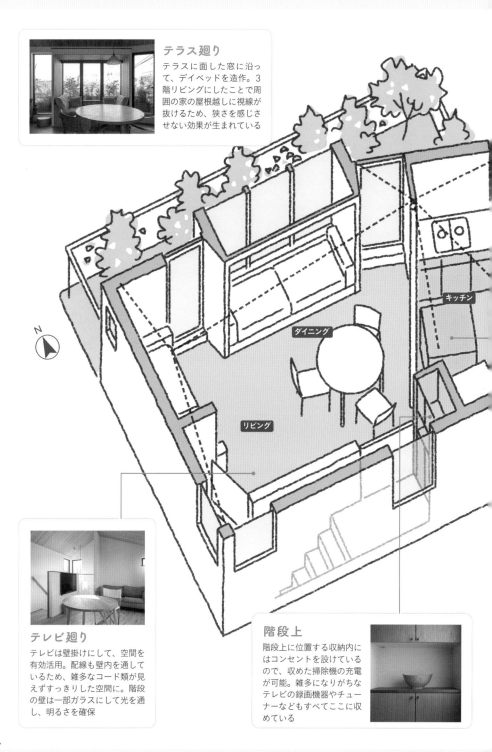

テラス廻り

テラスに面した窓に沿って、デイベッドを造作。3階リビングにしたことで周囲の家の屋根越しに視線が抜けるため、狭さを感じさせない効果が生まれている

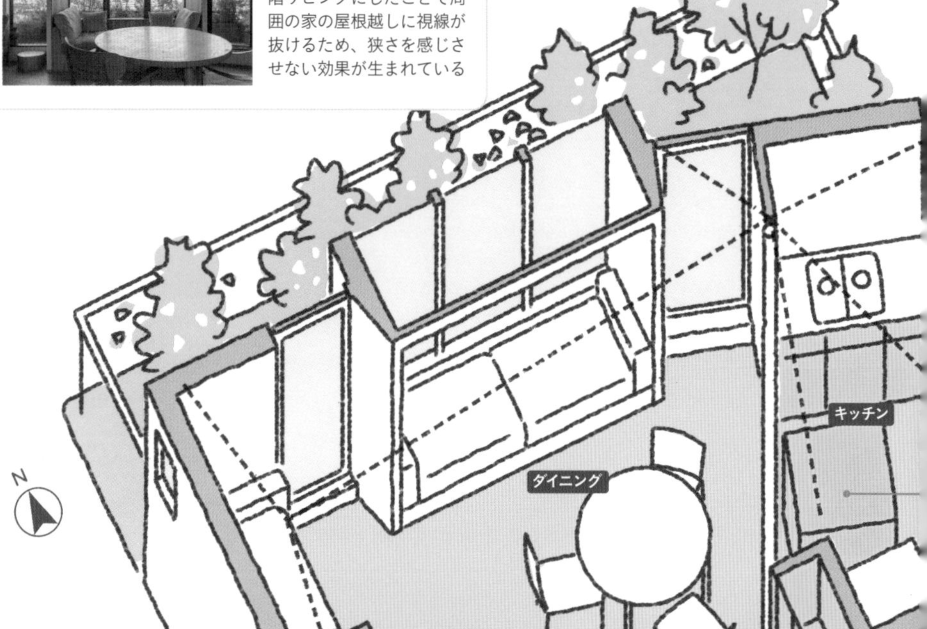

テレビ廻り

テレビは壁掛けにして、空間を有効活用。配線も壁内を通しているため、雑多なコード類が見えずすっきりした空間に。階段の壁は一部ガラスにして光を通し、明るさを確保

階段上

階段上に位置する収納内にはコンセントを設けているので、収めた掃除機の充電が可能。雑多になりがちなテレビの録画機器やチューナーなどもすべてここに収めている

カバーイラスト　ヤマサキミノリ
巻頭写真（p.1〜2）
　写真：石曽根昭仁「染織りの家」
　設計：佐藤・布施建築事務所
イラスト　今井夏子
　　　　　渋谷純子
　　　　　坪内俊英（いろは意匠計画）
　　　　　ナカイミナ
　　　　　長岡伸行
　　　　　中川展代
　　　　　堀野千恵子
　　　　　六浦 六
　　　　　ヤマサキミノリ
デザイン　米倉英弘、藤井保奈
　　　　　（細山田デザイン事務所）
DTP　横村 葵
印刷・製本　シナノ書籍印刷

PART

1

動線から考える収納計画

日々の生活は、細かい作業と移動の連続。
モノを「使う場所」と「収める場所」の距離が
最小限になるように動線を整理し、
最適な場所に「持ちモノの量に合った収納」を設ければ
驚くほど暮らしが快適になります。

暮らしから考える動線と収納

主な動線と起点の関係

サニタリー

サニタリー（洗面室・浴室・トイレ）は、ほかの部屋とは異なり、家族が個別に、そして1日に何回も使用する特殊なスペース。洗濯や洗面、入浴はもちろん、歯磨きや手洗い、ひげそり、コンタクトレンズの着脱、着替え、メイクなど、この場所で行われる行為は多岐にわたる。そのため収納するべきモノの量や種類も必然的に多くなる。また、住まいのなかでもプライベート性の高い空間なので、配置する場所や動線には留意が必要。

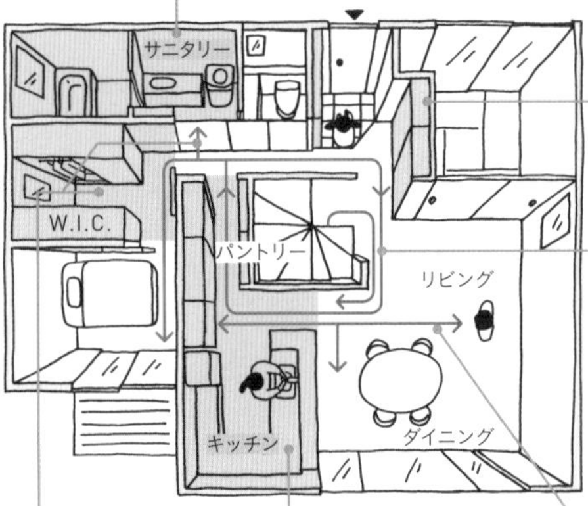

玄関収納

玄関は外と家のなかをつなぐ場所なので、主に「外で使うモノ」を収める収納が不可欠。玄関からつながる動線上に、必要十分な容量の収納を設けておきたい

回遊動線

住宅内の動線を行き止まりのない「回遊動線」にすることで多方向へのアクセスが可能になるため、移動の自由度が大きく上がる。たとえばキッチンを回遊動線に組み込んだ場合、両端のどちらからも出入りできるため、人と人がすれ違う際にも便利だ。この動線上に収納を配置することで無駄な動きが減り、日々の生活がスムーズに回るようになる

キッチン

キッチンは単なる「食事をつくる場所」ではない。調理以外にも、コーヒーを入れたり、ゴミをまとめたり、買ってきたさまざまなモノをしまったりなどの行為がほぼ切れ目なく続く。また、住まい手が多忙な場合は調理と同時に洗濯や身支度などの作業を並行して進めることも多く、家事動線の中核として各スペースとのつなぎ方を考える必要がある

キッチンとDKをつなぐ動線

キッチンは、一日のなかで家族が頻繁に足を踏み入れる「家のなかの交差点」のような存在。たとえば冷蔵庫から飲み物を取り出したり、配膳の準備を手伝ったりする行為がスムーズに進むよう、キッチンとDKの動線もスムーズに整理しておく必要がある

ウォークインクロゼット

寝室をプライベート空間（個室）と捉えた場合、寝室とウォークインクロゼット（W.I.C.）も隣り合うことが多いため、サニタリーとの動線上にW.I.C.を設けると、空間を有効に使うことができる。寝室とサニタリー空間は直接行き来できたほうがよい

「すっきり片づく家にしたいので、収納をたっぷりつくってほしい」という住まい手は多いもの。しかし、設計者として行うべきは、むやみに収納スペースを増やすのではなく、あくまでも片づけやすい仕組みを設計すること。その仕組みを構成するポイントが「動線」と「収納」です。

　日々の暮らしは、細かい作業と移動の連続です。スムーズな生活動線によって無駄な動きを減らすことで、家事や身支度の効率が上がり、暮らしに余裕が生まれます。

　また、住宅内で人が行う「作業」と、それに付随する「モノ」は切り離せない関係にあります。家のなかの司令塔的存在である「キッチン」と、家族全員が毎日必ず利用する「サニタリー」は、住まいのなかで最も人とモノが行き交う場所です。この章ではこの2カ所を生活動線の重要な起点とし、それぞれ効率のよい動線と、収納計画のパターンを整理して紹介しています。

　モノを「使う場所」と「収める場所」の距離が最小限になるように動線を整理し、動線上の最適な場所に収納を設ける。これにより、住まい手の要望を120%かなえる「生きた収納」をつくることができます。

［本間 至／ブライシュティフト］

移動空間と収納を兼ねるメリット

家のなかには、好むと好まざるとにかかわらず、廊下や階段など通路として使われる空間が生まれます。無駄な空間を極力省く必要がある都市型の住宅では、このスペースを有効活用しましょう。パントリーやW.I.C.を独立した部屋にするのではなく、移動空間に組み込んで「行き止まり」をなくせば、両サイドからアクセスできて利便性も高まり、回遊動線、裏動線の一部としても活躍します。

1 階段と収納を兼ねる

直階段の長手方向にできる壁面を利用して、家族共有の本棚に。階段は家族全員が必ず通過する場所なので、共有の収納を設けるのに適しています

2 廊下と収納を兼ねる

キッチンとサニタリーを結ぶ移動空間の両サイドに奥行き約300㎜の浅い棚を設け、パントリーに。ここは裏動線としても機能します

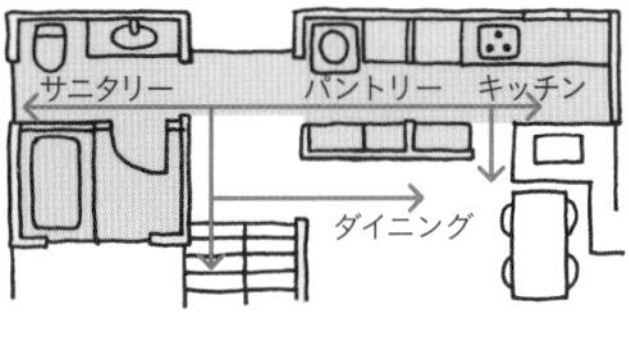

キッチン起点の動線と収納

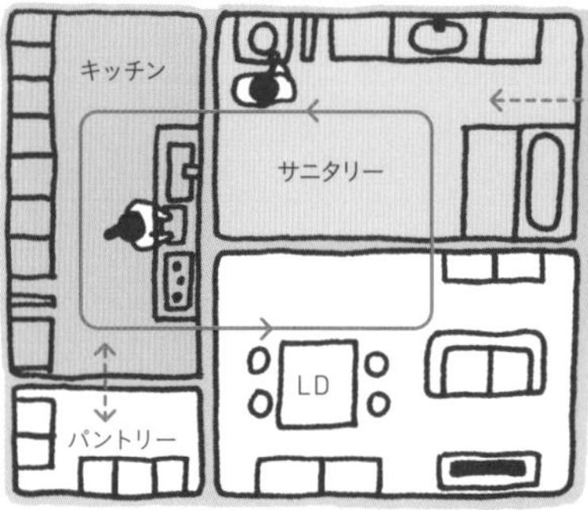

キッチンとサニタリーを組み合わせた場合〔1・4〕

キッチンとサニタリーを回遊動線に組み込んだプラン。洗濯動線と調理動線が短縮され、家事の負担が減ります

〔動線の表記ルール〕

← メイン動線
←--- サブ動線
←…… その他の動線

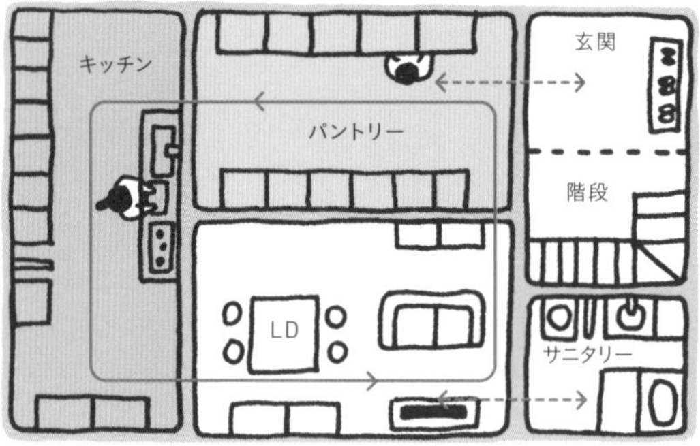

キッチンとパントリーを組み合わせた場合〔2・5・6〕

キッチンとパントリーを回遊動線に組み込んだプラン。パントリーを移動空間として使えば、プランニングの選択肢も広がり、便利な動線に

キッチン廻りの動線計画では、モノの動きや人のアクセスがスムーズになるよう、回遊動線を設け、その一部にキッチンを組み込むことがポイントになります。キッチンを回遊動線上に配置し、サニタリー、家事室、パントリーなどと隣接させれば、生活の中心となる空間と収納空間の行き来がしやすくなり、結果的に使い勝手のよい家事動線が成立するのです。

動線のパターンは、キッチンとどの空間を組み合わせるか、またキッチンがどの階に置かれているかによって10パターンに大別できます。具体的には、キッチンとリビング・ダイニング

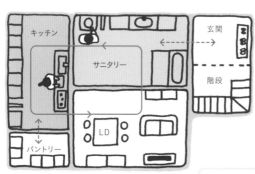

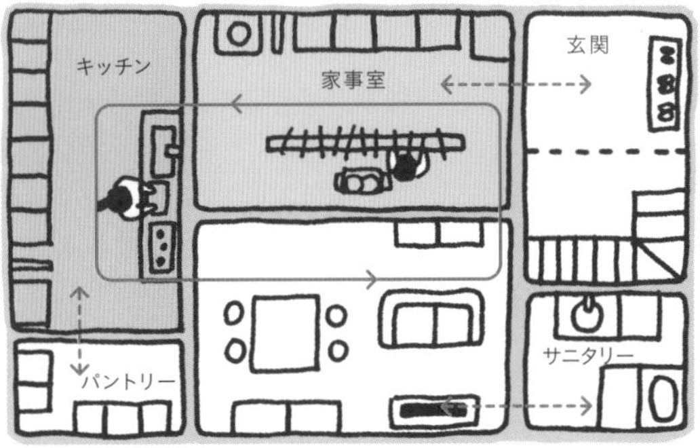

キッチンと家事室を組み合わせた場合［❸・❼］

キッチンと家事室を回遊動線に組み込んだプラン。サニタリーとキッチンをつなげられない場合は、洗濯機を設置した家事室と隣接させると、家事動線の短縮が図れます

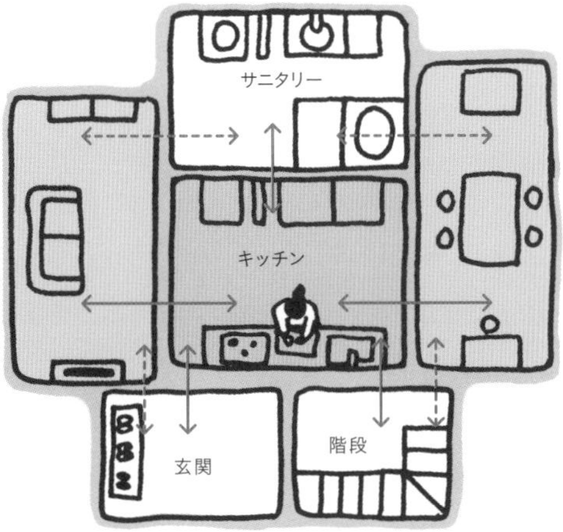

キッチンをリビングとダイニングで挟んだ場合［❽・❾］

リビングとダイニングが分離したプラン。キッチンをリビングとダイニングで挟めば、キッチンを起点とした便利な動線になります

が1階にある場合［24～29頁❶～❺］と、それらが2階の場合［30～32頁❻～❼］、また1階・2階のどちらにもあてはまるリビング・ダイニング分離型の場合［33～35頁❽・❾］に分けることができます。

キッチン、リビング、ダイニングなどの共有スペースをどの階に置くかは、敷地面積や採光条件、周辺環境などで決まります。それに対し、キッチンを起点にどのように動線をつくるかは、玄関からキッチンへ直行したい、キッチンに収納スペースをたっぷり確保したいといった建築主の暮らし方や生活パターンを考慮して考えたいものです。

［本間 至／ブライシュティフト］

1 サニタリー裏動線で身仕度してからキッチンへ

玄関からサニタリーを通り、キッチンへ向かう動線をつくると、帰宅時に玄関直結のサニタリーで手を洗ったり、服を着替えて洗濯物を出したりと、身の回りを清潔に整えた状態でパントリーやキッチンへと向かえます。サニタリーを通らずにリビング・ダイニングへ直行できる動線も併せて設ければ、2方向からキッチンにアクセスできる回遊動線が生まれます。

キッチンとサニタリーの間に階段を設けると、どちらからも2階への行き来がしやすくなる。回り階段下にはリビング廻りのモノを収納できるようになっている

玄関とキッチンの間に、サニタリーを挟む裏動線を設けることで、清潔な状態でキッチンに入れる

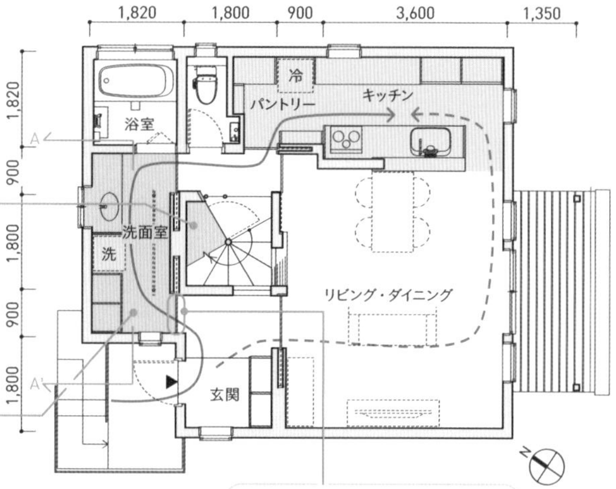

1階平面図［S＝1：150］

玄関からリビング・ダイニングへ直行する動線。サニタリースペースの手前に引戸を付ければ、来客時に裏動線が見られる心配はない

タオル類のほかに、着替えなどを入れておけば、帰宅時にすぐに部屋着に着替えることができる

鏡台の立上り部分に窓を設ければ、手元が明るく照らされ、外部の視線とバッティングする心配もない

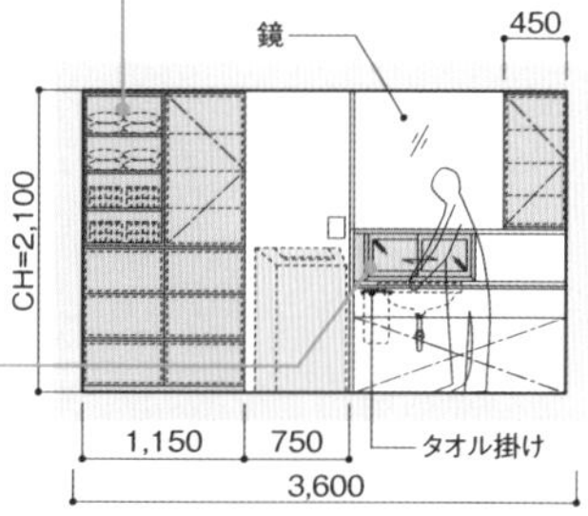

A-A' 洗面室断面図［S＝1：100］

「成城の家」設計：ブライシュティフト

← メイン動線 ←--- サブ動線 ←···· その他の動線

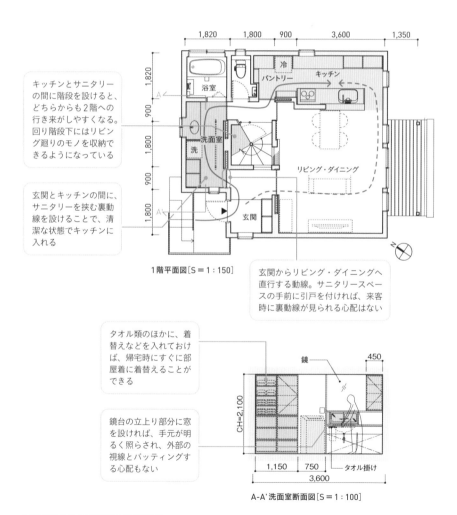

2 買い物帰りは玄関収納で身軽になってキッチンへ

玄関から玄関収納とパントリーを経由し、キッチンへと至る動線なら、まず玄関収納にコートや靴、かばんなど、外出の際に使うモノを収納し、パントリーで食材など買い物してきたモノを片づけ、身軽な状態でキッチンに入れます。移動空間上に収納があり、モノの移動も最も短縮できる便利な裏動線に。

玄関収納には、コート、靴、傘など、外で使うモノを収納する。動線上に配置して両側から出入りできるようにすれば、便利なうえ通気も確保できる

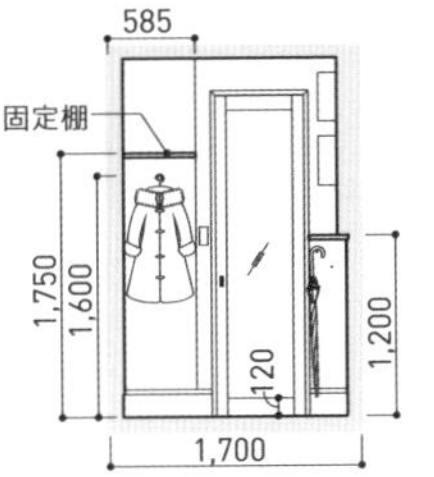

585
固定棚
1,750
1,600
120
1,200
1,700

収納展開図[S＝1：100]

キッチン脇にはパントリーを併設。玄関収納、パントリーと収納空間が続く裏動線。玄関収納とパントリーの間には引戸を設けているが、オープンにすればスムーズに行き来できる

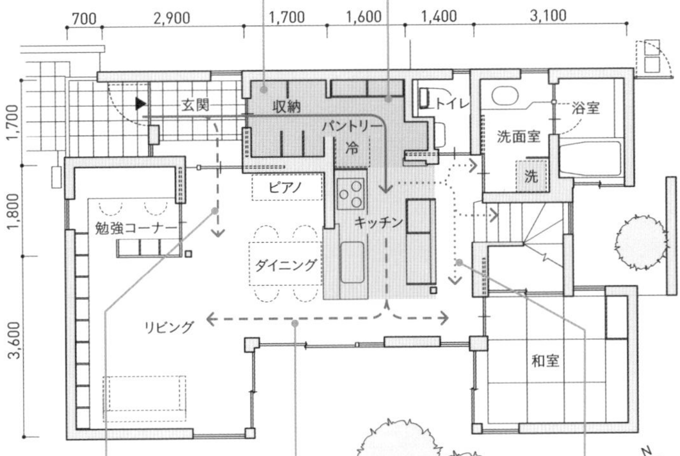

700
2,900
1,700
1,600
1,400
3,100
1,700
1,800
3,600
玄関
収納
パントリー
冷
トイレ
洗面室
浴室
洗
ピアノ
キッチン
勉強コーナー
ダイニング
リビング
和室
N

1階平面図
[S＝1：150]

来客時は玄関からリビング・ダイニングへ直行する動線を通るようにし、収納部分の裏動線と使い分けられるようにする

玄関～キッチン～リビング・ダイニングで回遊動線が成立する。キッチンからはどの部屋にもアクセスがよいので、家事効率が高い

キッチンを経由して、さらにサニタリーや2階へ続く階段にもつながるため、リビング・ダイニングを通らずにプライベートゾーンへ直行できる

「狛江の家」設計：ブライシュティフト

キッチンから家事室を見る。調理と洗濯の動線が一直線につながっているので、この動線内で家事が完結。家事室の天井付近には物干し用のバーを設置してあるので、室内干しも可能

3 調理と洗濯を同時進行できる直列型家事動線

キッチンと家事室を隣りにすると、キッチンでの作業と洗濯をすぐ近くで同時並行して行え、家事効率がアップします。ここでは、キッチンの隣に洗濯機や物干しスペースなどがある家事室を設けました。家事室からリビングへ抜ける動線も、生活動線を回遊動線にして効率的にする外せないポイントです。

机ではアイロンをかけたり、洗濯物を畳んだりする作業ができる。机の下は洗濯カゴを置くスペースにもなる

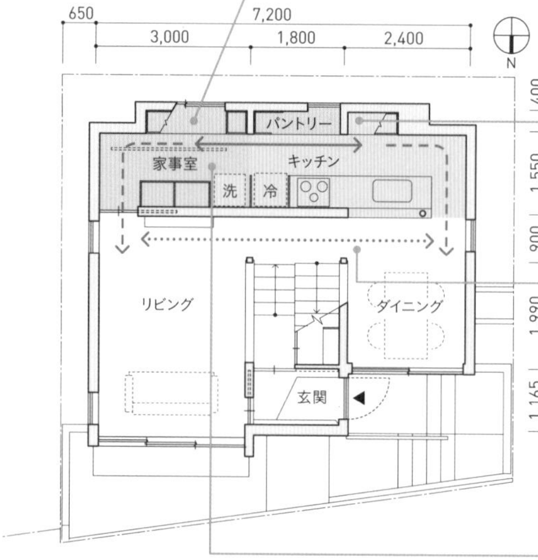

1階平面図[S＝1：150]

キッチンの背面収納には、食器類やゴミ箱を収納。キッチンカウンターの下は、食器洗い機を将来設置することも考え、内法寸法600㎜を確保した引出し収納に

リビングとダイニングは廊下を介してつながっているので、キッチンを加えれば回遊動線が成立し、どこからもアクセスしやすいキッチンとなる

冷蔵庫と洗濯機は、家事室とキッチンの中央付近に置く。そうすることで、キッチンと家事室のどちらで作業する場合にも不便にならず、同時進行での作業がしやすくなる

「大倉山の家」
設計：プライシュティフト
写真：プライシュティフト

← メイン動線 ←--- サブ動線 ←…… その他の動線

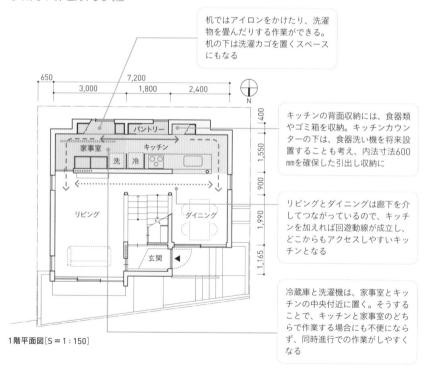

4 調理・洗濯がひとまとまりになった家事動線

キッチンでの作業と並行して洗濯などの家事を行う場合、洗濯機をキッチン内に置く方法もありますが、実はサニタリーとキッチンをつなげたほうが、洗う服を運ぶ手間が省け、家事動線を短くできます。キッチンとサニタリーが隣接するこの事例では、サニタリーを裏動線にして廊下や階段とキッチンをつなぐことで、リビングを経由せずに、2階や個室からサニタリー・キッチンへと直行できるようにしました。

パントリーを介して、キッチンとサニタリーが隣接する。20頁①の玄関直結型サニタリーとは異なり、玄関と直結しないサニタリーなので、サニタリー内のプライバシーも保たれる

サニタリーと階段は一歩で移動できる距離。プライベートゾーンが（寝室・子ども室・サニタリーなど）1階と2階で分離している場合は、パブリックゾーンを経由せずにサニタリーへと直行できるような動線にすると、人の目を気にせず移動できてよい

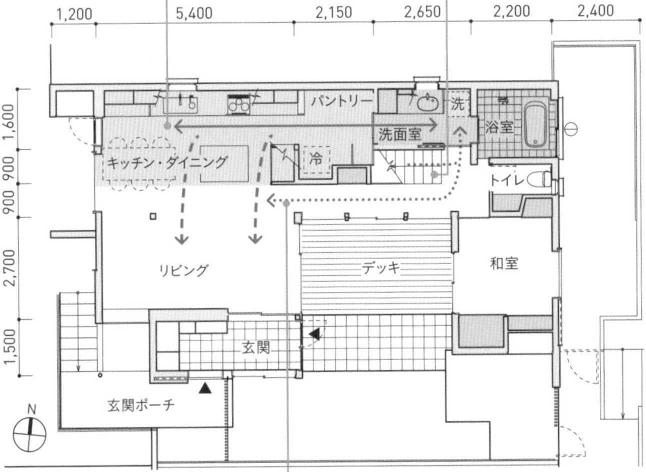

1階平面図
[S＝1：200]

廊下の裏動線上にサニタリーを置けば、ダイニングやリビングからの視線も気にならなくなる

1階キッチン、ダイニング。右手奥の入口からパントリー、サニタリーへと続く。廊下の裏動線となっており、リビングからこれらの家事スペースは見えない

「茅ヶ崎東の家」
設計：ブライシュティフト
写真：冨田 治

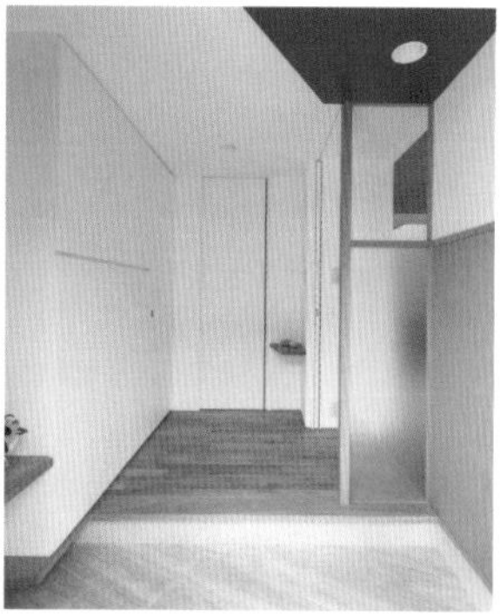

玄関からパントリーを見る。来客時などはパントリーの扉を閉めておけば視線も気にならない。玄関収納とパントリーの扉、壁、天井の色を合わせているので、見た目も美しい。床から天井までの玄関収納で十分な容量を確保

5 パントリー経由でいろんな生活動線とつながる

パントリーはキッチンと最も密接なかかわりをもつ収納スペースなので、できるだけキッチンの近くに設置したいもの。この事例のようにパントリーをキッチンと玄関を結ぶ移動空間につくれば、家事動線が短縮され、省スペースにもなります。さらにパントリーを経由して玄関、リビング・ダイニングと、さまざまな生活動線にもつながる使い勝手のよい収納となります。

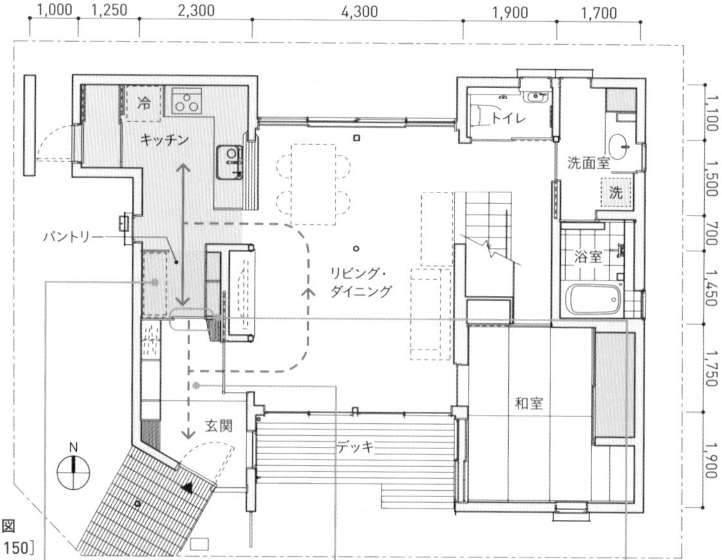

1階平面図
[S＝1：150]

パントリーの棚はオープンにし、一目で分かるようにしておく。なお、食器類の棚は、ほこりを気にする人も多いので戸を付けたほうがよい

パントリーを経由して、玄関・リビング・ダイニングへ続く裏動線。パントリーが動線の分岐点にもなっているため、どの場所からもモノを取り出しやすい。移動空間上にパントリーがあることで、収納内の通気性も確保される

玄関からはパントリー内が見えないよう引戸で仕切れるようになっている

「国立の家」設計：ブライシュティフト　写真：石井雅義

← メイン動線　←--- サブ動線　←…… その他の動線

玄関からパントリー、キッチンを見る。パントリーを通り、キッチンへと向かう裏動線をつくっている。右手の戸を開ければリビングへもつながる

6 2階キッチンは階段からのアクセスしやすさが肝

2階にLDKを置く場合は、キッチンの位置に配慮が必要。玄関から荷物を搬入したりゴミを出したりなど、キッチンはモノの行き来が多いからです。階段を上がったすぐ近くにパントリーを置き、パントリーをキッチンへの動線とすれば、収納面でも動線面でも効率のよい動線になります。

パントリー内には洗濯機も設置。調理と洗濯が同じ場所で行えるパントリーは階段からキッチンへと直行する裏動線になっている

パントリーでキッチン収納を確保しているので、キッチンの脇に大き目の窓を設けて、リビング・ダイニングへの採光を確保できる

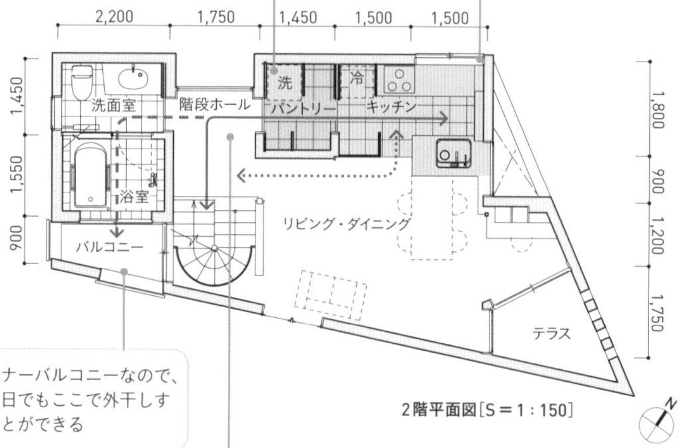

2階平面図［S＝1：150］

インナーバルコニーなので、雨の日でもここで外干しすることができる

広めの階段ホールでなら洗濯物を干すことができる。階段ホールの天井にはトップライトになっており、洗面室で脱いだ服をパントリー内の洗濯機で洗い、階段ホールで干す、という一連の作業がこの一列になった動線で完結する

階段ホールからキッチン方向を見る。パントリー内の洗濯機で洗った洗濯物をここで干すことができる。階段ホールの天井はトップライトになっており、室内を明るく照らせる

「経堂の家」
設計：ブライシュティフト
写真：冨田治

←― メイン動線　←--- サブ動線　←…… その他の動線

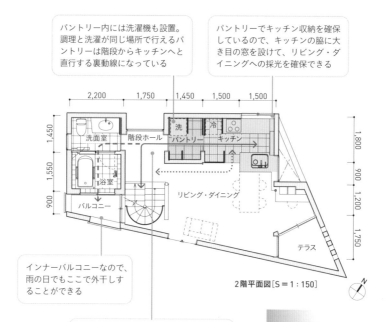

キッチンからパントリー方向を見る。階段ホール、洗面室まで一直線に並んでいるので、家事動線が短縮できる

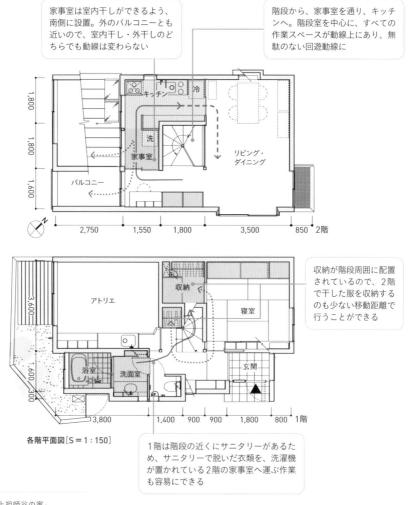

7 2階キッチンでも家事室直結で家事ラク動線に

キッチンと家事室を連続させると、調理・洗濯の家事が1カ所で完結するので家事がラクになります。ここでは、2階にキッチンと洗濯機付きの家事室を続けて設けました。2階にLDKを置く場合は、階段の近くに家事室をつくれば、1階のサニタリーから洗濯する衣類を運びやすく便利。2階の家事動線＝回遊動線となっており、無駄のない動線計画が実現します。

家事室は室内干しができるよう、南側に設置。外のバルコニーとも近いので、室内干し・外干しのどちらでも動線は変わらない

階段から、家事室を通り、キッチンへ。階段室を中心に、すべての作業スペースが動線上にあり、無駄のない回遊動線に

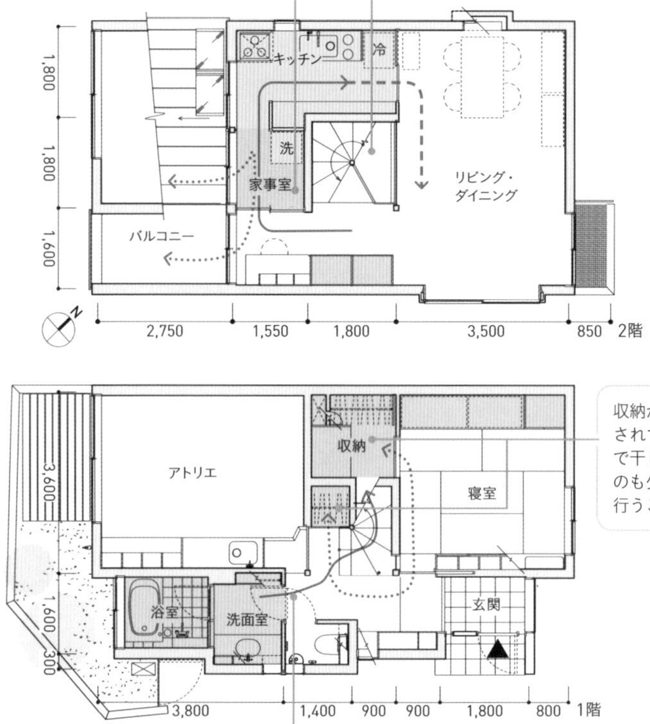
1,800
1,800
1,600
キッチン
冷
洗
家事室
リビング・
ダイニング
バルコニー
N
2,750
1,550
1,800
3,500
850
2階
3,600
1,600
300
アトリエ
収納
寝室
浴室
洗面室
玄関
3,800
1,400
900
900
1,800
800
1階

収納が階段周囲に配置されているので、2階で干した服を収納するのも少ない移動距離で行うことができる

各階平面図[S＝1：150]

1階は階段の近くにサニタリーがあるため、サニタリーで脱いだ衣類を、洗濯機が置かれている2階の家事室へ運ぶ作業も容易にできる

「上祖師谷の家」
設計：ブライシュティフト

←― メイン動線　←--- サブ動線　←···· その他の動線

8 家中どこからでも集いやすいキッチン中心の放射状動線

複数の動線ルートでキッチンへ入れる複合型のキッチン動線。この事例では、ダイニング、リビング、廊下、家事室からと、計4方向からキッチンに出入りできます。キッチンを起点に放射線状に動線がつながっているため、キッチンが動線の中心となることで、家中どこからもアクセスしやすく、家事全般の負担が軽減される間取りです。

キッチンとダイニングの間は仕切れるよう戸が付いている

キッチンからリビングへは、ダイニング経由と階段室経由の2ルートで行くことができる

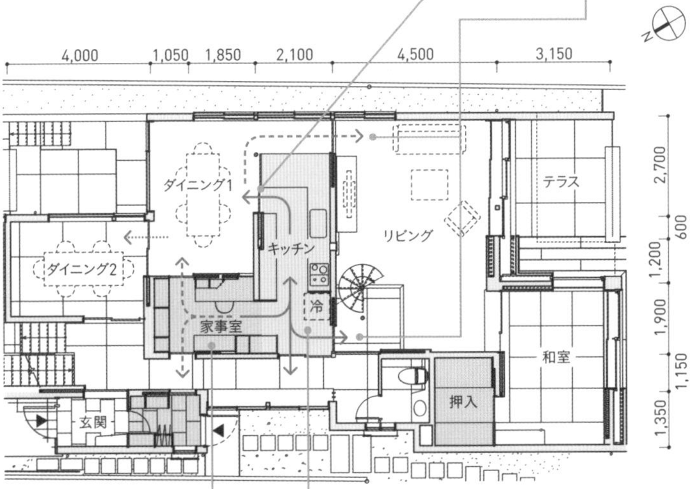

1階平面図［S＝1：200］

家事室はキッチンやダイニング廻りのこまごまとした収納物も収められる

廊下・家事室・リビングへの分岐点。さまざまな方向へ分岐でき、どこからもアクセスしやすいキッチンになっている

1階キッチンをダイニング側から見る。広いオープンカウンターがあり、大人数でも作業がしやすい。左手はリビングへと続く通路。右手には家事室の開口部が見える

「成城Sの家」設計：ブライシュティフト　写真：冨田治

9 1・2階どちらでも成立する リビング・ダイニング分離型の キッチン動線

キッチンからリビング方向を見る。キッチンとはやや離れた距離にリビングがあるため、視線は気にならず、ほどよい距離感が生まれている

リビングとダイニングのスペースが分かれている場合、キッチンとリビングは必ずしもつながらなくてもOK。ですが、リビングとダイニングのどちらからもキッチンに出入りできるようにすれば、より便利な動線になります。この事例では、キッチンとダイニングで小さな回遊動線が、さらにフロア全体で大きな回遊動線があるため、キッチンへ至る複数の動線を確保しています。

キッチンカウンターはオープンタイプにして開放感をもたせる

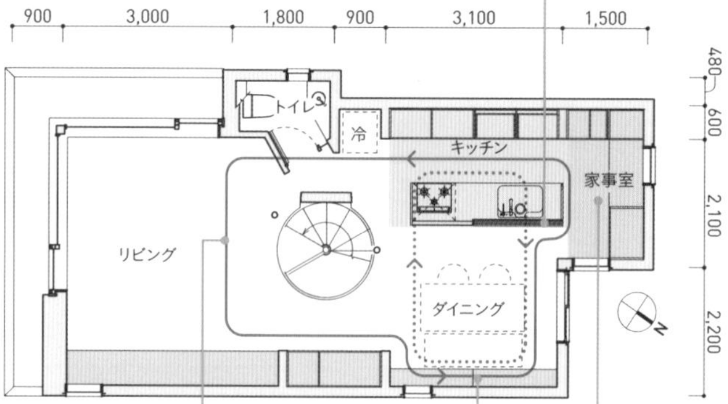

2階平面図[S＝1：150]

キッチンとリビングをつなぐ動線。間に階段があるため、同フロアでも別の空間のように感じられる。キッチンとリビングがつながる動線があれば利便性は格段に上がる

ダイニングには、筆記用具や書類、本などこまごましたモノを収納するスペースもつくっておく

キッチンとダイニング間の動線上に家事室を置けば、ダイニング廻りで使う細かいモノや、料理本、ミシン、パソコンなどの収納場所としても機能する

「大宮の家」
設計：ブライシュティフト　写真：大沢誠一

←― メイン動線　←--- サブ動線　←···· その他の動線

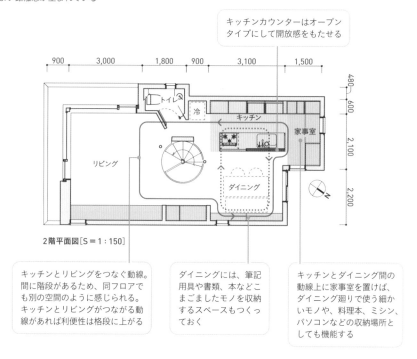

キッチンから家事室を見る。キッチンからもダイニングからもアクセスしやすい位置に家事室が置かれている

サニタリー起点の動線と収納

2階にリビング・ダイニングを配置

1

2階南側をリビング、1階を物干し場とするプラン。1階のサニタリーに洗濯機を置けば、1階で洗濯動線を完結できます

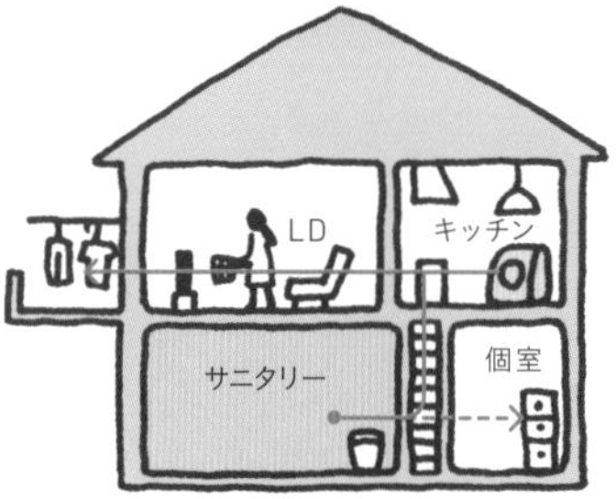

2

サニタリーは1階ですが、物干し場が2階の場合。濡れている重い洗濯物を階段で運ぶことを避けるため、2階キッチンに洗濯機を置のがベスト

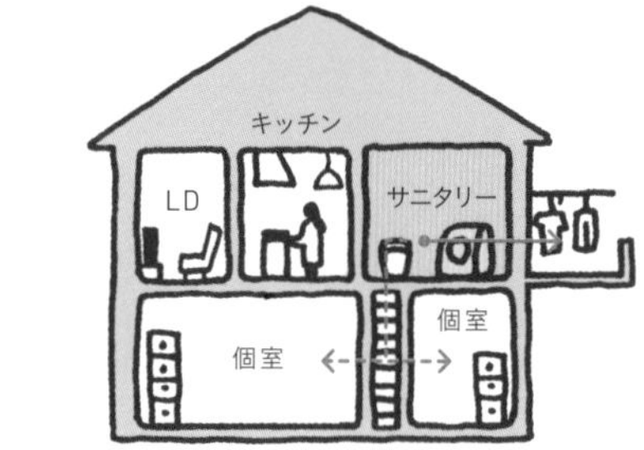

3

リビング・ダイニングがある2階にサニタリーを配置。この場合、洗濯動線はリビング・ダイニングを介さない裏動線にします

［動線の表記ルール］

←― メイン動線
←--- サブ動線
←…… その他の動線

洗面・脱衣室、浴室、トイレなどのサニタリーは、家族全員が1日に最低2回は使う場所です。なかでも洗面・脱衣室は、衣類の脱ぎ着、洗濯をする場所でもあります。そのため、洗濯動線を考慮したプランニングとする場合は、サニタリーを起点に考えるとうまくいく場合が多いのです。この動線を1～6に分類し、上の図に示しました。

　サニタリーを起点とする動線は、1階をリビング・ダイニングとするか、2階をリビング・ダイニングとするかで大きく2パターンに分かれます。さらに、サニタリーを1・2階のどちらに配置するか、洗濯機をサニタ

1階にリビング・ダイニングを配置

④

1階サニタリーに直結の物干し場を設けたケース。洗う→干すの動線を効率化できます

⑤

サニタリーは2階ですが、物干し場は1階に配置。この場合は1階キッチンに洗濯機を置くと物干し場と洗う洗濯機が近くなり、効率UP

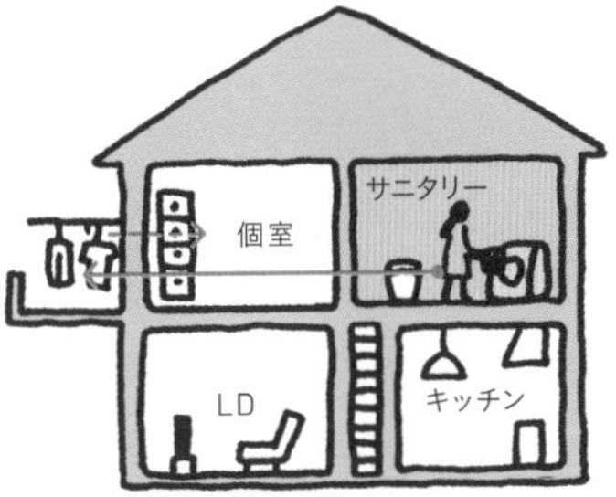

⑥

2階にサニタリーと物干し場がある場合は、サニタリーに洗濯機を収めると、2階で洗濯動線を完結できます

サニタリー

洗面・脱衣室、浴室、トイレをまとめてサニタリーと定義します。プライベート性が高い空間なので、プランニングの際には、これら3つをグループ化して考えましょう

洗濯動線

洗濯物を「洗う→干す→畳む」の一連の作業を行う動線を洗濯動線と定義。洗濯動線は、できるだけ短く、簡潔にしましょう

リーとキッチンのどちらに収めるかで、動線のパターンが決まります。

洗濯機をサニタリーに収めると、脱いだ衣類を洗濯機にすぐに入れられます。一方、キッチンに洗濯機を収めれば、ほかの家事と並行して洗濯ができます。

①〜③は、2階をリビング・ダイニングとする都市型の事例です。南面に道路がある場合や、隣家が迫っている場合は、これらのパターンのプランニングが有効です。④〜⑥は、1階をパブリックな空間、2階をプライベートな空間とした素直なプランニングの例です。

[本間 至/ブライシュティフト]

1 1階サニタリーと物干し場なら洗濯動線が1階で完結

2階をリビング・ダイニング、1階を寝室としたケース。サニタリーと物干し場となるデッキを1階に配置し、洗濯動線を同じフロアで完結させました。この場合、洗面室は収納を最小限に抑え、洗面室で使用する整髪剤・せっけんなどのストックや衣類を収納する納戸を隣接させて設けると使い勝手がUP。寝室と納戸をつなげることで衣類を「畳む→収納する」動線が成立します。洗面室の天井には物干し竿を収納し、雨天時は物干しスペースになります。

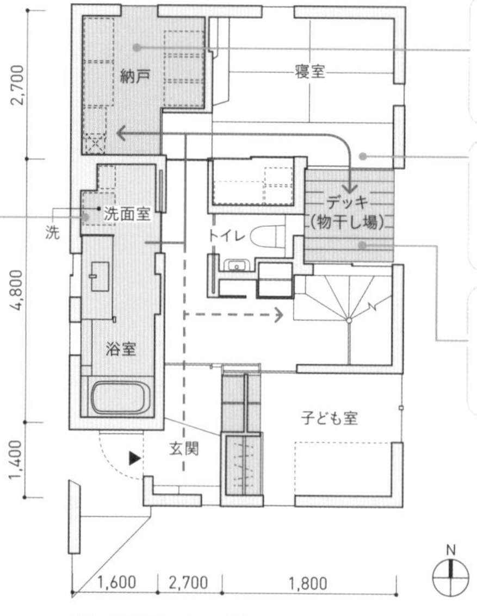

1階平面図[S＝1：150]

洗面室の収納量を抑えた代わりに、納戸に整髪剤や洗剤などのストックの収納スペースを確保

中庭に隣接する寝室を畳敷きの和室とすれば、洗濯物を畳む場所としても活用できる

洗う（洗面室）→干す（デッキ）→畳む（寝室）→収納する、の動線を短くすると、家事の効率が上がる

洗濯機の上部に棚を設け、洗剤や洗濯ネットなどを収納する

雨天時には洗面室で洗濯物を干せるよう、天井に物干し竿を収納している。2,500㎜程度の奥行きを確保しておくと、一度に多くの衣類が干せるので使い勝手がよい

「桃井の家」
設計：ブライシュティフト
写真：大沢誠一

← メイン動線　←--- サブ動線　←···· その他の動線

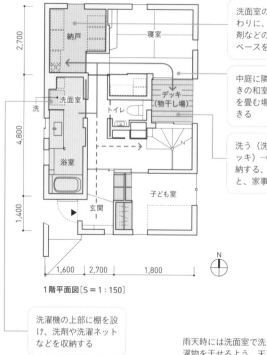

2 2階物干し場なら、2階キッチンに洗濯機置き場をつくる

2階をリビング・ダイニング、1階を寝室としたケース。1階にサニタリーと寝室を配置したが、庭がないため物干しを2階バルコニーとしました。この場合は、2階のキッチンに、洗濯機を収めるのがお勧め。濡れている重い洗濯物を階段で運ばなくてもよいうえ、キッチンでの作業と並行して洗濯ができるので便利。1階の洗面室は、洗濯機を置かないのでコンパクトに。

左：ダイニングからキッチンを見る。洗濯機の上の吊り棚は、リビングから見えないよう袖壁の面より少し後退させる右：廊下から洗面室を見る。洗面カウンターの下は洗濯カゴを置けるようにオープンにしておく

バルコニー（物干し場）
リビング・ダイニング
キッチン
洗
予備室
トイレ
2,000
2,700
2階
物干し場と洗濯機が同フロアにあるため、濡れている重い洗濯物を階段で運ばずに済む
洗濯機と並列に手洗い場を設け、衣類を手洗いできるようにする。洗濯機の上には吊り棚、背面にも棚を設け、洗剤や洗濯ネットなどを収納する
ガレージ
浴室
洗面室
寝室
廊下
玄関
W.I.C.
階段下収納
2,900
1,800
1階
2,500
3,600
3,600
クロゼットは、使い勝手を考慮して階段とサニタリーの近くに配置
洗濯機を置かない洗面室は、コンパクトにつくる。洗面室に入りきらないストック類は、階段下収納に収める

各階平面図［S＝1：150］

「赤堤２丁目の家」 設計：ブライシュティフト 写真：石井雅義

3 2階サニタリー＋物干し場なら廊下・階段からのアクセスが肝

2階をリビング・ダイニング、1階を寝室とし、2階にサニタリーと物干し場を配置したケース。洗濯機は洗面室に収めます。ここでは、廊下・階段の配置が重要。洗濯機は衣類を運びやすいよう、廊下や出入口付近に収めましょう。リビング・ダイニングの近くにサニタリーを配置する場合、洗濯動線はリビング・ダイニングを通らずに完結できる裏動線に。

洗面室から浴室を見る。ここでは、幅2,000㎜とやや幅広の洗面室としたため、洗面台の背面にも吊り戸棚を設けている。吊り戸棚の下には2本のハンガーパイプを設け、バスタオルが2枚掛けられるようにしておく

天気のよい日には、南側のリビング・ダイニングに面したバルコニーにも洗濯物を干す。バルコニーへもアクセスしやすい動線としておく

廊下から洗面室が見えないように、洗面室と廊下の間は引込み戸で仕切る

廊下の正面に洗濯機を設置し、廊下からアクセスしやすいようにしておく

洗濯の動線が短くなるように、階段に隣接したウォークインクロゼットを設ける

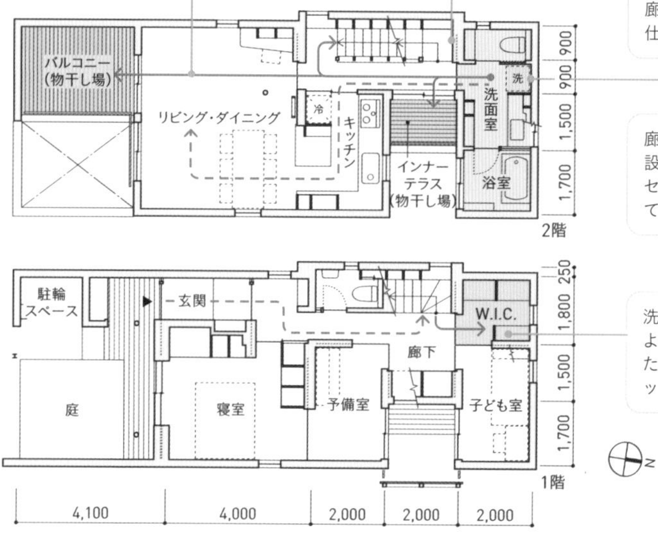

各階平面図[S＝1：200]

「下井草の家」
設計：プライシュティフト　写真：大沢誠一

← メイン動線 ←--- サブ動線 ←…… その他の動線

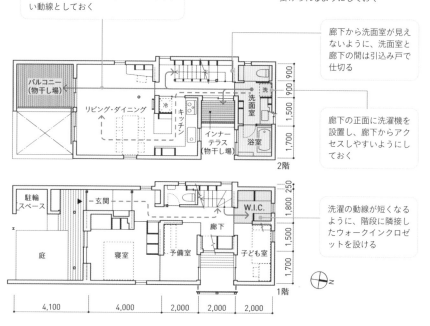

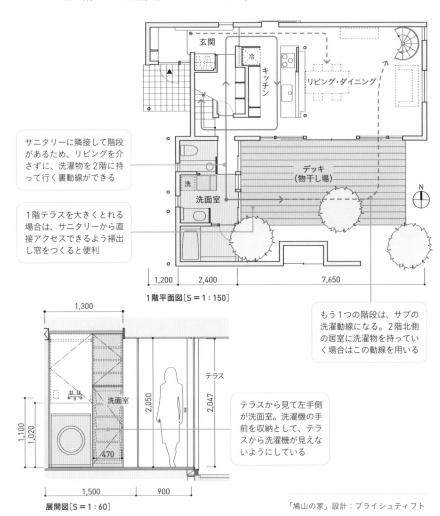

4 1階サニタリー＋リビング・ダイニングなら裏動線をつくる

2階を寝室、1階をリビング・ダイニングとしたケース。1階にサニタリーを配置して洗濯機を収めました。物干し場も1階なので、洗濯・物干し動線は1階のみで完結。取り込んだ洗濯物は2階のクロゼットに収納します。ここでは、サニタリーから直接テラスに出る動線をつくることで、リビングを通らない洗濯・物干し用の裏動線を確保しています。

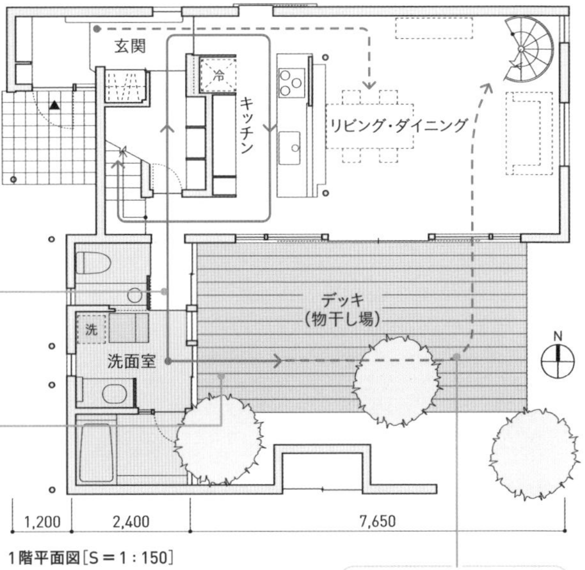

玄関
冷
キッチン
リビング・ダイニング
デッキ
(物干し場)
洗
洗面室
N
1,200
2,400
7,650

サニタリーに隣接して階段があるため、リビングを介さずに、洗濯物を2階に持って行く裏動線ができる

1階テラスを大きくとれる場合は、サニタリーから直接アクセスできるよう掃出し窓をつくると便利

もう1つの階段は、サブの洗濯動線になる。2階北側の居室に洗濯物を持っていく場合はこの動線を用いる

1階平面図[S＝1：150]

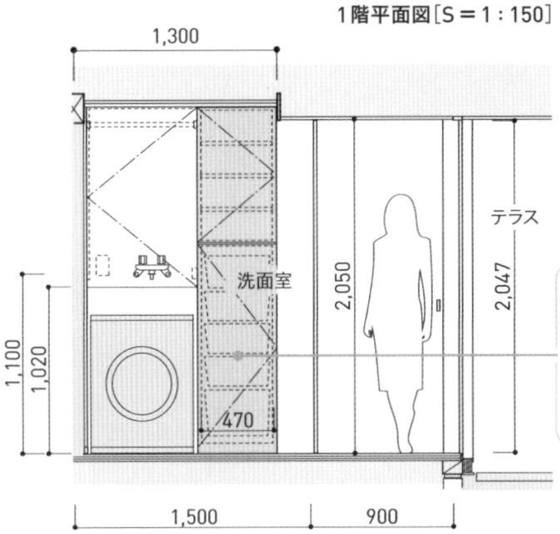

1,300
洗面室
テラス
2,050
2,047
1,100
1,020
470
1,500
900

テラスから見て左手側が洗面室。洗濯機の手前を収納として、テラスから洗濯機が見えないようにしている

展開図[S＝1：60]

「鳩山の家」設計：ブライシュティフト

5 ランドリーシュートで 1階キッチンに洗濯物を移動させる

2階を寝室、1階をリビング・ダイニングとしたケース。洗面室（サニタリー）は2階にあるが、1階テラスを物干し場とするため、「洗う→干す」の動線が短くなるよう1階キッチンに洗濯機を収めました。洗面室と洗濯機が離れてしまうので2階洗面室の直下に洗濯機が配置されるプランとし、ランドリーシュートを設けています。この場合は、キッチンの広さに余裕があったため、キッチンの奥を家事室とし、洗濯機の上に設けた棚に洗濯カゴや洗剤などを収納。また、天井には物干し竿を収納し、室内物干し場としても活用しています。

左：キッチンから家事室を見る。家事室はリビングから見えない位置にあるため、使い勝手を優先させてオープン収納とした｜右：洗面室から浴室を見る。洗面室に洗濯機を置かないのでスペースに余裕があり、洗面カウンターの背面にも収納を設けられた。ただし、階段室に向かって換気用の窓を設けているため棚は腰までの高さとしている

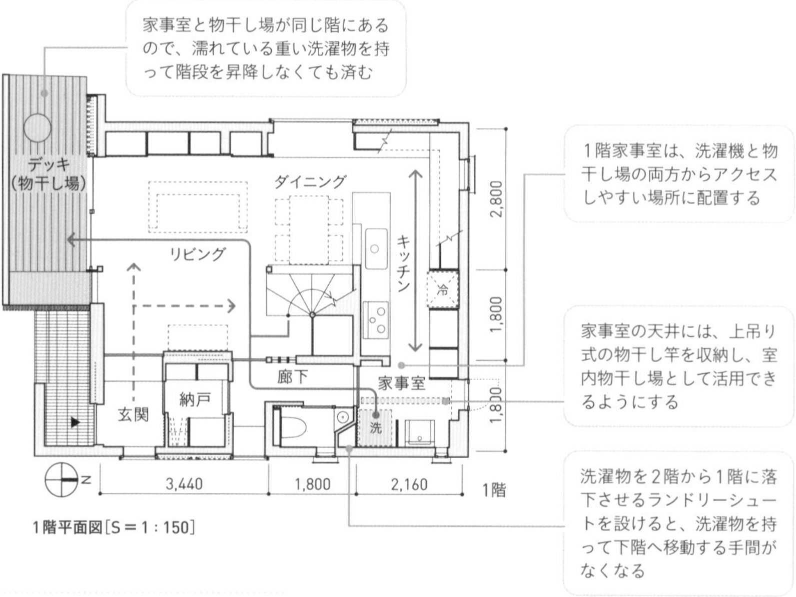
デッキ
（物干し場）
ダイニング
リビング
キッチン
冷
廊下
家事室
納戸
玄関
洗
2,800
1,800
1,800
3,440
1,800
2,160
N
1階
家事室と物干し場が同じ階にあるので、濡れている重い洗濯物を持って階段を昇降しなくても済む
1階家事室は、洗濯機と物干し場の両方からアクセスしやすい場所に配置する
家事室の天井には、上吊り式の物干し竿を収納し、室内物干し場として活用できるようにする
洗濯物を2階から1階に落下させるランドリーシュートを設けると、洗濯物を持って下階へ移動する手間がなくなる

1階平面図［S＝1：150］

「東久留米の家」
設計：ブライシュティフト　写真：大沢誠一

←― メイン動線　←--- サブ動線　←···· その他の動線

2階平面図[S＝1：150]

洗面室から1階へアクセスしやすいように、サニタリーに隣接して階段を配置

クロゼットからやや遠いので、洗面室には下着類を収納するスペースを確保

「東久留米の家」
設計：ブライシュティフト
写真：大沢誠一

6 洗濯動線を2階で完結させる

2階を寝室、1階をリビング・ダイニングとしたケース。バルコニーとウォークインクロゼットの間に寝室を配置し、取り込んだ洗濯物を畳めるようにしています。ウォークインクロゼットも2階にあるため、ここでは「洗う→干す→畳む→しまう」、の洗濯動線が同一フロアで完結できます。

洗面台の横に引出しと片開きの棚を設け収納とする。洗面台の下は、オープンスペースとし、洗濯カゴなどを収める

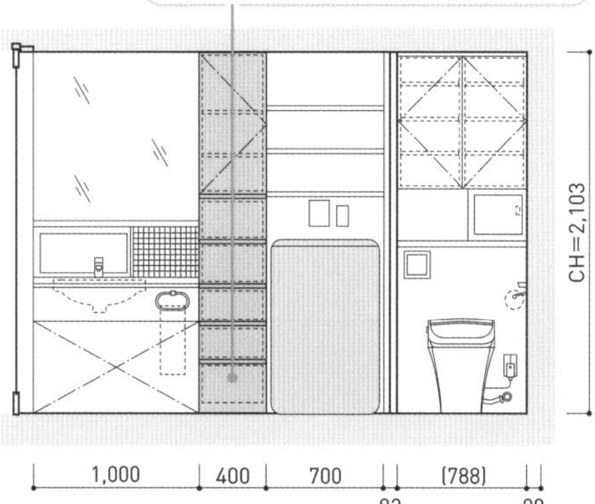

展開図[S＝1：60]

洗濯機の上には棚を設け、洗剤などが収納できるようにする

洗面室からバルコニーへの動線が短いので効率がよい

寝室で衣類を畳み、クロゼットに収納すれば、2階で洗濯に関係する動線が完結し、パブリックスペースである1階が散らからない

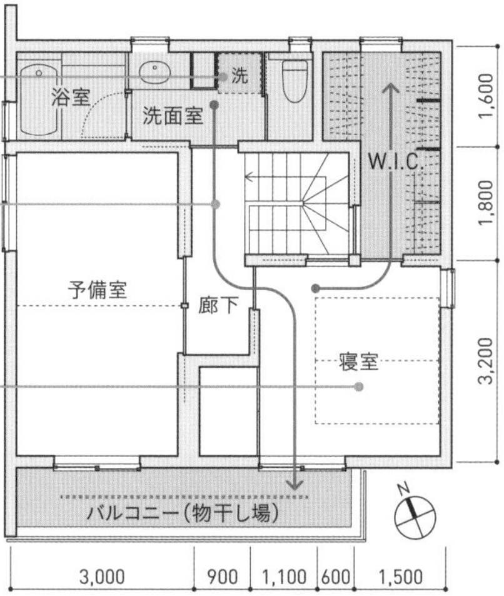

「清水が丘の家」
設計：ブライシュティフト

2階平面図[S＝1：150]

W.I.C.起点の動線と収納

寝室・ウォークスルークロゼット・サニタリーがつながる〔1〕

ウォークスルークロゼット、サニタリー、廊下、寝室を回遊動線でつなぐプラン。ウォークスルークロゼットから最小限の距離でサニタリー、寝室にアクセスできます

ウォークスルークロゼットの一部は通路として確保し、棚などをつくらないようにする

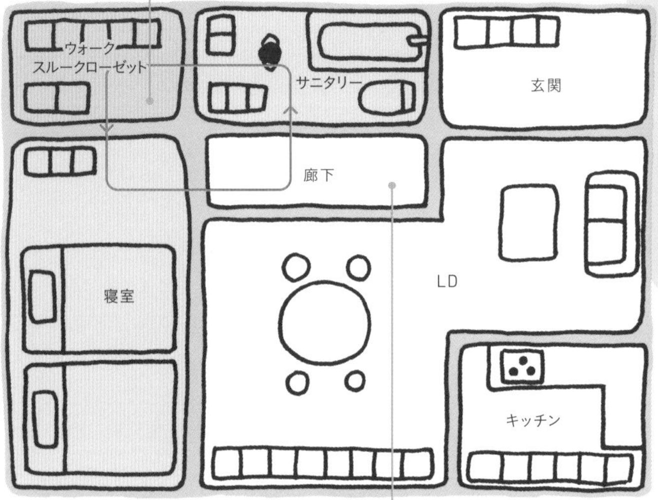

プランニングを工夫すれば、廊下をなくすことも可能。都市型の狭小住宅にも応用しやすい

〔動線の表記ルール〕

- ← メイン動線
- ←--- サブ動線
- ←…… その他の動線

ウォークインクロゼットを起点とする動線は、出入口を2カ所設けたウォークスルークロゼットが基本になります。まず、考えるのは配置。(1)ウォークスルークロゼットと寝室をつなげる、(2)ウォークスルークロゼットからサニタリーに寝室を介さずアクセスできるようにする、の2つは必須の条件といえるでしょう。(1)は朝の着替えをしやすくするため、(2)は入浴時にサニタリーに着替えの衣類を持って行きやすくするために動線を設けます。

上の図の1は廊下の面積を最小限にし、回遊動線でクロゼットと寝室、サニタリーをつないだ動線の例です。廊下をコン

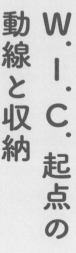

ウォークスルークロゼット・寝室・廊下がつながる［❷］

ウォークスルークロゼット、寝室、廊下を回遊動線でつなぐプラン。サニタリーをよりプライベートな空間にしたい場合に有効で、すべての部屋から使いやすくなります。この場合も寝室とウォークスルークロゼットはつなげておきます

リビングで洗濯物を畳む場合は、回遊動線にリビングを組み込むとよい

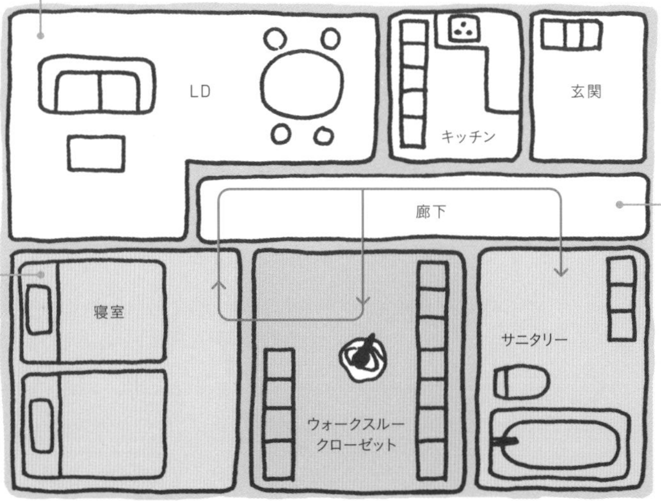

洗濯物を干すバルコニーは、リビングまたは寝室に面して設けると洗濯動線に組み込まれるので使い勝手がよい

廊下はただの移動空間にはせず、壁面に収納を設けるとよい

パクトにできるので、都市部の狭小住宅にも適したプランです。

❷は廊下を中心に各室を配置した素直なプランニング。ウォークスルークロゼットと寝室、廊下をつなげています。サニタリーへのアクセスは廊下からのみアクセスとなるので、よりプライバシーが確保された空間になります。

ただし、廊下を設ける場合もただの移動空間にはせず、各室に関連した収納スペースを壁面に設けるとよいでしょう。

［本間 至／ブライシュティフト］

コラム

よい動線と収納計画の基本は「ゾーニング」

住みやすい住宅を設計するためには、動線や収納計画を考える前段階として、「ゾーニング」も意識したいもの。ゾーニングとは、住まいのなかの各スペースを、その場所で行われる行為、機能、プライバシーの度合いに応じて分類し、相互の関係性を大まかに組み立てることを指します。ゾーニングする際には、特にプライベートな空間となるサニタリー（浴室・洗面室・トイレ）と、パブリックな空間であるLDKを軸に組み立てる必要があります。

ゾーニングとプライベート性

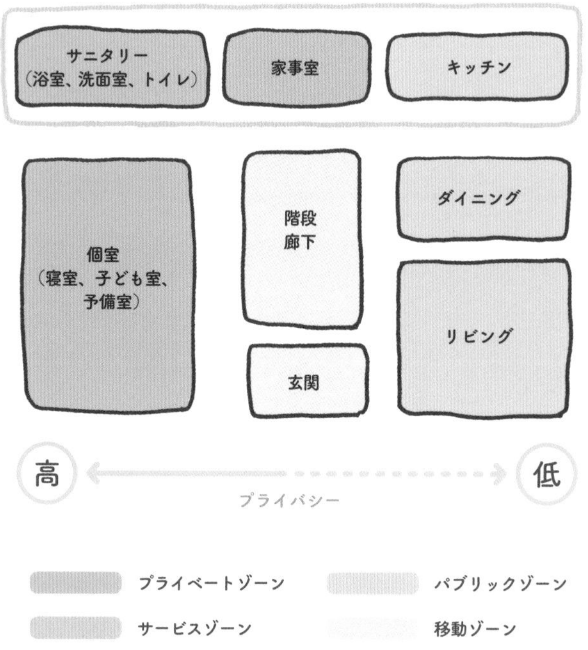
サニタリー
（浴室、洗面室、トイレ）
家事室
キッチン
個室
（寝室、子ども室、
予備室）
階段
廊下
玄関
ダイニング
リビング
高
低
プライバシー
プライベートゾーン
パブリックゾーン
サービスゾーン
移動ゾーン

PART

2

部位ごとの収納設計術

日々の暮らしのコックピットとなるキッチン、
家族全員が毎日必ず使用する洗面室、
ゆったりとくつろいで過ごすリビング……。
各室にはそれぞれの役割があり、
置かれるモノの種類も異なります。
部屋ごとの収納を考える際の、
基本と応用をご紹介します。

玄関

外で使うモノはすべてここに

基本例

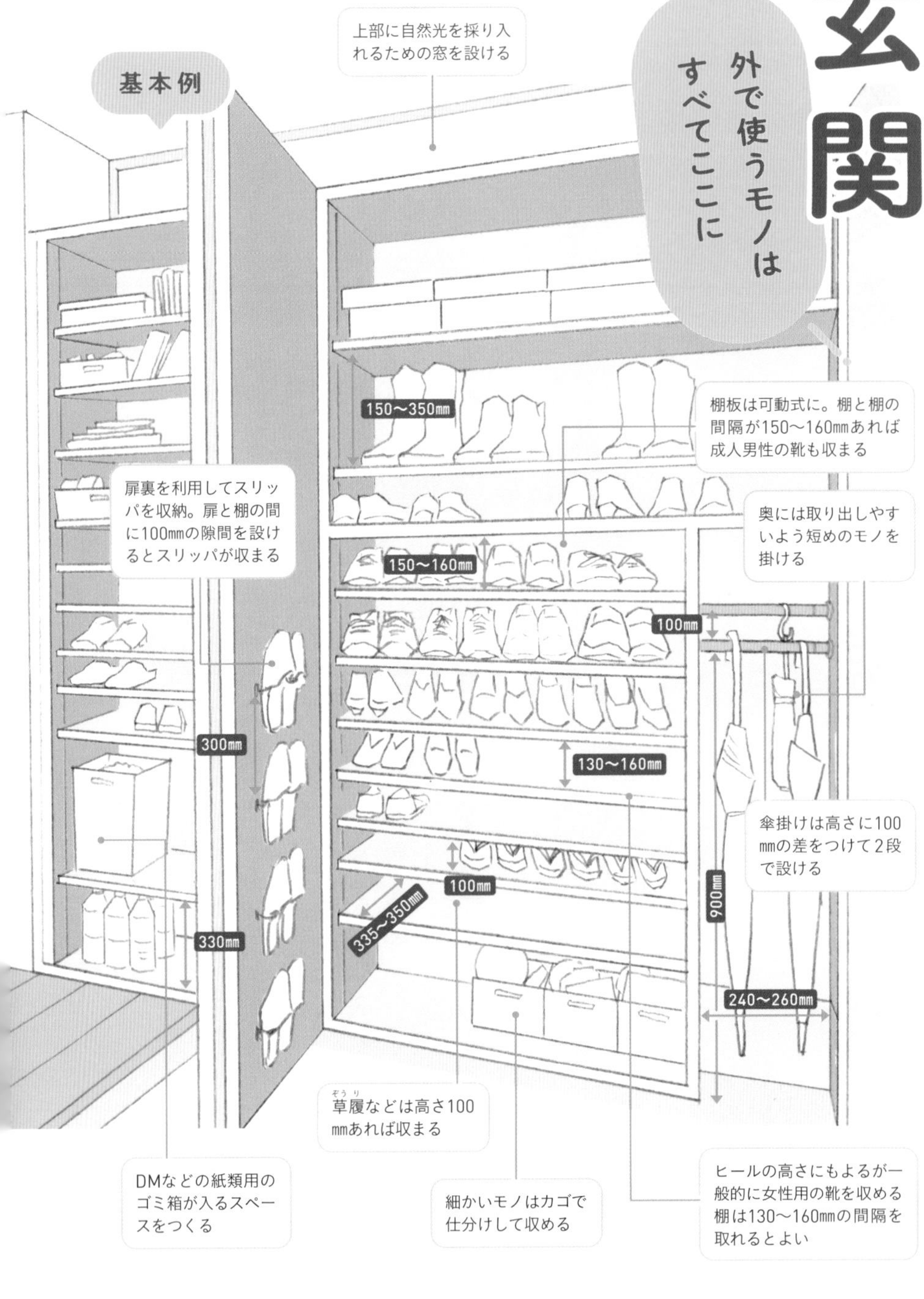
上部に自然光を採り入れるための窓を設ける
150〜350㎜
棚板は可動式に。棚と棚の間隔が150〜160㎜あれば成人男性の靴も収まる
扉裏を利用してスリッパを収納。扉と棚の間に100㎜の隙間を設けるとスリッパが収まる
奥には取り出しやすいよう短めのモノを掛ける
150〜160㎜
100㎜
300㎜
130〜160㎜
傘掛けは高さに100㎜の差をつけて2段で設ける
100㎜
900㎜
335〜350㎜
330㎜
240〜260㎜
草履《ぞうり》などは高さ100㎜あれば収まる
DMなどの紙類用のゴミ箱が入るスペースをつくる
細かいモノはカゴで仕分けして収める
ヒールの高さにもよるが一般的に女性用の靴を収める棚は130〜160㎜の間隔を取れるとよい

玄関に収納される主なモノ

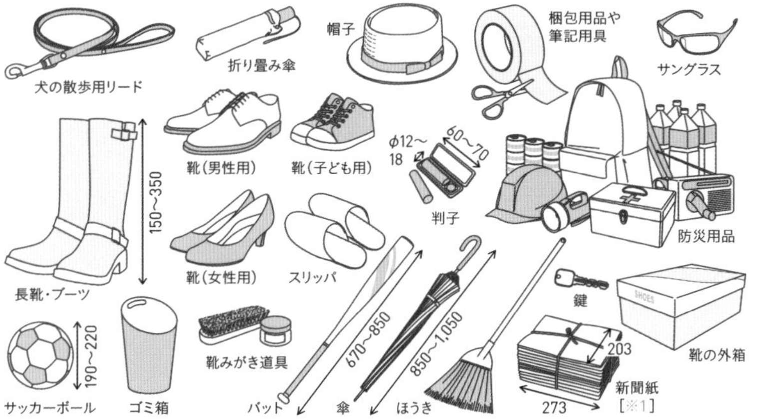
犬の散歩用リード
折り畳み傘
帽子
梱包用品や
筆記用具
サングラス
靴(男性用)
靴(子ども用)
φ12〜
18
60〜70
判子
150〜350
長靴・ブーツ
靴(女性用)
スリッパ
防災用品
鍵
SHOES
190〜220
サッカーボール
ゴミ箱
靴みがき道具
670〜850
バット
傘
850〜1,050
ほうき
203
273
新聞紙
［※1］
靴の外箱

玄関は、住宅の第一印象を決める重要なポイント。家族や来客をいつでも心地よく迎え入れるためには、雑多なモノもすべて収まる大容量の収納を必ず設けておきましょう。限られた空間を最大限活用するには、床から天井までの壁面収納［※2］が効果的です。垂壁を設けず、収納扉を1枚の壁のように見せることで、すっきりと上品な意匠になります。靴の収納棚は、無駄な空間をつくらず高密度に収めるために、可動式の棚板にします。

玄関に収めるべきモノは靴や傘だけではなく、「外で使用するモノ」全般です。子どもが外で遊ぶための道具、外出時に身に着ける手袋やサングラス、自転車の鍵など「家の中で使わないモノ」は部屋のなかに持ち込まず、帰宅時にすべて玄関に収める仕組みをつくれば、室内が散らかりにくくなります。スペースに余裕があれば、収納内にコート掛けや通勤かばん置き場を設けるのもお勧めです。

また、日々届くDMなどの「招かれざる客」も室内に持ち込まず玄関で処理しましょう。収納内にそれらを捨てるゴミ箱やシュレッダー、開封用のはさみも一緒に収めておくと、驚くほど生活が快適になります。

［水越美枝子／アトリエサラ］

※1 寸法は新聞紙を四つ折りにしたサイズを記載
※2 玄関に自然光を採り入れたい場合、上部まで収納を設けず採光用の窓をつくるケースも多い

土間側の棚には靴だけでなく、壁埋込み式のポスト、シュレッダー、梱包道具や古新聞などをまとめて収納。室内側の収納にはコート類や帽子を収めている。玄関に自然光を導くため、収納上部にFIXのハイサイドライト窓を設けた[※1（52頁参照）]

1 コートやポスト、シュレッダーまですべて収める

空間に余裕があれば、玄関収納内にコート掛けや帽子収納用の棚も併せて設けると便利。壁内埋込み式のポストを収納内に設けるプランも、郵便物を取りに外に出る煩わしさを解消できるため人気が高いです。また、幅300〜600㎜程度の鏡を玄関ホールからも土間からも見られる位置に設けておけば、収納からコートなどを取り出して身に着け、その場でチェックできます。

玄関収納の扉はなるべくフラットに設え、壁のように見せると余計な線が消え、すっきりと美しく見える。トイレの扉とも面を合わせているので、空間に広がりと一体感が出る

採光のためFIX窓を設けた

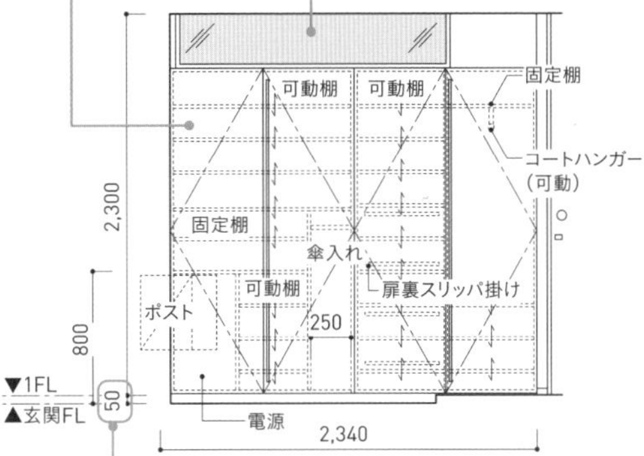

可動棚
可動棚
固定棚
コートハンガー（可動）
2,300
固定棚
傘入れ
扉裏スリッパ掛け
可動棚
ポスト
250
800
▼1FL
50
▲玄関FL
電源
2,340

玄関収納展開図［S＝1：60］

土間側の収納扉下の高さは玄関の段差によって決まるが、段差が150㎜以下だと脱いだ靴に扉が当たってしまう。バリアフリーなどの観点から段差を低くする場合は事前に建築主への説明が必要

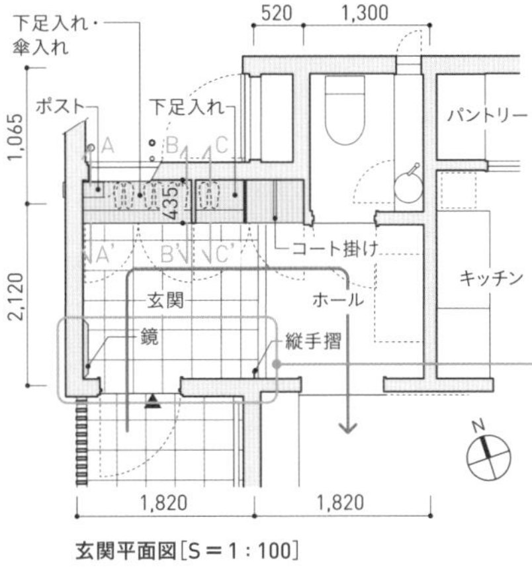

下足入れ・傘入れ
520
1,300
ポスト
下足入れ
パントリー
1,065
A
B
C
435
コート掛け
A'
B'
C'
キッチン
2,120
玄関
ホール
鏡
縦手摺
N
1,820
1,820

玄関平面図［S＝1：100］

幅木から天井までを鏡にすることで、空間がすっきり見える。また、玄関に手摺を設けると立ち座りの際に便利。シンプルな飾り棒のように見せると意匠性も高まる

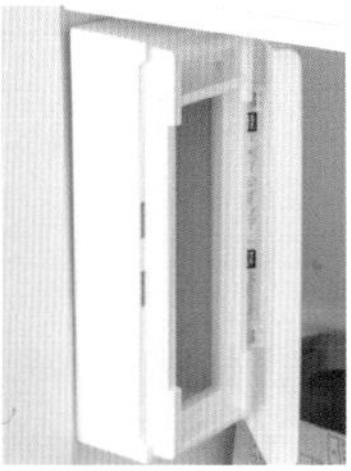

住宅壁にポストを埋込む場合、防水や断熱性を考慮して必ず気密ポストを使用する。ここでは「フェイサス-int」(パナソニック)を採用。前面板の内部に発泡剤が充填されている。扉は左右どちらの開きにも対応可能

収納棚と扉の隙間も有効活用。扉裏に金物[※2]を取り付け、スリッパを収納している

モノを掛けるためのフック（既製品）を扉の内側に設置できるよう、扉と可動棚の間に100㎜の隙間をつくっておく

判子や梱包用品など細かいモノはカゴに仕分けしておく

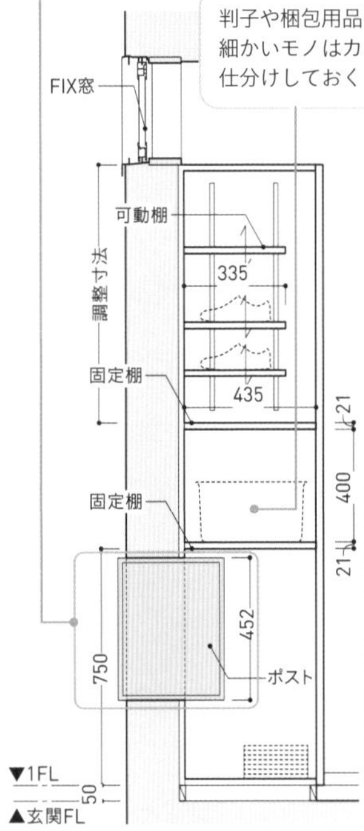

A-A' 断面図
[S＝1：30]

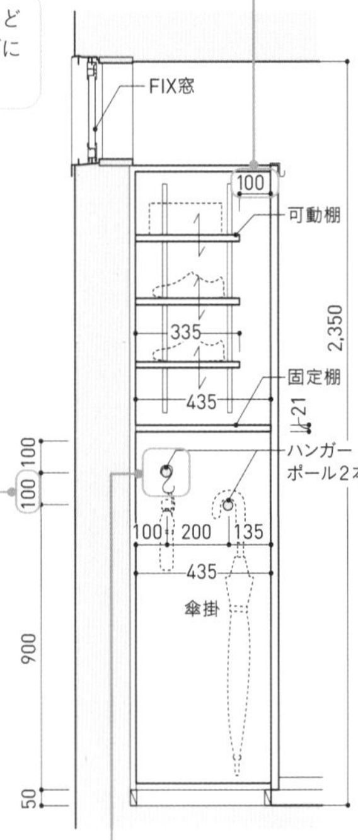

B-B' 断面図
[S＝1：30]

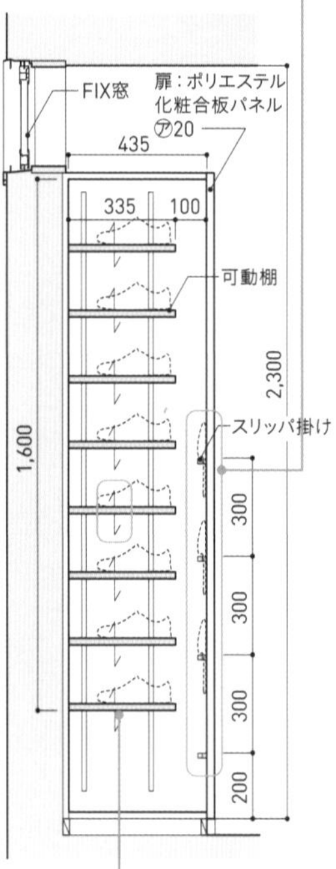

C-C' 断面図
[S＝1：30]

傘掛け用のポールは、掛けたモノを取り出しやすいよう奥と手前で100㎜の段差をつける

奥の傘掛けパイプには、S字フック（既製品）で折り畳み傘や靴べら、玄関掃除用のほうきなどを吊るして収納する

可動棚の棚板は8～9枚用意しておく。一般的に、女性用の靴（ヒールがあまり高くないもの）なら130㎜、男性用の靴なら160㎜程度の高さがあれば収納できる

「小林邸」設計：アトリエサラ　写真：堀内彩香
※1 明るく使いやすい玄関にするためには、自然光を導く窓が必須だ。壁面に窓を設けにくい場合や、天井いっぱいに収納を設けて収納量を最大限確保したい場合は、玄関扉を親子扉状にして子扉をFIXのガラス窓とし、光を採り入れる方法もある　※2 ここでは「丸棒スリッパ掛 CB-37-205」（シロクマ）を採用

2 狭小住宅こそウォークインのシューズクロゼットを

敷地に余裕がない場合玄関を狭くしてしまいがちですが、モノをしまう場所が足りないと結果的に散らかってしまい、かえって狭く感じられることも多いもの。狭い家こそ、コンパクトでよいのでウォークインのシューズクロゼットを設け、玄関廻りに散らかりやすいコートやスポーツ用品をまとめて収納し、広く住みこなすのが正解。

廊下から玄関を見る。荷物を持っていてもそのまま入れるよう、右奥のクロゼットには扉を設けず布で緩やかに仕切っている

棚板は靴が置けるギリギリの奥行き（300㎜）として、通路幅を広く確保している

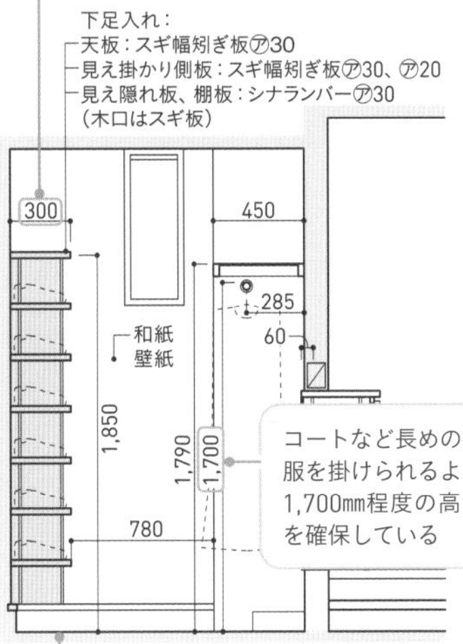

下足入れ：
天板：スギ幅矧ぎ板㋐30
見え掛かり側板：スギ幅矧ぎ板㋐30、㋐20
見え隠れ板、棚板：シナランバー㋐30
（木口はスギ板）
300
450
285
60
和紙壁紙
1,850
1,790
1,700
780

コートなど長めの衣服を掛けられるよう、1,700㎜程度の高さを確保している

棚は天井いっぱいに設けており、家族4人分の靴を十分に収納できる。また、床は土間仕上げにすると、棚の最下部に重いモノや濡れたモノをそのまま置けるので便利

A-A'シューズクロゼット断面図［S＝1：50］

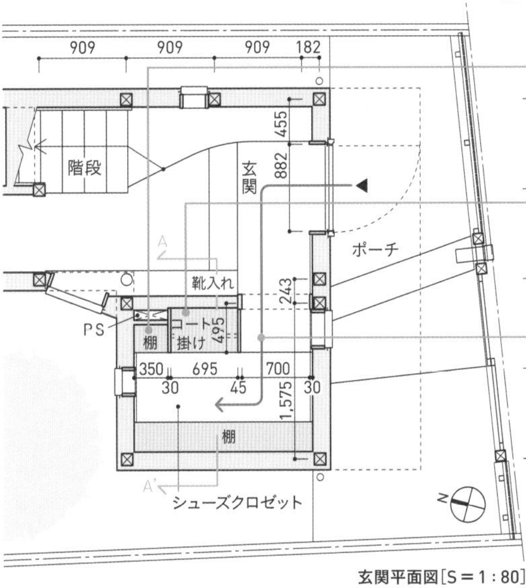

909
909
909
182
455
882
909
909
909
909
階段
玄関
ポーチ
A
靴入れ
243
PS
棚
コート掛け
495
350
695
700
30
45
30
1,575
棚
A'
シューズクロゼット
N

ゴルフバッグやバットなど、長いモノを収納するスペースを設けておくとよい

シューズクロゼットを広くとれば、レインコートなど外から帰ってきてすぐ脱ぐモノも収納できる

靴のまま出入りできるよう、玄関土間を延長してシューズクロゼットを設ければ、スーツケースなどの出し入れも楽々

玄関平面図［S＝1：80］

「SW邸」
設計：アトリエ・ヌック建築事務所
写真：渡辺慎一

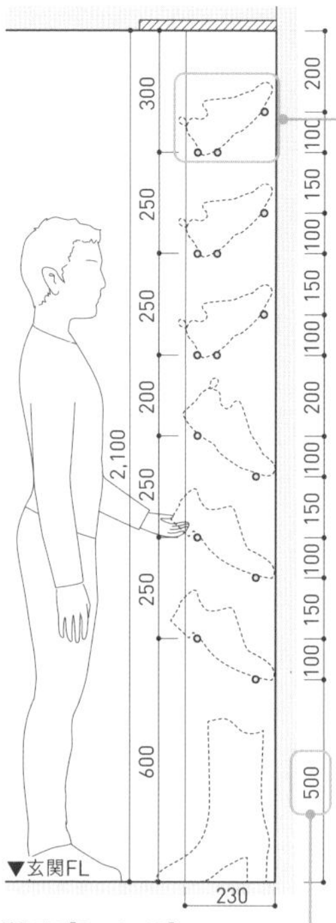
300
250
250
200
250
250
600
2,100
200
100
150
100
150
100
200
100
150
100
150
100
500
▼玄関FL
230

断面図[S＝1：25]

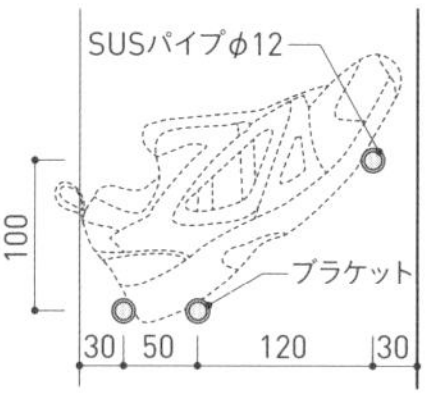
SUSパイプφ12
100
ブラケット
30 50 120 30

パイプが2本の場合は靴を斜め下向きに収納するが、目線より高い位置では靴の底が目立ってしまう。そこで応用編として、パイプを3本設置すると、靴を上向き斜めに掛けられ、美しくディスプレイできる

3 靴はパイプに掛けてコンパクトに収納する

リノベーションなどの場合、玄関にシューズクロゼットを設けるための十分なスペースを確保できないことも多いもの。そんなときは、棚板の代わりにステンレスパイプを横に渡すことで、靴を斜めに掛けて収納できる省スペースのシューズクロゼットを実現できます。ポイントは、2本のパイプを互い違いに配置すること。これだけで靴を斜め下向きに収めることができ、3本使えば上向きに置くことも可能です。

下方は、ブーツなど背が高い靴を置くための高さを確保しておくとよい

靴を斜め掛けにすれば、230㎜程度の奥行きでシューズクロゼットを設けることができる。リノベーションなど使用可能なスペースに制限がある場合に特に有効な方法だ

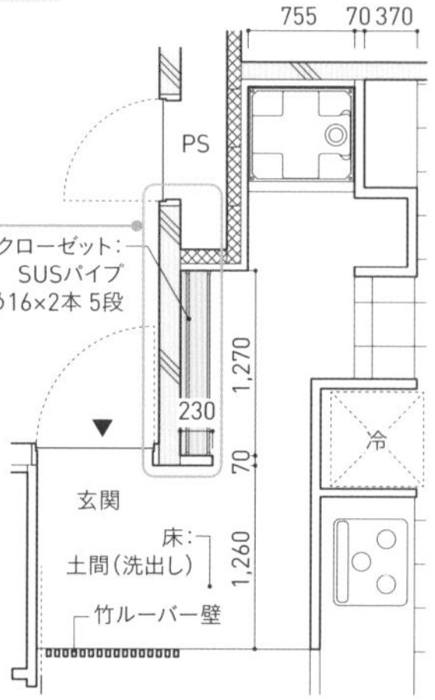
755 70 370
PS
シューズクローゼット：
SUSパイプ
φ16×2本 5段
1,270
230
70
冷
玄関
床：
土間（洗出し）
1,260
竹ルーバー壁

玄関平面図[S＝1：80]

「T邸」設計：ブルースタジオ　写真：高木 亮

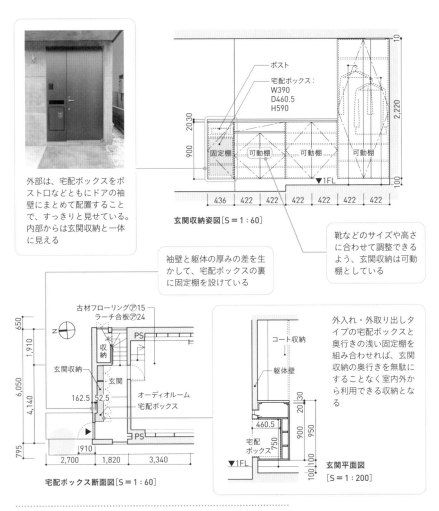

4 宅配ボックスも玄関収納に収めてすっきり見せる

宅配ボックスは、再配達の手間を激減させる注目のアイテム。戸建住宅では普及の過渡期ですが、特に共働きの家庭など在宅時間が短い家庭にお薦めの設備です。据え置き型、外壁取り付け型などのバリエーションがあり、壁に埋め込めるタイプのものは住宅壁面と一体でデザイン可能。一方でこのボックスは奥行きが深いので、ただ埋め込むだけでは室内側の見た目が悪くなるので、玄関廻りの収納の中に収めてすっきり見せましょう。

外部は、宅配ボックスをポスト口などとともにドアの袖壁にまとめて配置することで、すっきりと見せている。内部からは玄関収納と一体に見える

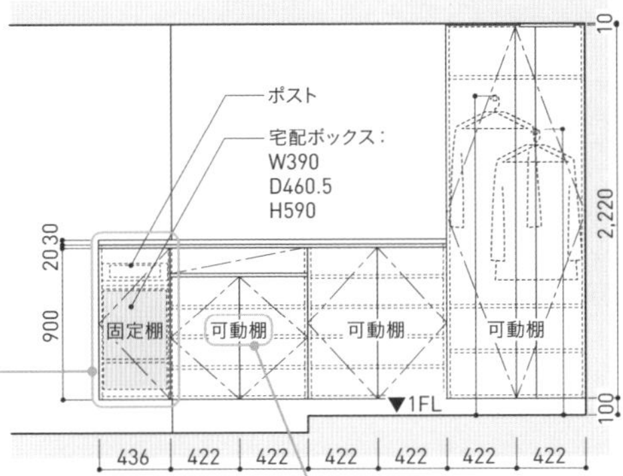

ポスト
宅配ボックス：
W390
D460.5
H590
固定棚
可動棚
可動棚
可動棚
▼1FL
10
2,220
2030
900
100
436
422
422
422
422
422
422

玄関収納姿図[S＝1：60]

靴などのサイズや高さに合わせて調整できるよう、玄関収納は可動棚としている

袖壁と躯体の厚みの差を生かして、宅配ボックスの裏に固定棚を設けている

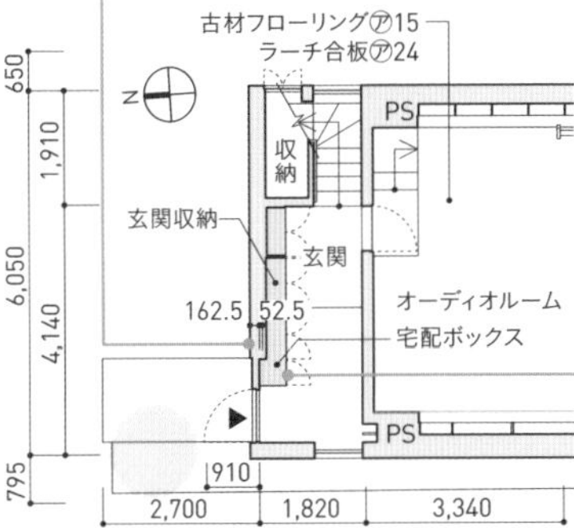

古材フローリング㋐15
ラーチ合板㋐24
N
PS
収納
玄関収納
玄関
162.5
52.5
オーディオルーム
宅配ボックス
PS
650
1,910
6,050
4,140
795
910
2,700
1,820
3,340

宅配ボックス断面図[S＝1：60]

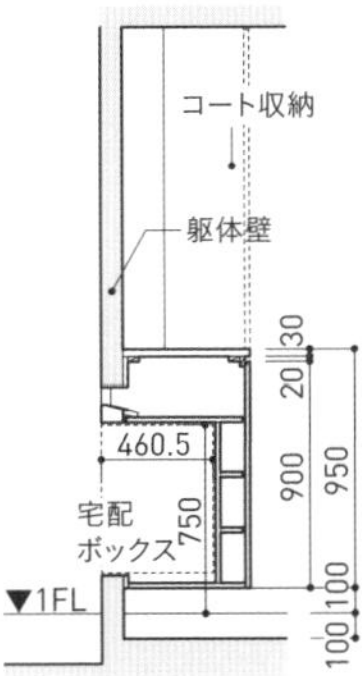

コート収納
躯体壁
460.5
宅配
ボックス
▼1FL
30
20
900
950
750
100
100
100

外入れ・外取り出しタイプの宅配ボックスと奥行きの浅い固定棚を組み合わせれば、玄関収納の奥行きを無駄にすることなく室内外から利用できる収納となる

玄関平面図
[S＝1：200]

「千歳船橋の住宅」 設計：レベル アーキテクツ 写真：レベル アーキテクツ

5 収納の上下をあけて光と風が抜ける玄関に

玄関とリビング・ダイニングが隣接し、フロア全体をひとつながりの空間とする間取りでは、大型の収納家具で間仕切るのも有効。収納家具の上部を空けることで光や風が通り、空間同士もつながります。また、玄関土間につながる収納家具の下部を浮かせると靴や外で使うモノの一時置き場として活用でき、臭いもこもりにくく快適な玄関になります。

リビングから玄関を見る。梁下から670㎜開けた収納上部から光と風が通る

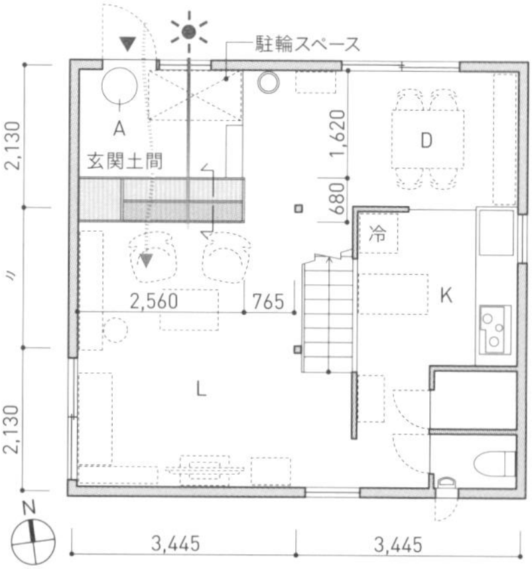
駐輪スペース
A
玄関土間
D
2,130
1,620
680
冷
K
2,560
765
L
2,130
N
3,445
3,445

1階平面図[S＝1:150]

玄関収納とリビング収納を兼ねた大型家具の上部から光と風が抜ける

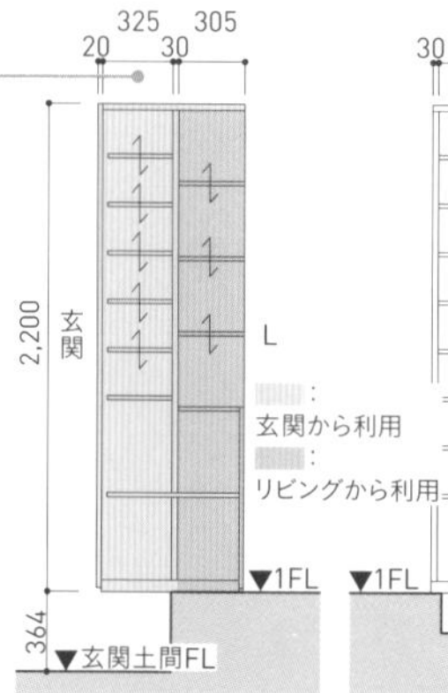
325 305
20 30
2,200
玄関
L
：玄関から利用
：リビングから利用
▼1FL
364
▼玄関土間FL

玄関収納断面図[S＝1:60]

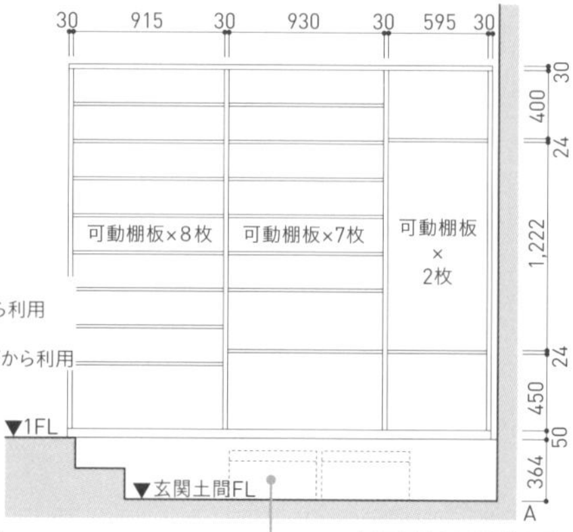
30 915 30 930 30 595 30
可動棚板×8枚
可動棚板×7枚
可動棚板×2枚
30
400
24
1,222
24
450
50
364
▼1FL
▼玄関土間FL
A

玄関収納(土間側)展開図[S＝1:60]

収納下部のあきスペースは脱いだ靴の一時置き場などに活用

「木造の家」設計：石井井上建築事務所、写真：石井大

ダイニングから玄関を見る。
収納の扉で雑多なモノを隠
し、生活感を感じさせない

リビング

置き場が決まらないモノの一時置き場をつくる

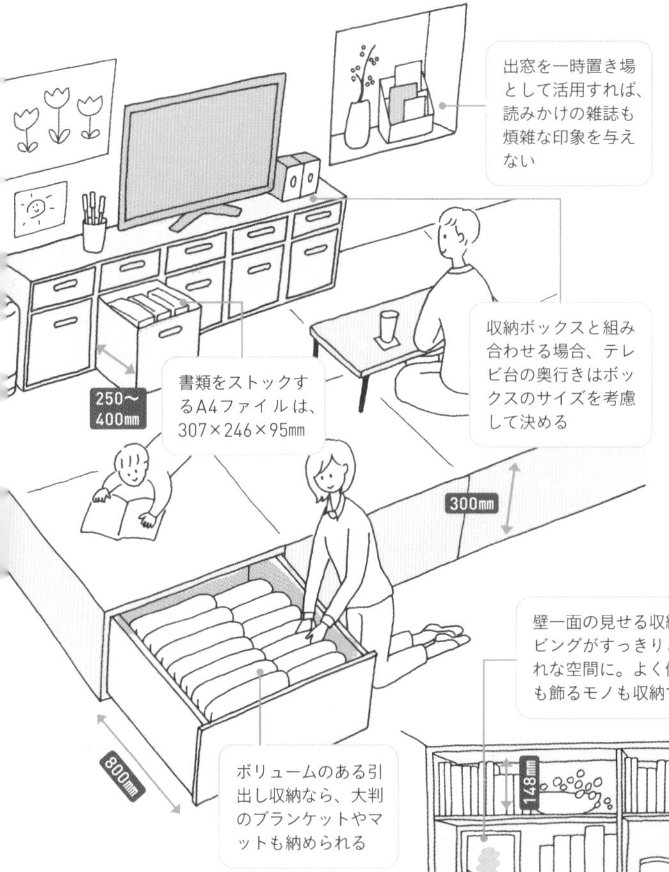
出窓を一時置き場として活用すれば、読みかけの雑誌も煩雑な印象を与えない
収納ボックスと組み合わせる場合、テレビ台の奥行きはボックスのサイズを考慮して決める
書類をストックするA4ファイルは、307×246×95㎜
250〜400㎜
300㎜
ボリュームのある引出し収納なら、大判のブランケットやマットも納められる
800㎜

基本例

壁一面の見せる収納で、リビングがすっきりとおしゃれな空間に。よく使うモノも飾るモノも収納できる
148㎜
テレビの最適視聴距離は、ディスプレイの縦の長さ×3となる
ニッチに壁掛けテレビを収める。裏側のスペースに配線を隠せるようにするとよい
600㎜
1,800㎜
364㎜
高さ148㎜の文庫本から364㎜の大型本まで入れられるよう内寸を確保したい。大型本を入れる場合、奥行きは257㎜以上必要
ソファ下の収納はすぐに手が届くので便利。内寸は、高さ145㎜を確保すればDVDケースを収められる
150㎜
650〜750㎜

リビングに収納される主なモノ

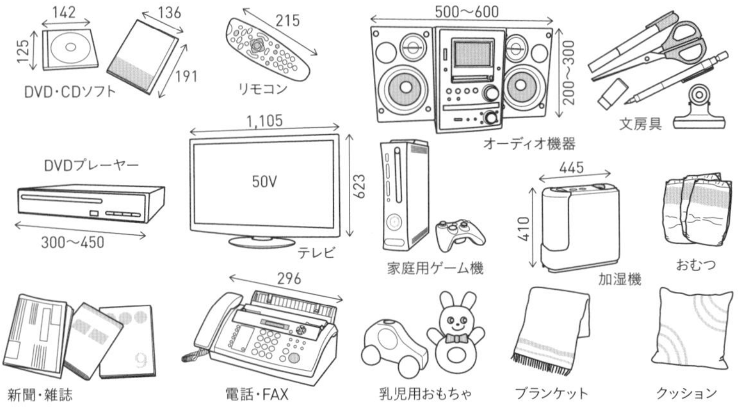
142
125
136
191
DVD・CDソフト
215
リモコン
500〜600
200〜300
オーディオ機器
文房具
1,105
50V
623
テレビ
DVDプレーヤー
300〜450
家庭用ゲーム機
445
410
加湿機
おむつ
296
新聞・雑誌
電話・FAX
乳児用おもちゃ
ブランケット
クッション

リビングは、置き場所が決まっていない生活用品が散らかりがちな場所。雑多なモノを何でもしまえて、すぐに手が届く万能な収納があると便利です。たとえば、幅広のテレビ台に仕切板で大小の棚をつくり、収納ボックスを収めて使えば、子どものおもちゃなどこまごましたモノも整理しやすく、書類ファイルや事務用品なども必要なときにさっと取り出せます。

壁面いっぱいに収納棚を設けると、空間が広く感じられるうえにモノの定位置が決まりやすく、事務用品からオーディオ機器まですっきりと収めることができます。ソファ下や小上り下に浅めで広い引出しを設ければ、テレビを見ながらくつろぐときに使う大判のブランケットや子どものおむつなど、ボリュームのあるモノも入れられる上、DVDやCDをここにしまえば、テレビ廻りも片づきます。テレビは壁を彫り込んでニッチをつくって収め、コード類やプレーヤーはディスプレイ裏のスペースにまとめると整頓しやすく、見た目もよくなります。

また、リビングには出窓や飾り棚を設けると、読みかけの雑誌など、床や食卓に置きっぱなしにしておきたくないモノの一時置き場として活躍します。

[勝見紀子／アトリエ・ヌック建築事務所]

2階LDKのテレビ台と中庭の収納を連続させている。内外の連続性が強調されて視線が抜けるため、部屋が広く感じられる。中庭の棚はバーベキュー道具や掃除用具、園芸用具などを収納できる

1 横長のテレビ台を外部まで連続させて空間を広く見せる

横長のテレビ台を屋外にまで伸びた棚のように設えれば、空間に広がりを感じさせる有効な装置になります。ここでは開口部を介してつながるリビングのテレビ台と中庭の棚の高さ、奥行き、色を合わせて設え、内と外の空間に統一感と視線の抜けをもたせて仕上げています。

間接照明を内外で統一させると一体感が生まれ、夜間でも視覚的な広がりを感じられる

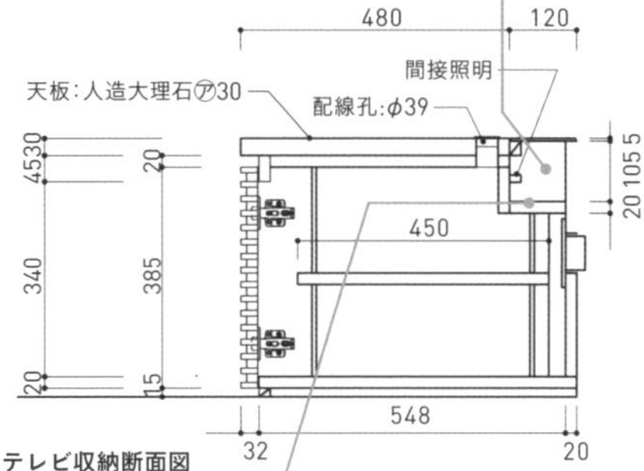
480
120
間接照明
天板:人造大理石㋐30
配線孔:φ39
450
548
32
20
340
385

テレビ収納断面図
[S＝1:20]

ここでは、屋外用のライン照明を屋内でも採用して空間のつながりを演出している

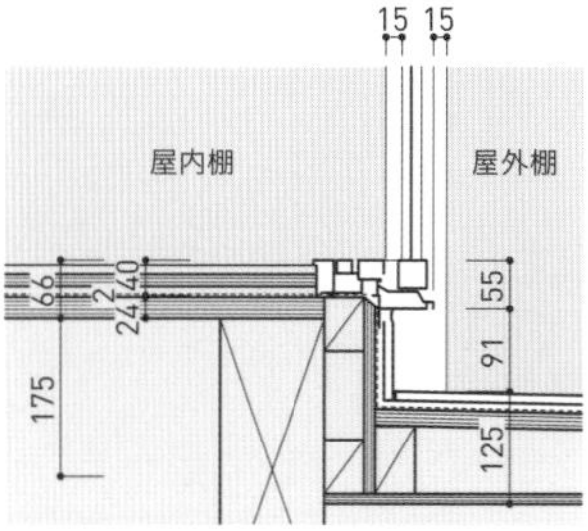
15 15
屋内棚
屋外棚
55
91
125
175

開口部部分断面図[S＝1:15]

内部の収納とガラスがぶつかる箇所はシーリング処理を行わず、適度なスペースを確保し、棚の扉を開ければメンテナンスや掃除ができるようにする。外部の収納は組み立て式にすれば、ガラスが破損した場合も取り替えやすい

棚の天板は屋内外共に人造大理石を使用。扉は屋内にメラミン化粧板、外部に耐候性のあるステンレス焼付塗装を採用して印象を近づけた

AV機器は熱をもちやすいため、棚の扉はガラリにして、排熱しやすくするとよい

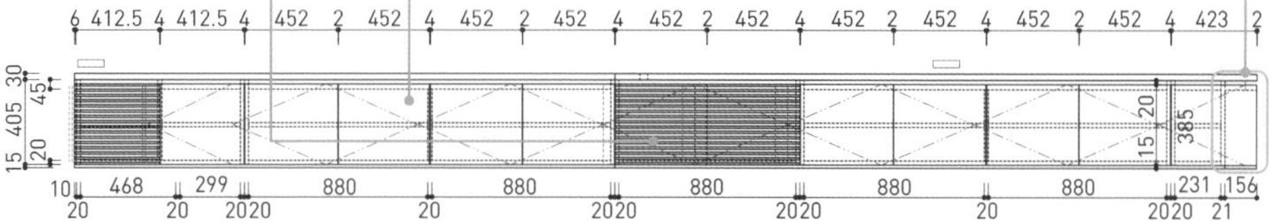
6 412.5 4 412.5 4 452 2 452 4 452 2 452 4 452 2 452 4 452 2 452 4 452 2 452 4 423 2
468
299
880
880
880
880
880
231
156
385

テレビ収納姿図[S＝1:50]

「大宮の家」設計：カシワギ・スイ・アソシエイツ　写真：上田 宏

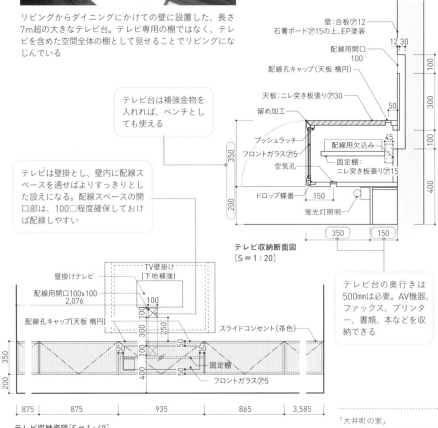

2 テレビ台を水平に延ばして、空間になじませる

テレビとテレビ収納が、リビングから浮いてしまうと悩む人は多いもの。テレビを空間になじませるには、思い切ってテレビ台を水平方向に延長させて、収納を兼ねた大きな家具とする手があります。テレビ台をLDKにある雑多なモノも収納できる棚として使えば、存在感が薄らぎ、インテリアとしても活躍します。

リビングからダイニングにかけての壁に設置した、長さ7m超の大きなテレビ台。テレビ専用の棚ではなく、テレビを含めた空間全体の棚として見せることでリビングになじんでいる

テレビ台は補強金物を入れれば、ベンチとしても使える

テレビは壁掛とし、壁内に配線スペースを通せばよりすっきりとした設えになる。配線スペースの開口部は、100□程度確保しておけば配線しやすい

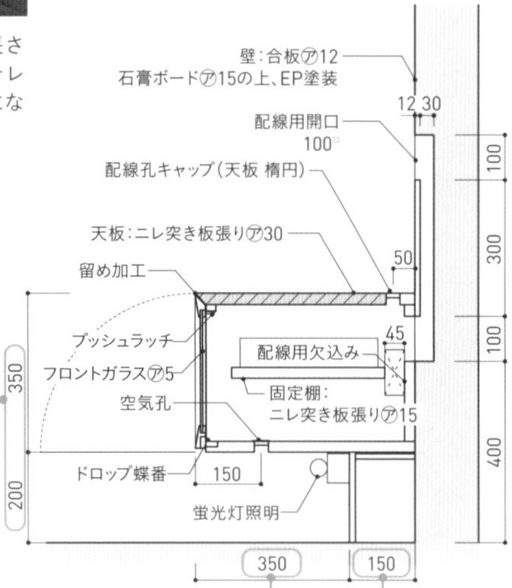

壁：合板㋐12
石膏ボード㋐15の上、EP塗装
12 30
配線用開口
100□
配線孔キャップ（天板 楕円）
天板：ニレ突き板張り㋐30
留め加工
50
45
プッシュラッチ
配線用欠込み
フロントガラス㋐5
固定棚：
ニレ突き板張り㋐15
空気孔
ドロップ蝶番
150
蛍光灯照明
350
200
100
300
100
400
350
150

テレビ収納断面図
[S＝1：20]

テレビ台の奥行きは500㎜は必要。AV機器、ファックス、プリンター、書類、本などを収納できる

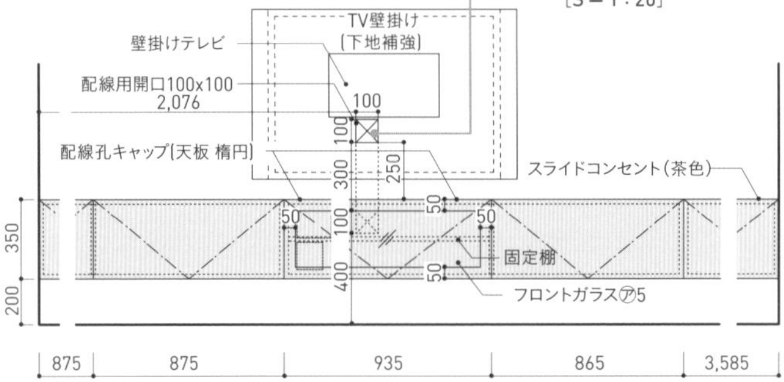

TV壁掛け
（下地補強）
壁掛けテレビ
配線用開口100x100
2,076
100
配線孔キャップ（天板 楕円）
100
300
250
スライドコンセント（茶色）
50
50
50
100
400
固定棚
50
フロントガラス㋐5
350
200
875
875
935
865
3,585

テレビ収納姿図［S＝1：40］

「大井町の家」
設計：レベル アーキテクツ
写真：レベル アーキテクツ

3 テレビ台の裏側を家族のスタディコーナーに

親の目が届きやすく、子どもも親に話しかけやすいので、「子どものスタディコーナーをLDKの近くに設けたい」という要望は多いもの。ですが、家族団らんのくつろぎ空間でもあるLDKは子どもの集中を乱す可能性もあるため、スタディコーナーはある程度区切られた状態にしておきましょう。テレビ台を間仕切り壁のように設え、裏側をデスクにして小さなスタディコーナーを確保すれば、LDKとの間にほどよい距離感が生まれます。

テレビ台の高さは、1,600㎜程度。座ったときにリビングに視線が抜けないのでスタディコーナーに囲われ感が生まれる

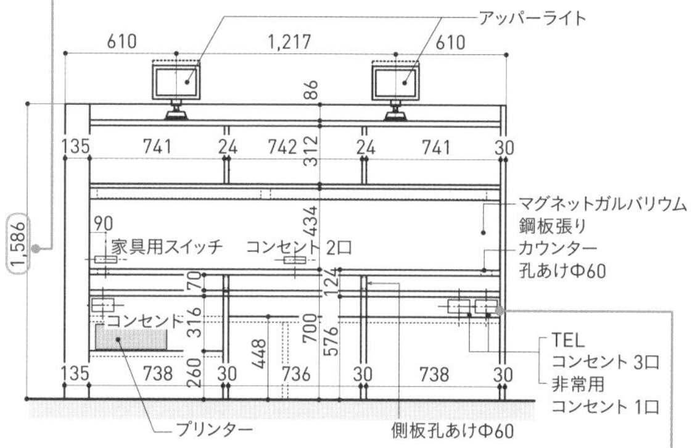

スタディコーナー展開図[S＝1：50]

一直線上のスタディコーナーがキッチンと隣接しているため、コミュニケーションもとりやすい。スタディコーナーの向こう側はリビングになっている

スタディコーナーの棚には、コンセントを複数配置するとより使いやすくなる

リビング側の下段にキャリーBOXを収めるスペースの分、スタディコーナー側に飛び出してくる段差はプリンターなどを置く棚として利用。配線用の孔をあけておくとよい

テレビ下の収納は一部を2段構成とし、上段にはブルーレイレコーダーが置ける程度の小さな棚を、下段にはDVDをしまうことを想定して「ポリプロピレンキャリーボックス」(無印良品) がぴったり収まるスペースをそれぞれ確保

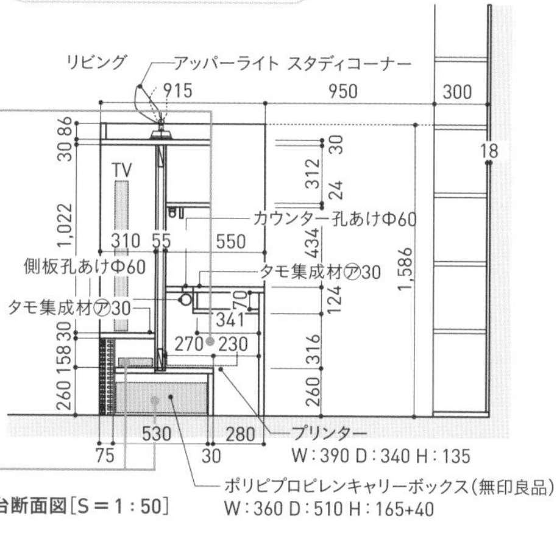

テレビ台断面図[S＝1：50]

「集庭の家」
設計：カシワギ・スイ・アソシエイツ
写真：上田 宏

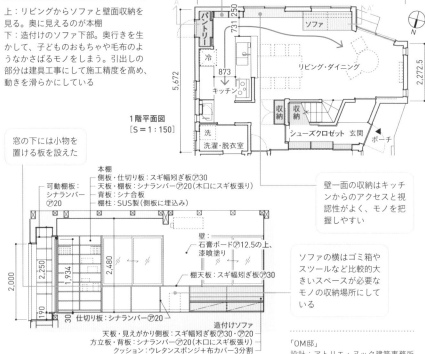

4 壁面収納は見せる場所と隠す場所をつくり分ける

生活の中心となるリビングは、壁全面を収納にして、見せる収納と隠す収納に分けるのもお勧め。常に使うティッシュなどは奥行きの浅い棚に置けば、視認性が高くとても便利です。使わないときは隠しておきたいおもちゃなどは、造付けのソファ下に引出しを設けて収納場所を確保します。

上：リビングからソファと壁面収納を見る。奥に見えるのが本棚
下：造付けのソファ下部。奥行きを生かして、子どものおもちゃや毛布のようなかさばるモノをしまう。引出しの部分は建具工事にして施工精度を高め、動きを滑らかにしている

キッチン付近には、料理本やティッシュなどすぐ手に取りたいモノを置くオープンな棚を設けた。リビングの端なので、オープンでも収納物は気にならない。棚の上部は、圧迫感をなくすためあえて収納を設けていない

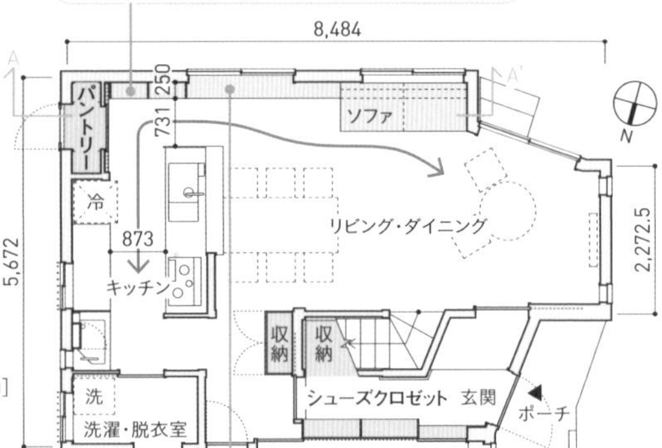

8,484
A
A'
250
731
パントリー
ソファ
N
冷
873
リビング・ダイニング
2,272.5
5,672
キッチン
収納
収納
洗
シューズクロゼット
玄関
ポーチ
洗濯・脱衣室

1階平面図
[S＝1：150]

窓の下には小物を置ける板を設えた

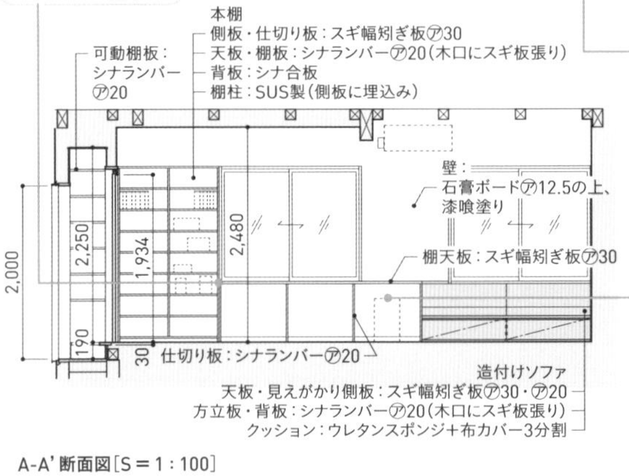

本棚
側板・仕切り板：スギ幅矧ぎ板㋐30
天板・棚板：シナランバー㋐20（木口にスギ板張り）
背板：シナ合板
棚柱：SUS製（側板に埋込み）
可動棚板：
シナランバー
㋐20
壁：
石膏ボード㋐12.5の上、
漆喰塗り
2,250
1,934
2,480
2,000
棚天板：スギ幅矧ぎ板㋐30
190
30
仕切り板：シナランバー㋐20
造付けソファ
天板・見えがかり側板：スギ幅矧ぎ板㋐30・㋐20
方立板・背板：シナランバー㋐20（木口にスギ板張り）
クッション：ウレタンスポンジ＋布カバー3分割

A-A'断面図[S＝1：100]

壁一面の収納はキッチンからのアクセスと視認性がよく、モノを把握しやすい

ソファの横はゴミ箱やスツールなど比較的大きいスペースが必要なモノの収納場所にしている

「OM邸」
設計：アトリエ・ヌック建築事務所
写真：渡辺慎一

壁面収納で駆体を隠し、棚と収納物だけで構成されたように見せるとすっきりとする。棚は、リビングと寝室などの空間を分ける間仕切壁の役目も兼ねる

木製の框にガラスをはめ込んだ扉。窓からの光を透過してリビングが明るくなるように配慮した

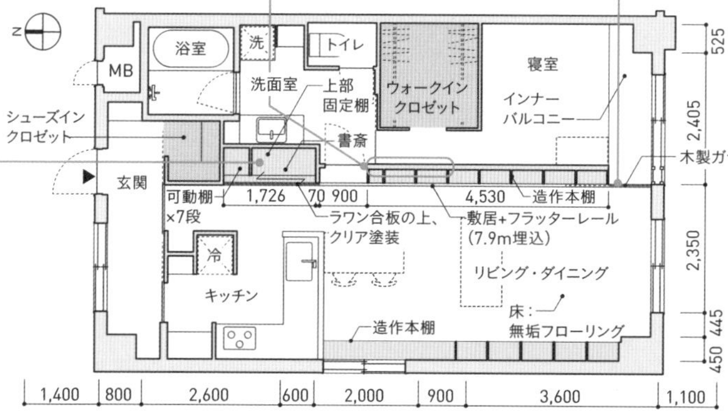

平面図［S＝1:150］

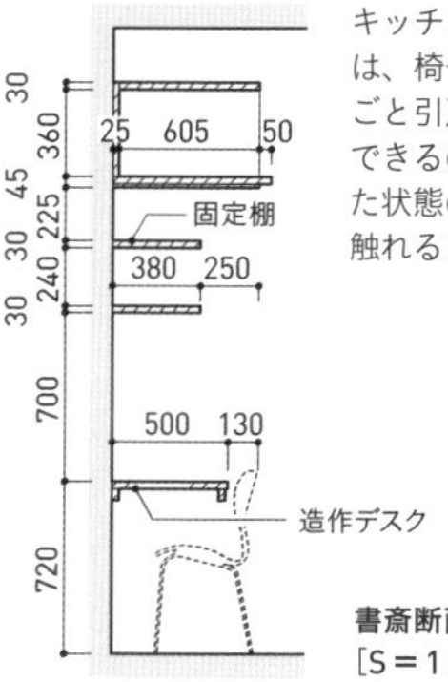

キッチンの近くの書斎は、椅子を含めてまるごと引戸で隠すことができるので、散らかった状態のままで人目に触れることがなく安心

書斎断面図
［S＝1:60］

「S・Y邸」 設計：ブルースタジオ 写真：高木 亮

5 壁面収納で躯体を見せずすっきり仕上げる

本や雑貨などの持ち物が多い場合は、いっそのことリビングの壁面いっぱいの「見せる収納」とするのも有効です。特にマンションリノベーションの場合は、RC躯体の梁・柱形も隠せるのでお勧め。棚と収納物だけを見せることで、かえってリビングがすっきりした空間になります。

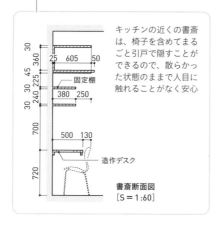

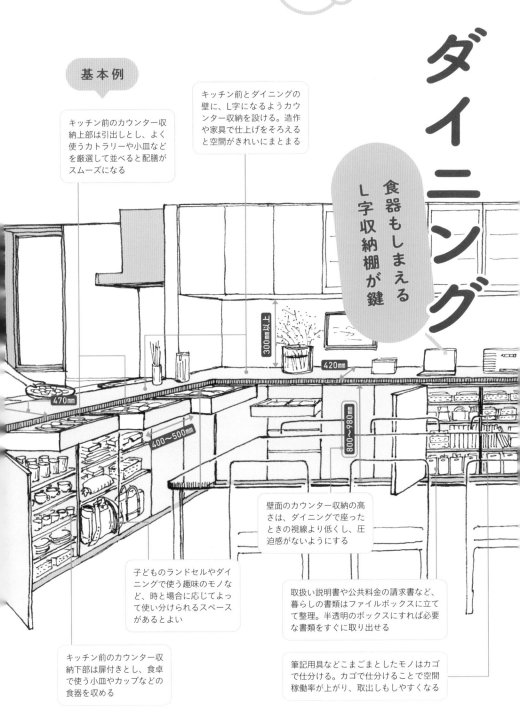

ダイニング

食器もしまえるL字収納棚が鍵

基本例

キッチン前のカウンター収納上部は引出しとし、よく使うカトラリーや小皿などを厳選して並べると配膳がスムーズになる

キッチン前とダイニングの壁に、L字になるようカウンター収納を設ける。造作や家具で仕上げをそろえると空間がきれいにまとまる

300㎜以上
420㎜
470㎜
400〜500㎜
800〜980㎜

壁面のカウンター収納の高さは、ダイニングで座ったときの視線より低くし、圧迫感がないようにする

子どものランドセルやダイニングで使う趣味のモノなど、時と場合に応じてよって使い分けられるスペースがあるとよい

取扱い説明書や公共料金の請求書など、暮らしの書類はファイルボックスに立てて整理。半透明のボックスにすれば必要な書類をすぐに取り出せる

キッチン前のカウンター収納下部は扉付きとし、食卓で使う小皿やカップなどの食器を収める

筆記用具などこまごまとしたモノはカゴで仕分ける。カゴで仕分けることで空間稼働率が上がり、取出しもしやすくなる

ダイニングに収納される主なモノ

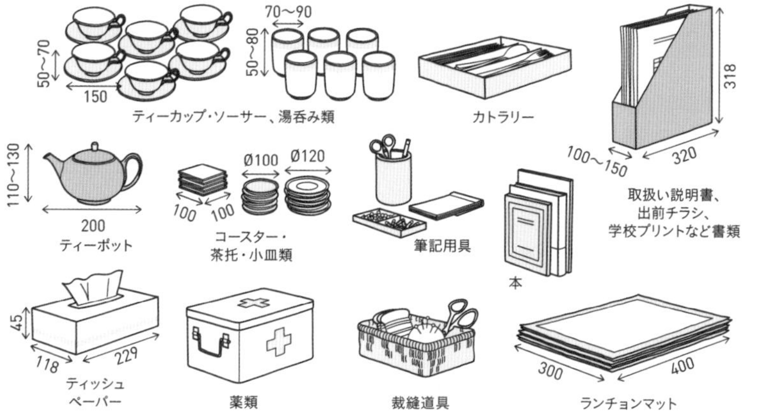
50〜70
150
70〜90
50〜80
ティーカップ・ソーサー、湯呑み類
カトラリー
318
100〜150
320
取扱い説明書、
出前チラシ、
学校プリントなど書類
110〜130
200
ティーポット
Ø100
Ø120
100
100
コースター・
茶托・小皿類
筆記用具
本
45
118
229
ティッシュ
ペーパー
薬類
裁縫道具
300
400
ランチョンマット

キッチン前やダイニングの壁面にはカウンター収納を設け、食器や筆記用具、家の書類、裁縫道具などを入れると便利です。一般的に食器はキッチンに収めますが、取り皿やカトラリーはキッチンよりもダイニングにあったほうが便利なはず。座る場所の近くに収納しておけば家族に配膳を手伝ってもらいやすくなり、食事の最中にキッチンまで取りに行かなくても済みます。

　また、ダイニングで書き物やパソコン作業をするケースもよくあるので、それらをしまうスペースもダイニングに設けておきましょう。ダイニングで勉強をする年代の子どもがいる間は、ランドセルや教科書を置くスペースがあると重宝します。ダイニングで行うさまざまな行為を考え、そのために必要なモノが収まるか、使う場所としまう場所が近いかをよく検討することが大切です。

　壁面のカウンター収納の高さは、圧迫感を与えないよう、ダイニングテーブルの前に座ったときの視線より低くします。キッチン側と壁面側の棚の高さが異なる場合、2つの棚の取合い部はキッチン側を勝たせ、デッドスペースをなくし清掃性を高めるとよいでしょう。

[水越美枝子/アトリエサラ]

1 モノを見せる・見せないを効果的につくる

ダイニングの収納では、箸やスプーンなどの食器類のほか、筆記具などの小物を収めるスペースが必要となる

ダイニングの食器棚は食器を「見せる・見せない」場所を分けて考えましょう。飾り棚を兼ねた食器棚は収めた食器が見栄えするよう、跳ね上げ式の扉に。また、効率よく配膳できる動線を考え、取り皿やカップ、箸・ランチョンマットなどはダイニングに収納するのがお勧めです。筆記具やノートパソコンなどの収納スペースも確保しておきましょう。

見せながら収納する場合の扉は、跳ね上げ式の蝶番がお薦め。正面からガラス越しに蝶番が見えないので、すっきりとした印象となる

内部を見せる収納の棚板は、割付けを均等にすると見た目がよい

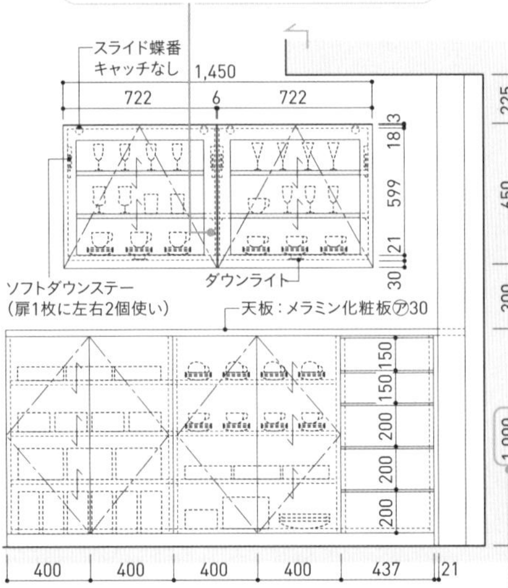

スライド蝶番
キャッチなし
1,450
722
6
722
3
18
599
21
30
225
650
300
1,000
ソフトダウンステー
(扉1枚に左右2個使い)
ダウンライト
天板：メラミン化粧板㋐30
150
150
200
200
200
400
400
400
400
437
21

食器棚姿図[S＝1：40]

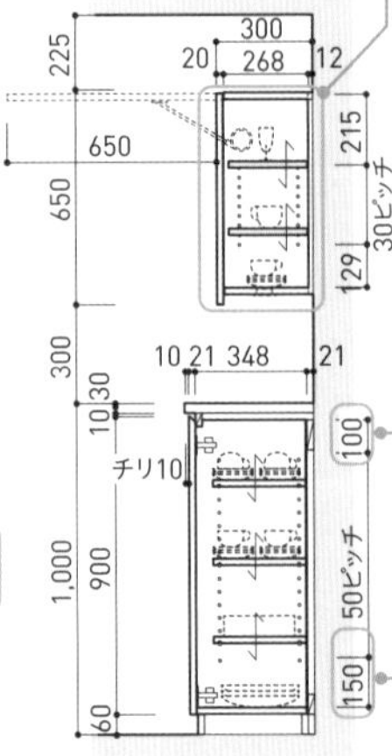

300
20
268
12
225
650
650
215
30ピッチ
129
300
10 21 348
21
10
30
チリ10
100
1,000
900
50ピッチ
150
60

断面図[S＝1：40]

ダイニングの収納高さは、座ったときの目線の抜けを考慮して、通常850㎜とするが、収納量を上げたい場合は1,000㎜まで上げるとよい。1,000㎜より高くなると圧迫感が出てしまうので要注意

できるだけ収納量を上げるため、ダボ穴の上端は100㎜、下端は150㎜とする

「沼尻邸」設計：アトリエサラ　写真：永野佳世

下部の「モノを隠す収納」は、写真右脇のキッチン側の収納と仕上げを統一。上部の「モノを見せる収納」は壁と同じ白色にして箱の存在を軽減し、内部のモノが引き立つようにしている

2 小さな家では空間を使い切る収納を目指す

小さな家ならばなおのこと、すっきりとした空間を維持するには、細部まで収納計画を練る必要があります。ここではキッチンとダイニングの間にキッチンカウンターを設置し、キッチン側とダイニング側のそれぞれから使える収納にしました。収納するモノを確認し、寸法を細かく調整することで極力無駄をなくし、空間を使い切る収納としています。

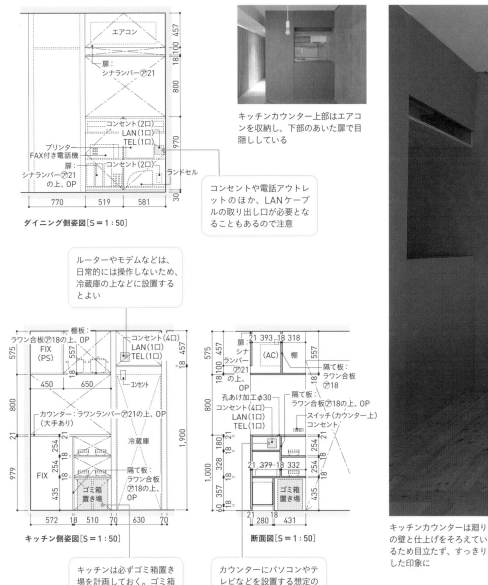

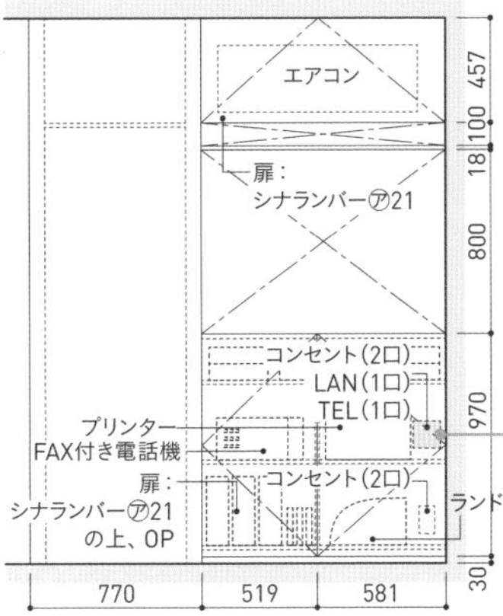

ダイニング側姿図[S＝1：50]

コンセントや電話アウトレットのほか、LANケーブルの取り出し口が必要となることもあるので注意

キッチンカウンター上部はエアコンを収納し、下部のあいた扉で目隠ししている

ルーターやモデムなどは、日常的には操作しないため、冷蔵庫の上などに設置するとよい

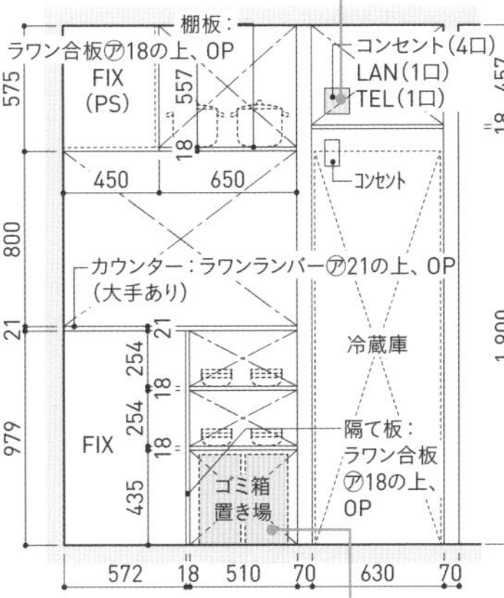

キッチン側姿図[S＝1：50]

キッチンは必ずゴミ箱置き場を計画しておく。ゴミ箱の大きさは必ず建築主に確認して決定する

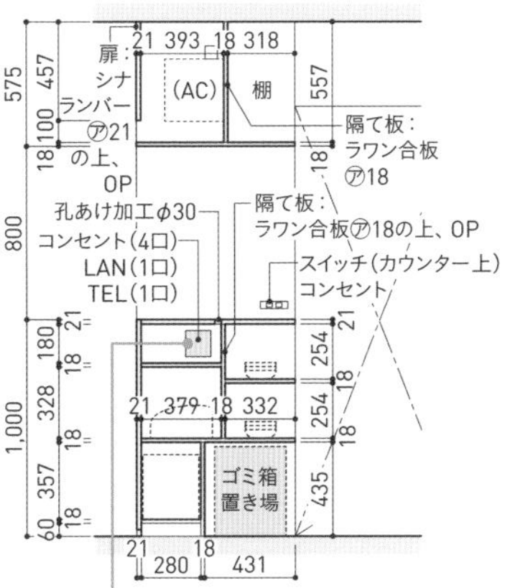

断面図[S＝1：50]

カウンターにパソコンやテレビなどを設置する想定の場合、天板に孔をあけてコンセントなどは下部に納めれば配線がすっきりとする

キッチンカウンターは廻りの壁と仕上げをそろえているため目立たず、すっきりした印象に

「光の居処」設計：デザインライフ設計室　写真：青木律典

キッチン

手を伸ばすだけで届く片づく配置に

基本例

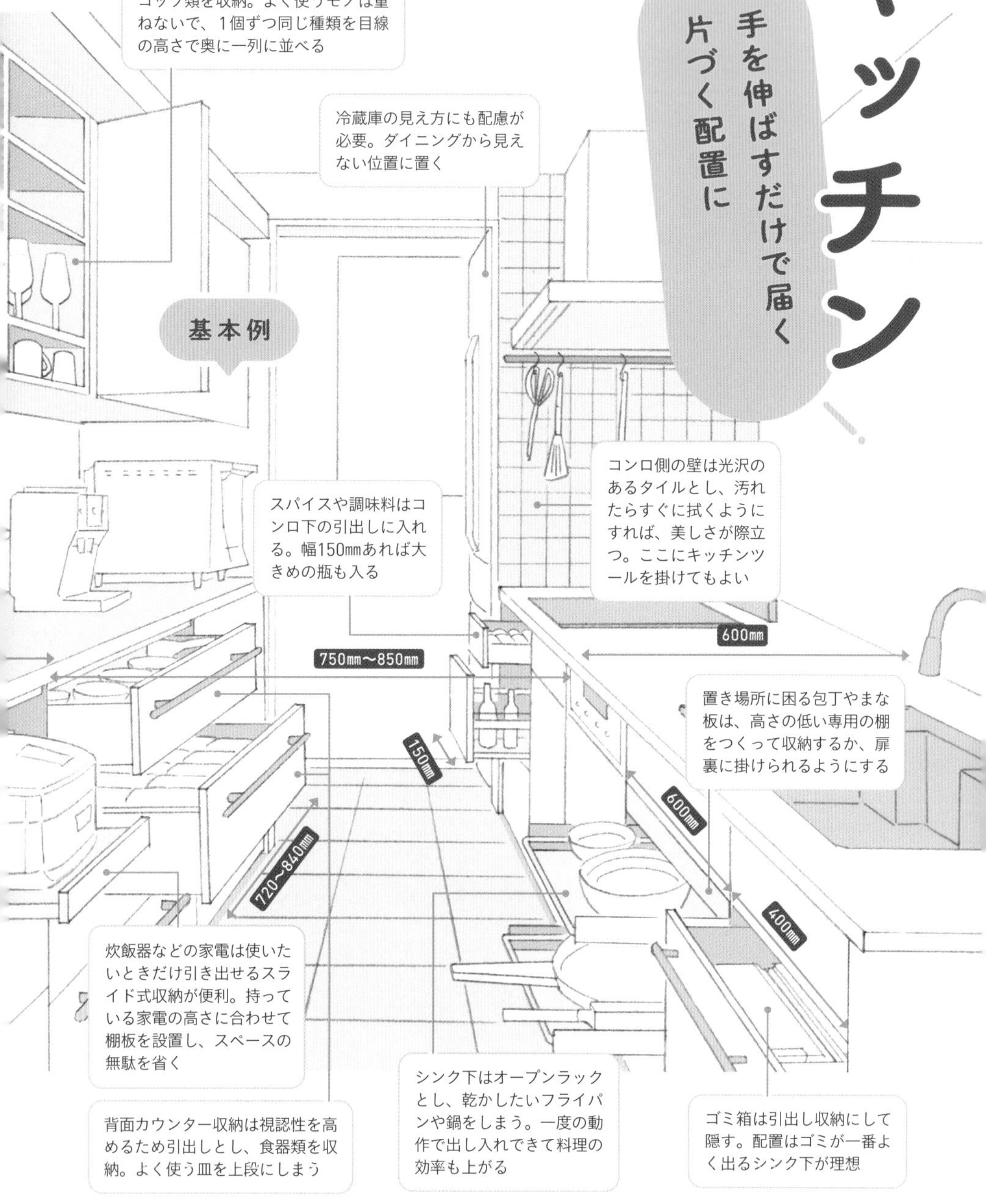
背面カウンター上部は吊り戸棚とし、コップ類を収納。よく使うモノは重ねないで、1個ずつ同じ種類を目線の高さで奥に一列に並べる

冷蔵庫の見え方にも配慮が必要。ダイニングから見えない位置に置く
コンロ側の壁は光沢のあるタイルとし、汚れたらすぐに拭くようにすれば、美しさが際立つ。ここにキッチンツールを掛けてもよい
スパイスや調味料はコンロ下の引出しに入れる。幅150㎜あれば大きめの瓶も入る
600㎜
750㎜〜850㎜
150㎜
600㎜
720〜840㎜
400㎜
置き場所に困る包丁やまな板は、高さの低い専用の棚をつくって収納するか、扉裏に掛けられるようにする
炊飯器などの家電は使いたいときだけ引き出せるスライド式収納が便利。持っている家電の高さに合わせて棚板を設置し、スペースの無駄を省く
背面カウンター収納は視認性を高めるため引出しとし、食器類を収納。よく使う皿を上段にしまう
シンク下はオープンラックとし、乾かしたいフライパンや鍋をしまう。一度の動作で出し入れできて料理の効率も上がる
ゴミ箱は引出し収納にして隠す。配置はゴミが一番よく出るシンク下が理想

キッチンに収納される主なモノ

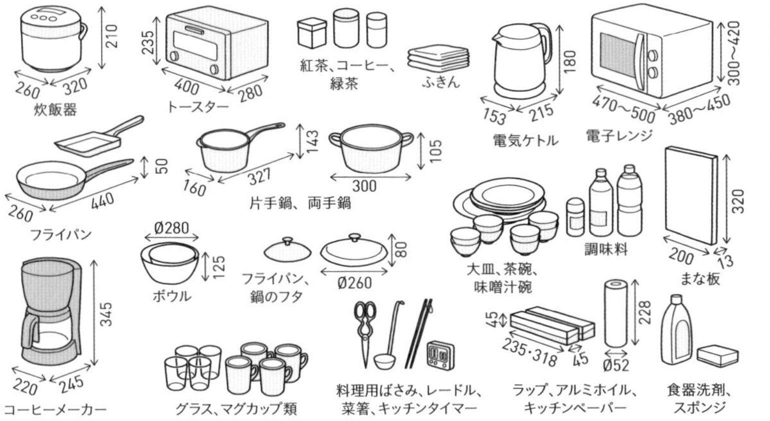
210
235
260
320
炊飯器
400
280
トースター
紅茶、コーヒー、
緑茶
ふきん
180
153
215
電気ケトル
300～420
470～500
380～450
電子レンジ
50
260
440
フライパン
143
105
160
327
300
片手鍋、両手鍋
大皿、茶碗、
味噌汁碗
調味料
320
200
13
まな板
Ø280
125
ボウル
80
フライパン、
鍋のフタ
Ø260
345
220
245
コーヒーメーカー
グラス、マグカップ類
料理用ばさみ、レードル、
菜箸、キッチンタイマー
45
235・318
45
Ø52
228
ラップ、アルミホイル、
キッチンペーパー
食器洗剤、
スポンジ

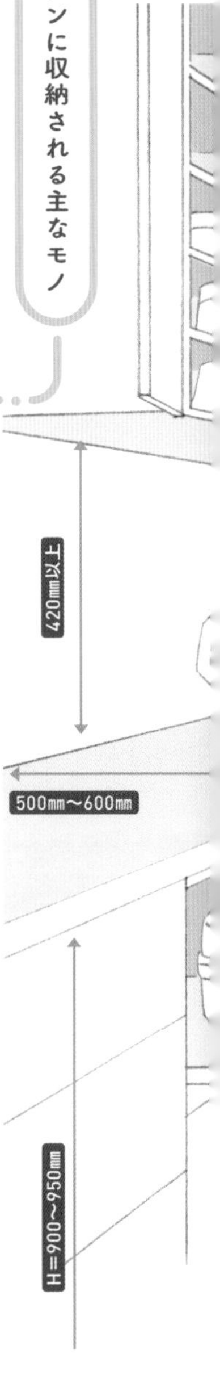
420㎜以上
500㎜～600㎜
H＝900～950㎜

モノを使う場所と収める場所を近づけ、同じシーンで用いるモノはなるべく近くにまとめることが、キッチン収納の基本です。調理台から電子レンジまでの距離など、キッチンでの各作業動線は0～2歩以内に抑えるのがベスト。そのためにはキッチンを対面型とし、背面にカウンター収納を設けるのがお勧めです。

　キッチンカウンターと背面カウンターの距離は狭いほうが効率的なので、1人で立つことが多い場合はほかの人がぶつからずに後ろを通れるぎりぎりの750～800㎜とします。2人でキッチンに立つことが多い場合でも、振り向いて1歩で反対側に手が届く850㎜までに納めましょう。

　シンク下は、ボウルやフライパンを出し入れしやすいようオープンラックにして作業効率をアップ。背面カウンターの奥行きは深く600㎜程度とれば、調理や配膳も可能です。

　食器などは上から一目で見渡せて取り出しやすく、収納量も格段に上がる引き出し収納がお勧め。背面カウンターには調理家電を置き、その家電に当たらないぎりぎりの高さまで吊り戸棚を設けて収納量を増やしましょう。

［水越美枝子／アトリエサラ］

1 キッチンの収納はコックピットを目指す

手を伸ばしたり上体をひねったりすれば、歩かずともすべての操縦ができる飛行機のコックピット。キッチンの収納も同様に、ほとんど動かずにモノに手が届くよう機能的に配置をすると便利。背面収納は、皿やお椀をすぐに取り出せる引出しがお勧め。湯沸かしポットと湯呑みなど一緒に使用するモノどうしは近くに収納すれば、作業動線の効率が高まります。

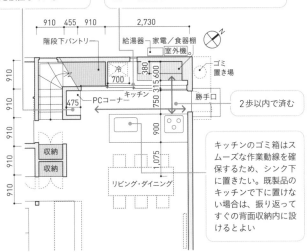

引戸

引戸は床から天井いっぱいまであり、閉めてもすっきりとして見える

キッチン前の引戸を引き込んだ状態。冷蔵庫脇にまとめられている

家計簿などをつけるPCコーナーを、使い勝手を考えキッチンの脇に設置。リビング側から見えないように、袖壁を設置している

オープンキッチンでは、家電や冷蔵庫を訪問客の目から隠したい場合がある。ここでは冷蔵庫前に引戸を設置。戸は普段はパントリー側にまとめており、邪魔にならない。引戸1枚を開けるだけで冷蔵庫が開閉できるよう、引戸の幅を調整するとよい

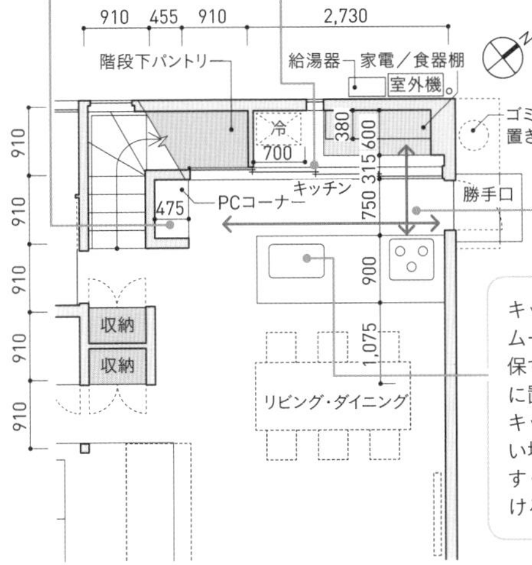
910
455
910
2,730
階段下パントリー
給湯器
家電／食器棚
室外機
ゴミ置き場
冷
700
380
600
315
750
900
1,075
475
PCコーナー
キッチン
勝手口
収納
収納
リビング・ダイニング
910
910
910
910
910

2歩以内で済む

キッチンのゴミ箱はスムーズな作業動線を確保するため、シンク下に置きたい。既製品のキッチンで下に置けない場合は、振り返ってすぐの背面収納内に設けるとよい

1階平面図[S＝1：120]

「片山邸」設計：アトリエサラ　写真：永野佳世

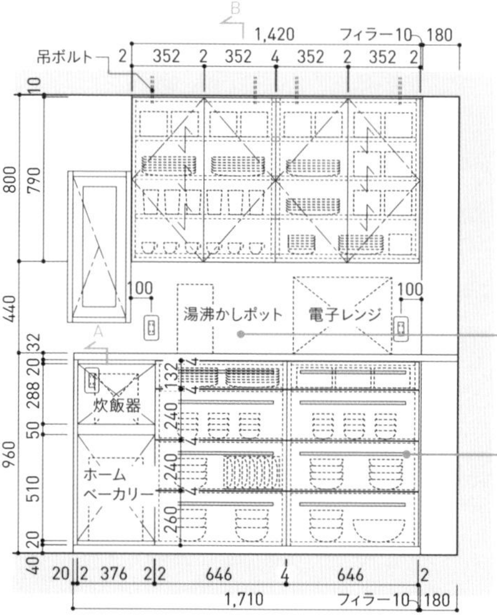

湯沸かしポットの脇にカップや茶葉入れを収納するなど、調理の作業手順を考えて適所にモノを置くとよい

取っ手がステンレスバーならば濡れた手でも気にせずに開けられる。また、フックなどを使ってふきんなども掛けられるので便利

食器棚平面図[S＝1：40]

収納物の上部の隙間を減らして収納量を増やすため、棚レールを設置するとよい

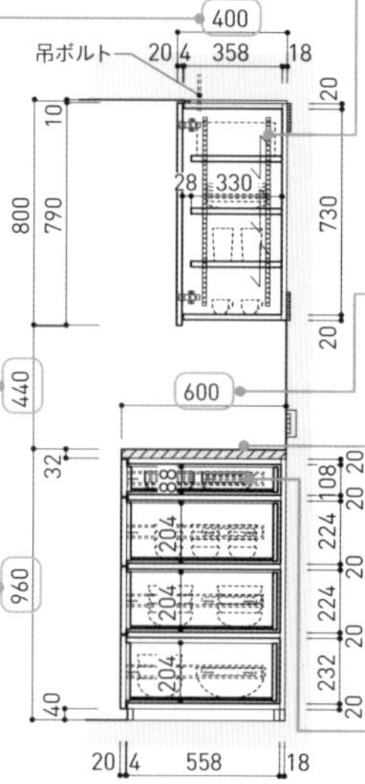

上吊り戸は奥行きが深いと使いづらいため、400㎜までにするとよい

この寸法をできるだけ小さくすれば、上吊り戸の収納量が増え、下側の段も使いやすくなる

市販品の下部収納はキッチンと同じ850㎜の高さのものが多いが、電子レンジが使いやすい、収納量が上がるなどの理由から、950㎜以上にするとよい

市販品の下部収納は奥行きが450~500㎜のものが多いが、調理スペースに使用できること、家電の前にあきができて皿やコップが置けること、冷蔵庫の奥行きとそろい、整って見えることなどから、奥行きは600㎜にするとよい

天板はメンテナンスのしやすいメラミン化粧板や人工大理石にするとよい

下部の収納は引出しにすれば奥側のモノも取り出しやすく、収納量も上がる

背面収納断面図[S＝1：40]

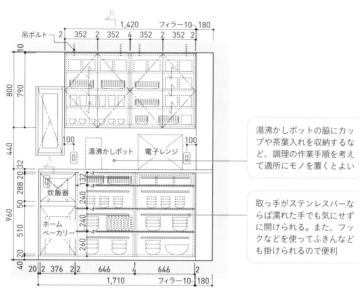

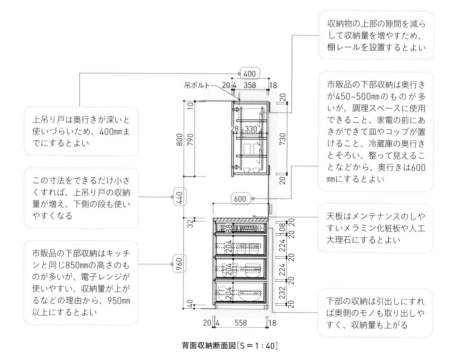

家電品は使用するときだけ引き出せるスライド収納

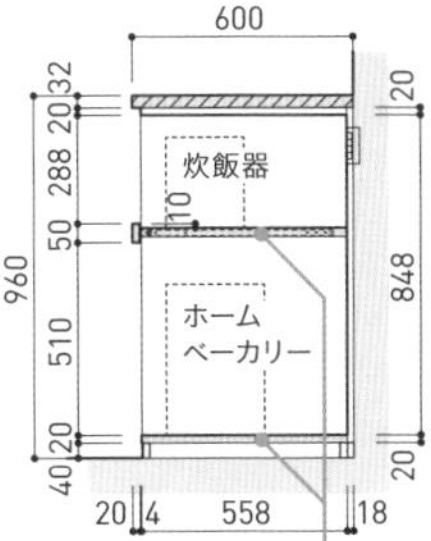
600
32
20
288
50
10
510
20
40
960
20
848
20
炊飯器
ホーム
ベーカリー
20
4
558
18

カウンター収納断面図
［S＝1：40］

家電品を載せた棚板は使用するときだけ引っ張り出し、通常は収納しておく

キッチンから家事スペースを見る。既製品のボックスを吊り戸棚として活用し、シンプルに納めている

「片山邸」
設計：アトリエサラ
写真：永野佳世

引出しを開けた様子。ここでは、幅400㎜と600㎜の製品を採用。最下段は高さ135㎜の深型で、上3段の高さは80㎜。最大耐荷重はいずれも25kg

2 IKEA製品を活用して小収納をたくさんつくる

キッチンにはこまごましたモノが多いので、大きな収納を1つ設けるよりも、小さな収納がたくさんあるほうが便利です。「ラショネルフルオープン引出し」（IKEA）なら、建具工事よりコストが抑えられるうえ、スチール製で省スペースなので、小さなキッチンに多くの収納を確保できます。

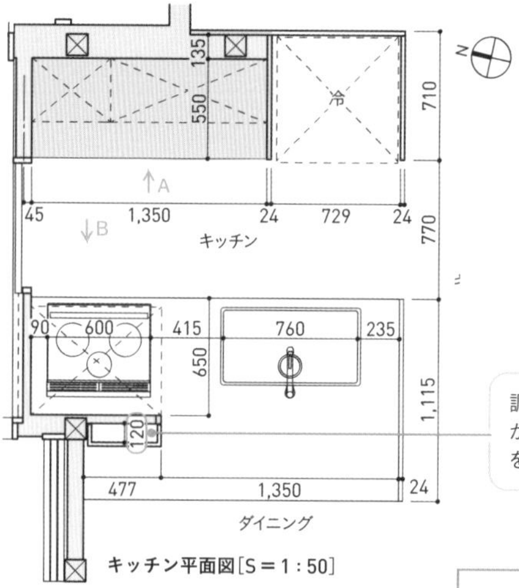

キッチン平面図[S＝1：50]

調味料入れの奥行きは、一通りの調味料が収納でき、かつダイニング側に圧迫感を与えない最小寸法（120㎜）とした

片持ち梁の下端にスポット照明を設置。向きを調節すれば、シンク側とコンロ側どちらにいても手元が明るい

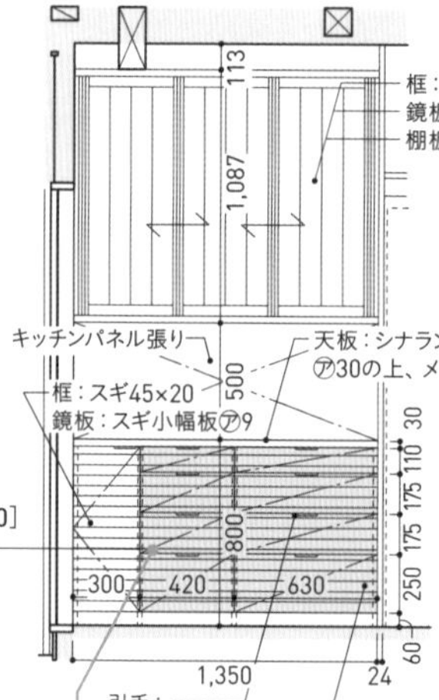

A展開図
[S＝1：50]

引出し：ラショネルフルオープン引出し（IKEA）

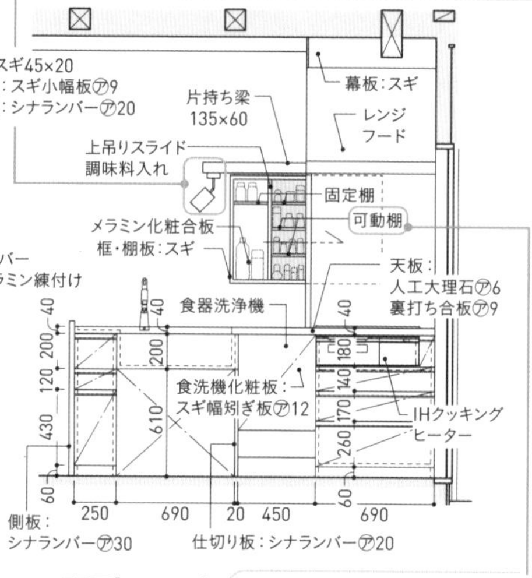

B展開図[S＝1：50]

上吊りスライド式の収納は、調味料の高さに合わせて調節できるよう、一部を可動棚としている

底板、側板、レールがIKEAの既製品。そこに前板と取っ手を取り付けている。建具工事で木でつくる引出しよりも、引出し1つにつき20㎜程度有効幅が広くなる

「HW邸」設計：アトリエ・ヌック建築事務所
写真：渡辺慎一

ダイニングからキッチンを見る。キッチン部分には吹抜けがなく、むしろ籠った印象のスペースなので、冷蔵庫と背面収納の出をそろえることですっきり見える

3 キッチン裏の工夫で冷蔵庫をきれいに納める

冷蔵庫と収納棚をキッチン背面に設置する場合、収納棚に適した奥行きが450㎜程度であるのに対し、冷蔵庫の奥行きは650㎜以上あるケースがほとんど。そのため収納棚と冷蔵庫の面《つら》がそろわないのが悩みです。ここでは、キッチン裏をパントリー棚とし、冷蔵庫裏だけ収納棚の奥行きを調節してキッチン背面の出をそろえてすっきり見せました。

冷蔵庫裏の奥行きの浅い（155㎜）棚には、保存の利く食材の瓶や缶を収納。視認性がよいので、収納物が奥に隠れて忘れてしまうこともない

冷蔵庫は幅700㎜、奥行き700㎜のものを想定。熱だまりを防止するため、冷蔵庫の両サイドにそれぞれ40㎜の空きができるよう、設置スペースの幅を785㎜としている

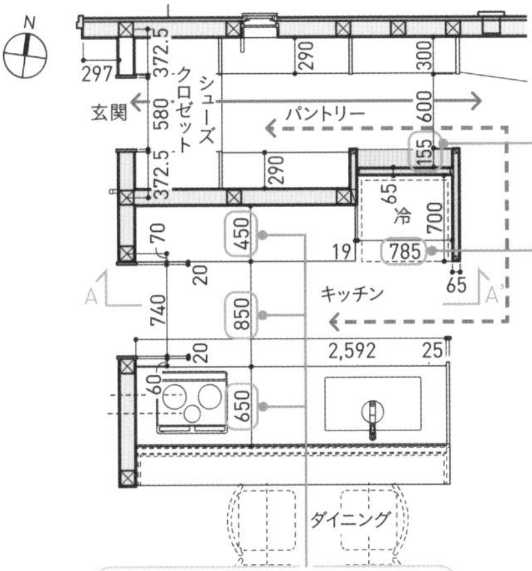

N
297
372.5
580
372.5
玄関
シューズクローゼット
290
300
600
パントリー
155
290
65
冷
700
450
70
19
785
20
65
A
A'
740
850
キッチン
20
2,592
25
60
650
ダイニング

①調理台奥行き、②背面収納の奥行き、③それらの間の作業スペースの各幅は、作業のしやすさや想定される収納物のサイズを考慮して、順に①650㎜、②450㎜、③850㎜を標準としている

キッチン平面図[S＝1：50]

冷蔵庫の高さが1,800㎜なので、設置後にコンセントを差しやすいうえ、正面から配線が見えないように配慮してコンセントの位置を決定している

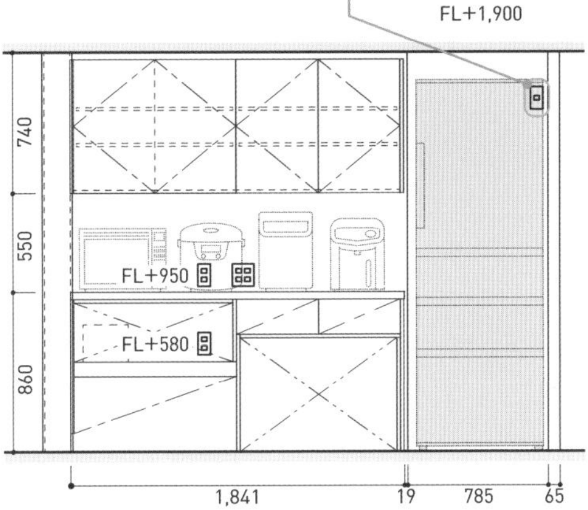

FL+1,900
740
550
860
FL+950
FL+580
1,841
19
785
65

A-A'展開図[S＝1：80]

「家事ラクの家」設計：あすなろ建築工房　写真：Miho Urushido

4 キッチン収納は引出しと引戸の組み合わせで多用途に対応

キッチンに収納するモノの大きさやかたちはさまざま。引出しも、深さ（高さ）を各段で少しずつ変えれば、収納物を分類・整理しやすくなります。また、収納の位置に応じて引戸と引出しを使い分けると、キッチンの限られた空間を有効活用できるうえ、作業のしやすさ、安全性、一覧性を確保できます。

リビングからキッチンを見る。カウンターはステンレスのバイブレーション仕上げで統一。リビング側には開き戸、キッチン側には引出しと、両面に収納を設けて、カウンター上にモノが散らかりにくくする

リビング・ダイニング、キッチン、パントリー、エントランスを行き来できる回遊動線をつくることで、家事の作業効率を上げている

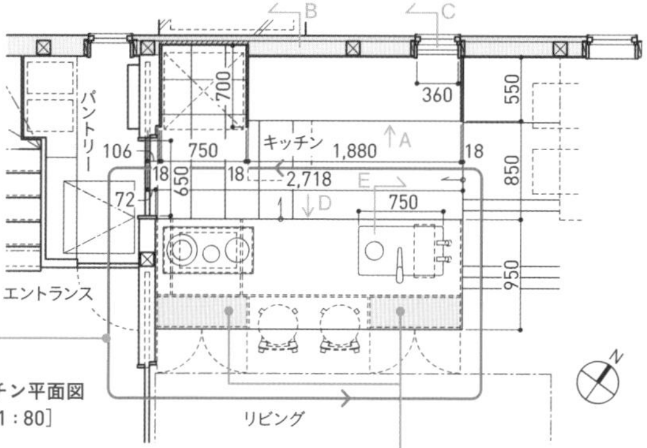

キッチン平面図
[S＝1：80]

引戸は2枚で構成。4枚とするよりもコストを抑えられるうえ、1回の動作での一覧性が高くなる。幅90cm程度までなら1枚で問題ない

キッチンカウンターのリビング側には、開き戸の収納を左右に設置。中央はオープンとし、人が座れるようにしている

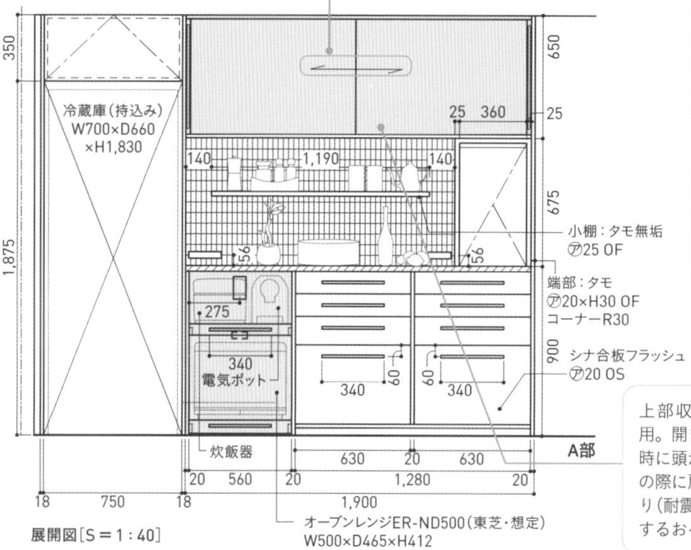

展開図[S＝1：40]

上部収納には、引戸を採用。開き戸にすると、開閉時に頭が当たったり、地震の際に扉が開いてしまったり（耐震ラッチがない場合）するおそれがある

「暁の家」設計：リオタデザイン　写真：新澤一平

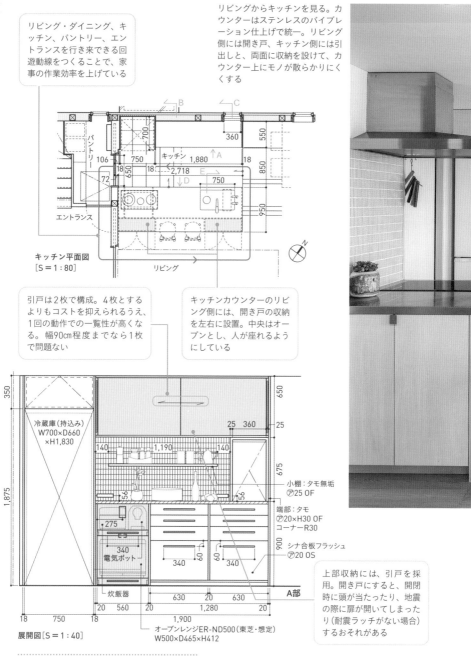

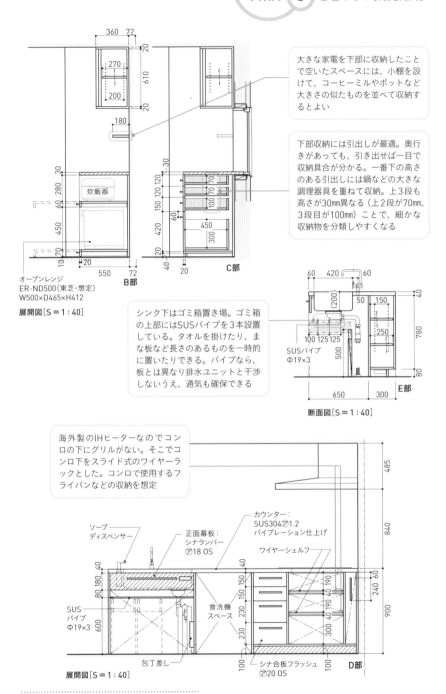

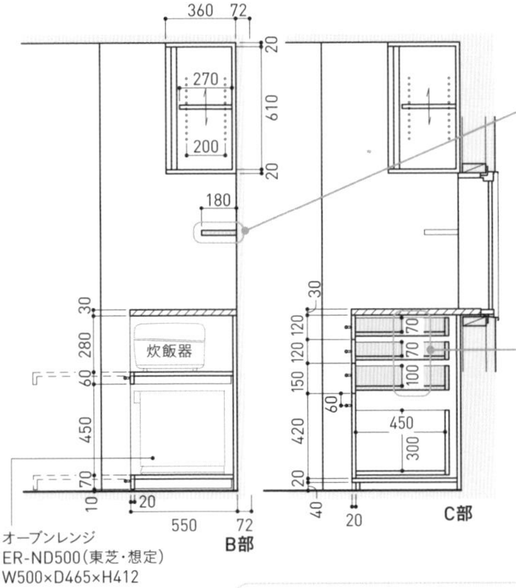
360 72
20
270
610
200
20
180
30
280
炊飯器
60
450
70
10
20
550 72
オーブンレンジ
ER-ND500(東芝・想定)
W500×D465×H412
B部
30
120
70
120
70
150
100
60
420
450
300
20
40
20
C部

大きな家電を下部に収納したことで空いたスペースには、小棚を設けて、コーヒーミルやポットなど大きさの似たものを並べて収納するとよい

下部収納には引出しが最適。奥行きがあっても、引き出せば一目で収納具合が分かる。一番下の高さのある引出しには鍋などの大きな調理器具を重ねて収納。上3段も高さが30㎜異なる（上2段が70㎜、3段目が100㎜）ことで、細かな収納物を分類しやすくなる

展開図［S＝1：40］

シンク下はゴミ箱置き場。ゴミ箱の上部にはSUSパイプを3本設置している。タオルを掛けたり、まな板など長さのあるものを一時的に置いたりできる。パイプなら、板とは異なり排水ユニットと干渉しないうえ、通気も確保できる

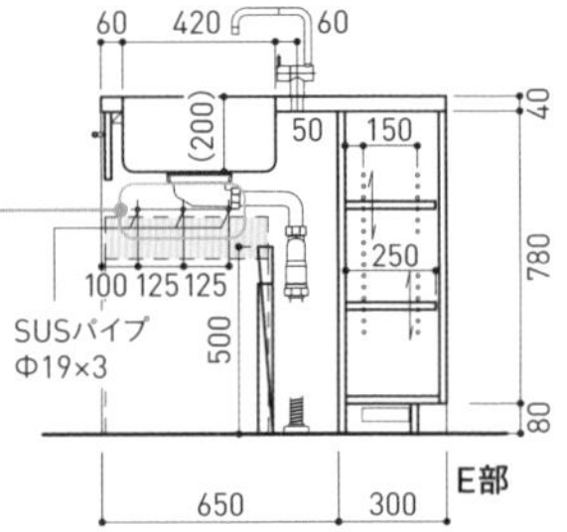
60 420 60
(200)
50
150
40
250
780
100 125 125
SUSパイプ
Φ19×3
500
80
650 300
E部

断面図［S＝1：40］

海外製のIHヒーターなのでコンロの下にグリルがない。そこでコンロ下をスライド式のワイヤーラックとした。コンロで使用するフライパンなどの収納を想定

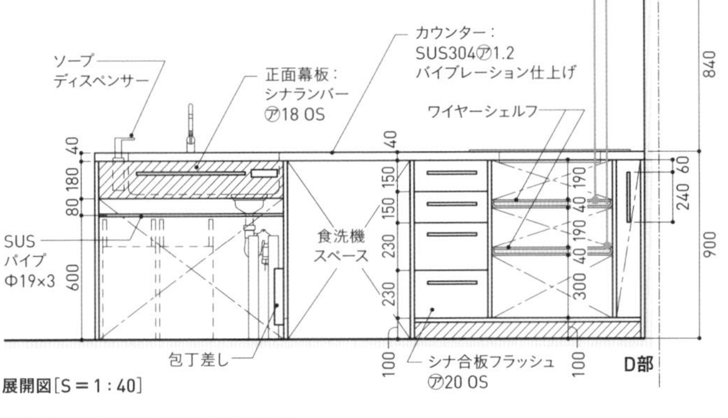
485
840
カウンター：
SUS304㋐1.2
バイブレーション仕上げ
ソープ
ディスペンサー
正面幕板：
シナランバー
㋐18 OS
ワイヤーシェルフ
40
180
80
600
SUS
パイプ
Φ19×3
40
150
150
230
230
食洗機
スペース
190
40
190
40
300
60
240
900
包丁差し
100
シナ合板フラッシュ
㋐20 OS
100
D部

展開図［S＝1：40］

「暁の家」設計：リオタデザイン　写真：新澤一平

キッチンからダイニングを見る。キッチンにはオープンな「見せる収納」とは別に細かい引出し収納を設えると、カウンターの奥行きを有効に使うことができる。対面式キッチンの場合、対向面にダイニングテーブルを配置するケースも多いが、本事例のようにキッチンのすぐ脇にテーブルを置くと配膳がスムーズになる。キッチンに立つ人と家族がより親密につながることができるレイアウト

パントリー

キッチンと外部からWアクセスを確保!

基本例

庭やバルコニーなど外部との行き来が可能になることで、外部空間の雑多なモノも収納できる
買い置きの生活用品は普段目に付かない位置にストックする
230㎜
320～350㎜
Mochi
350㎜
庭で使うモノや外に持ち出すモノも土間スペース側の棚に置いておける
300～400㎜
330㎜
150～200㎜
最近多いのが精米機。収納スペースの奥行きは300～400㎜程度必要
食料品や調味料は取り出しやすいよう手前に置く
280～375㎜
床の一部を土間にすれば汚れモノ・濡れモノに対応できる
大ぶりなキッチン用品を受け入れる大容量の棚があると便利
宅配サービス利用時に、重い荷物の搬入口になる

パントリーに収納される主なモノ

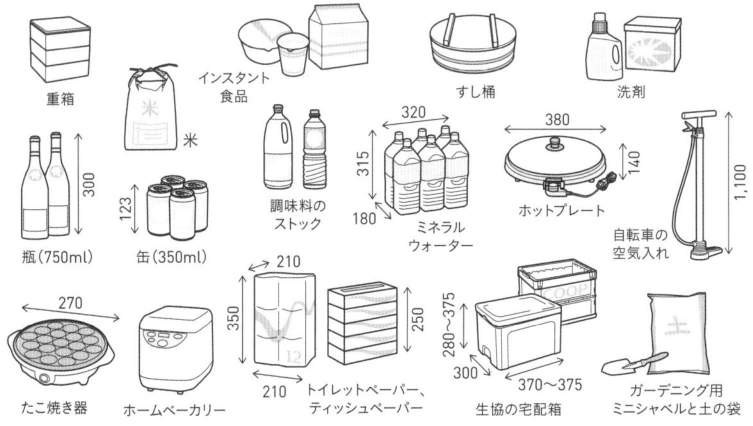
重箱
米
インスタント食品
すし桶
洗剤
瓶(750ml)
300
缶(350ml)
123
調味料のストック
320
315
180
ミネラルウォーター
380
140
ホットプレート
1,100
自転車の空気入れ
270
たこ焼き器
ホームベーカリー
210
350
210
トイレットペーパー、ティッシュペーパー
250
COOP
280〜375
300
370〜375
生協の宅配箱
土
ガーデニング用ミニシャベルと土の袋

パントリーは、モノの出入りの激しいキッチンを支える重要な舞台裏。キッチンからのアクセスに加え、外部空間からのアクセスルートも確保することで、活用の幅がグンと広がります。

　パントリーに勝手口を設ければ、モノの玄関口として非常に重宝します。生協の宅配商品を直接搬入したり、庭から近い場合はガーデニング雑貨を収納するなど、キッチン以外とのモノの行き来に大活躍。床を一部土間にすれば水気や汚れも気にならず、泥の付いた野菜やゴミの一時置き場にも使えます。

　奥行きの浅い棚と深い棚を併せてつくると、食材のストックや日用品などが取り出しやすく、かつキッチン関連の大ぶりなモノをしまう場所にもなります。奥行きの深い棚は、大皿や大鍋、ホットプレート、すし桶など寸法の大きいモノや、たまにしか使わないキッチン用品を収納するのにも便利です。

　2階キッチンにパントリーを設ける際には、小さくてよいのでサービスバルコニーを設ければ、ゴミの一時置きスペースとして利用したり、ふきん・雑巾などを干すこともでき、使い勝手がアップします。

［勝見紀子／アトリエ・ヌック建築事務所］

1 パントリーの広さは1畳あれば十分

収納スペースは多いほどよいと思いがちですが、パントリーにそれほどの広さは無用。1畳程度の広さがあれば冷蔵庫や電子レンジなどを収めつつ、ある程度の収納量も確保できます。ここでは、1畳程度のパントリーに冷蔵庫、ウォーターサーバー、可動棚を収めました。パントリーに冷蔵庫を入れる場合は、電源と冷蔵庫の搬入経路を確保しておくこと。

冷蔵庫の搬入経路は、設置予定機器のサイズを考慮して必要なスペースを確保する。特に階段の折返し部分やパントリーの入口で引っかかることが多いので注意。ここでは、パントリーの入口に引違い戸を採用。建具を外せばスムーズに搬入できる

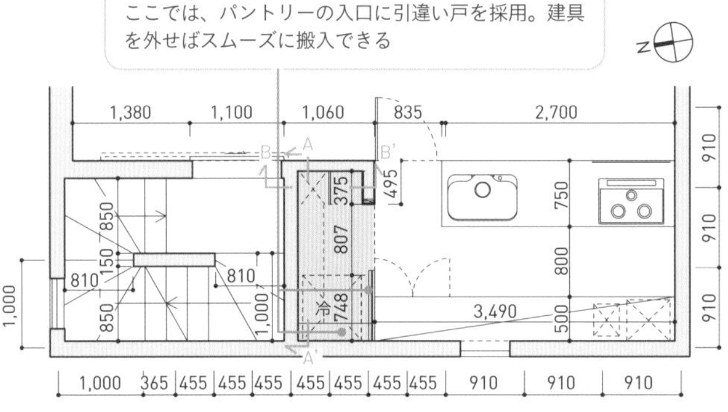

キッチン平面図[S＝1：100]

少し高い位置は出し入れには不便でも、収納棚を設置しておくと収納量が増えて使い勝手がよい。防災用の非常食などを備蓄するスペースに活用できる

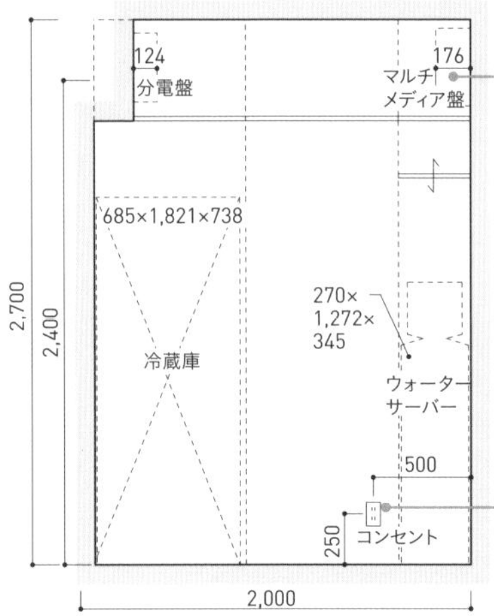

A-A' キッチン展開図[S＝1：50]

分電盤やマルチメディア盤などの隠したい設備もパントリーに収めるとよい

パントリーには冷蔵庫以外のキッチン家電も収納するため、コンセントは最低でも6口分ほど設置したい。ここでは、3面の壁に2口ずつ設置した［※］

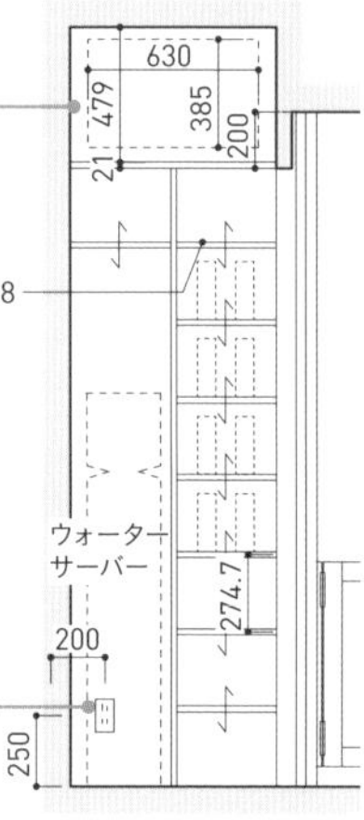

B-B' キッチン展開図[S＝1：50]

「足立の住宅」設計：レベル アーキクツ　写真：レベル アーキテクツ
※ 図中にない残り2口のコンセントは冷蔵庫の背面の壁に設置している

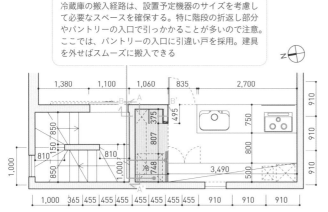

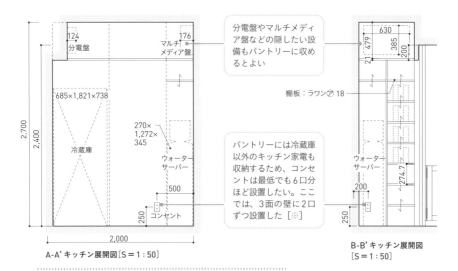

2 2畳のパントリーは分割して使い勝手をUP

パントリーが2畳あれば、収納量が増えるだけでなく、冷蔵庫へのアクセスも向上します。パントリーを建具で仕切って冷蔵庫を収めても、家族全員が頻繁にモノを取りに来るので、結局常時開放状態になってしまう可能性が高いのですが、2畳あれば、本事例のようにパントリーを手前と奥に分割して、扉がなくアクセスしやすい手前に冷蔵庫を設置することができます。

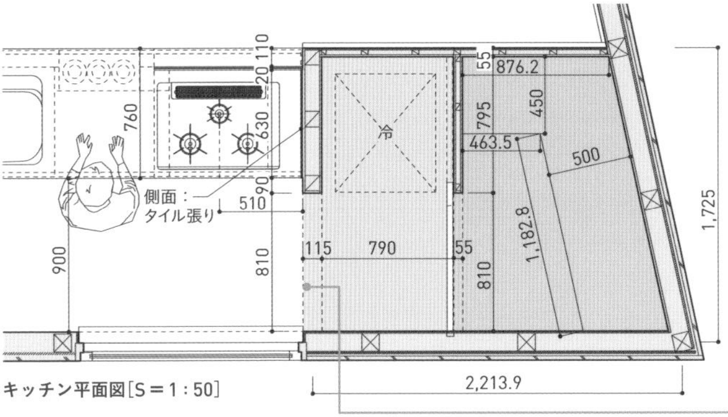

キッチン平面図[S＝1：50]

手前と奥に分割した広さ2畳程度のパントリー。冷蔵庫は手前に収納し、キッチンとの間をあえて建具で仕切らないことで使い勝手が上がる。食料品など、ほかのモノは建具で仕切られた奥側に収納すれば見苦しくならない

ダイニングからパントリーを見る。手前が開放状態になっているが、奥の棚が建具で仕切られているので、パントリー内部の雑然とした様子は目に入らない

棚下のスペースはゴミ箱など大きなモノや重量物を置けるようにするとよい

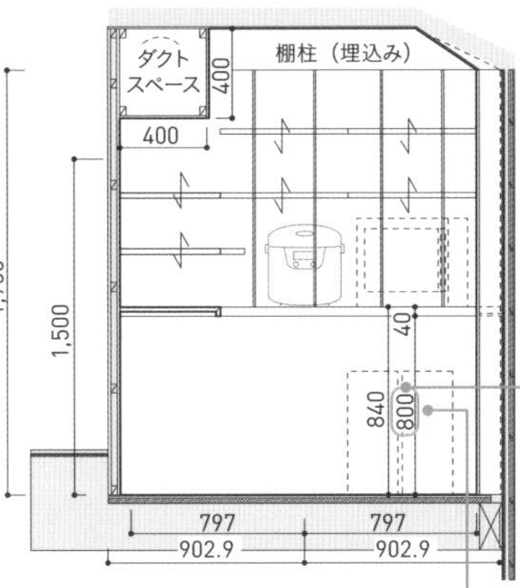

キッチン展開図[S＝1：50]

棚を腰よりも高い位置に設置すれば、屈むことなく楽にモノを出し入れできる。ここでは800㎜より上に可動棚を設けた

「目黒の住宅」設計：レベル アーキクツ　写真：レベル アーキテクツ

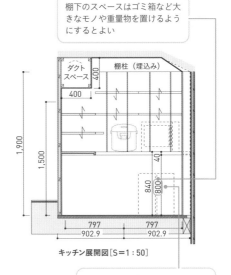

家事室

小回りの効く家事事務室を目指せ

基本例

セミオープン型 ⟷ 独立型

よく使う料理本や書類ファイルをサッとしまえるように小型の本棚を設ける

デスクの立上り部分や壁にピンナップボードを取り付ける。雑然としがちな処理待ちの書類をここにまとめ、周りからは見えないようにする

セミオープン型の場合、手元を隠せる立上りを設ける。周りからはデスクの上が見えないので、モノが出ていても片づいて見える

鏡を置けば化粧スペースにもなる

ほかの家事をしながら使えるようリビング・ダイニング、キッチン、水廻りの近くに配置

引き戸などで仕切れると便利

250㎜以上
700㎜
1,800㎜
600㎜
750㎜
500㎜
400㎜
620㎜

書きものや子どものプリントの整理ができるデスクを設ける。リビングに置きっ放しになりがちなノートパソコンなどはここで作業する

家事室に収納される主なモノ

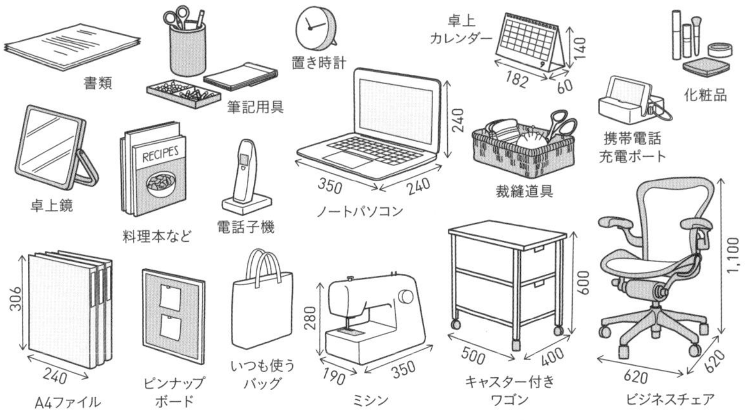
書類
筆記用具
置き時計
卓上
カレンダー
140
182
60
化粧品
携帯電話
充電ポート
卓上鏡
RECIPES
料理本など
電話子機
240
350
240
ノートパソコン
裁縫道具
1,100
ビジネスチェア
620
620
306
240
A4ファイル
ピンナップ
ボード
いつも使う
バッグ
280
190
350
ミシン
600
500
400
キャスター付き
ワゴン

面積に制限のあるプランでは、家事室の優先順位は低くなりがちですが、家事室を設けることで家が驚くほど片づきやすくなり、家事の効率もアップします。ただし、設けるのはいわば家事事務室。献立の検討や家計簿の記帳、子どもが持ち帰ってきたプリントの整理など、さまざまな作業を行い、それらに必要なモノを収める場所になります。

家事室の広さの基本は1・5～3畳で、デスクと椅子、小型の本棚、ピンナップボードを設けます。処理待ちの書類を保管するために、ピンナップボードは重要なアイテム。椅子はスツールなど簡易なものではなく、仕事がしやすいビジネスチェアがお勧めです。

リビング・ダイニングの一角に家事室を設ける場合は、空間の雰囲気を壊さないよう控えめな設えに。雑然としたモノが見えにくい対面式デスクにして、立上りで手元を隠したり、低めの本棚で区画しましょう。スペースの問題で対面式が難しい場合は、使わないときは閉じてすっきり見えるよう、本棚やデスクの下に扉を設けましょう。

[勝見紀子/アトリエ・ヌック建築事務所]

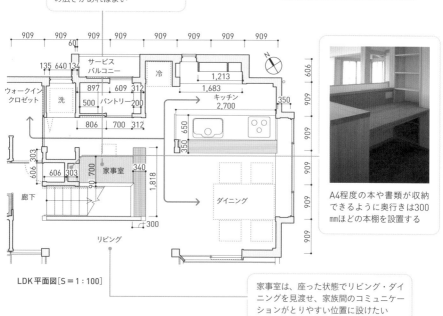

1 家事室は腰壁で囲んでセミオープンに

家計簿をつけたり書類に目を通すなど、何かと重宝する家事室。しかし、リビング・ダイニングなどの空いたスペースに壁付けのデスクを設けるだけでは、デスク上の散らかりが目に付くなどの問題が起こりがちです。家事の効率がよく、空間の雰囲気も損なわない家事室にするには、キッチンと洗濯機を結ぶ動線上に腰壁で囲われた場所を設けるのがお勧め。

立上りの壁面は、ピンナップボードとして利用できるように仕上げておくと便利

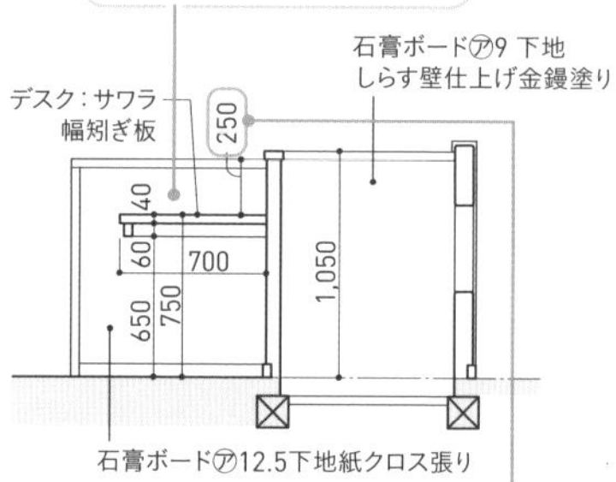

石膏ボード㋐9 下地
しらす壁仕上げ金鏝塗り
デスク：サワラ
幅矧ぎ板
250
40
60
700
650
750
1,050
石膏ボード㋐12.5下地紙クロス張り

家事室展開図［S＝1：60］

卓上の小物が丸見えにならないようにデスクの天板から200〜250mm程度の立上りを設けるとよい

家事室は事務作業が中心となるので、1.5〜2畳分（1,820mm四方）の広さがあればよい

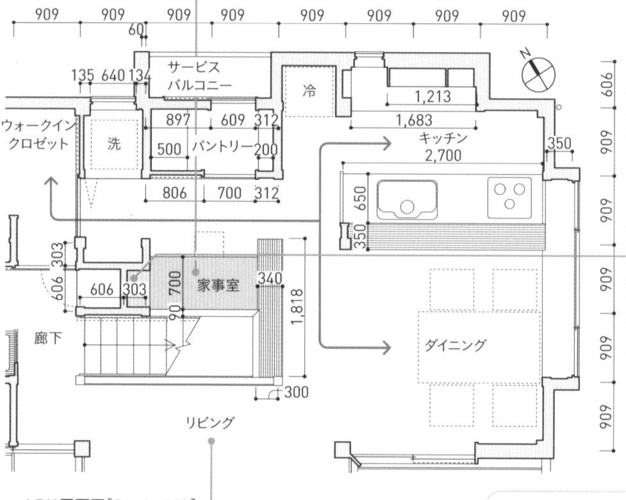

909
909
909
909
909
909
909
909
60
135 640 134
サービス
バルコニー
冷
1,213
1,683
ウォークイン
クロゼット
洗
897 609 312
500 パントリー 200
806 700 312
キッチン
2,700
350
650
350
303
606
606 303
700
家事室
340
1,818
90
廊下
ダイニング
300
リビング
606
909
909
909
909
909

A4程度の本や書類が収納できるように奥行きは300mmほどの本棚を設置する

LDK平面図［S＝1：100］

家事室は、座った状態でリビング・ダイニングを見渡せ、家族間のコミュニケーションがとりやすい位置に設けたい

「OK邸」設計：アトリエ・ヌック建築事務所　写真：新井 聡

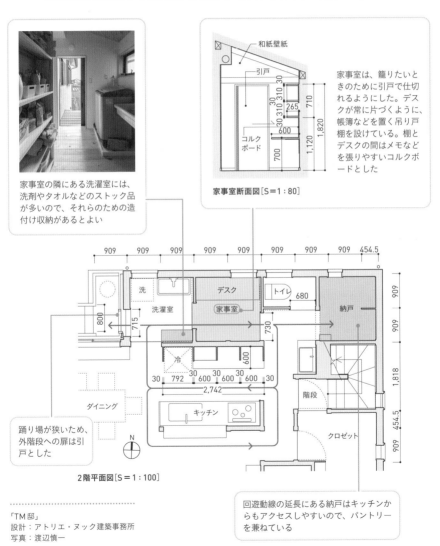

2 家事室を回遊動線に組み込んで家事効率をアップ

洗濯・調理などの家事スペースを回遊動線でつなぐと、効率が上がります。この回遊動線上に家事室を組み込み、そこで家計簿の記帳や、子どもの学校関係書類の確認といった家庭事務を処理できるように設えると、より便利になるのでお勧め。洗濯室などそれぞれの場所に必要な棚を設えたうえで、納戸やクロゼットも回遊動線の延長上に配置するとさらに便利です。

家事室の隣にある洗濯室には、洗剤やタオルなどのストック品が多いので、それらのための造付け収納があるとよい

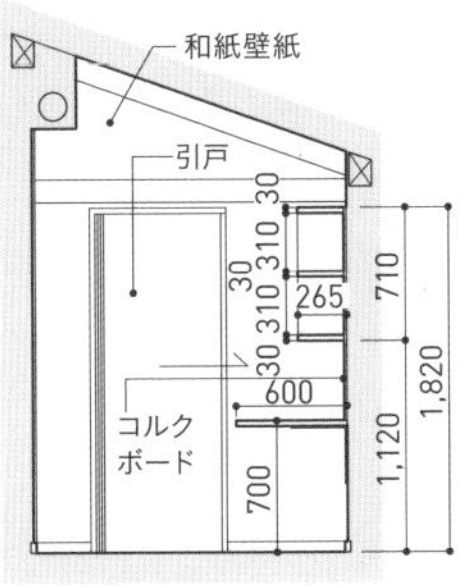
和紙壁紙
引戸
30
310
30
310
30
265
600
コルク
ボード
700
710
1,820
1,120

家事室は、籠りたいときのために引戸で仕切れるようにした。デスクが常に片づくように、帳簿などを置く吊り戸棚を設けている。棚とデスクの間はメモなどを張りやすいコルクボードとした

家事室断面図[S＝1：80]

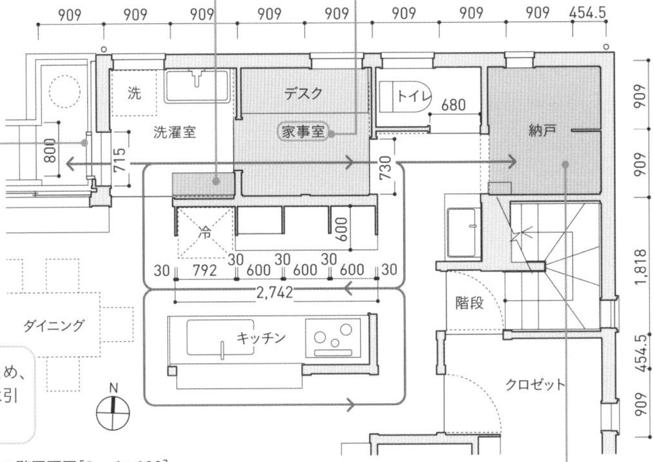
909
909
909
909
909
909
909
909
454.5
洗
洗濯室
デスク
家事室
トイレ
680
納戸
800
715
730
冷
600
30
792
30
600
30
600
30
600
30
2,742
ダイニング
キッチン
階段
クロゼット
N
909
909
1,818
454.5
909

踊り場が狭いため、外階段への扉は引戸とした

2階平面図[S＝1：100]

回遊動線の延長にある納戸はキッチンからもアクセスしやすいので、パントリーを兼ねている

「TM邸」
設計：アトリエ・ヌック建築事務所
写真：渡辺慎一

物干し場

外部だけでなく室内干しもマスト

比較的温度が高く、空気の流れもある吹抜け空間を利用するのも手。室内でも洗濯物が乾きやすい

天井に物干し竿を取り付けるなら野縁などの下地を補強する

柱と柱の間に物干し竿を渡す場合、2,000㎜以上なら途中に支柱を入れて竿がたわまないようにする

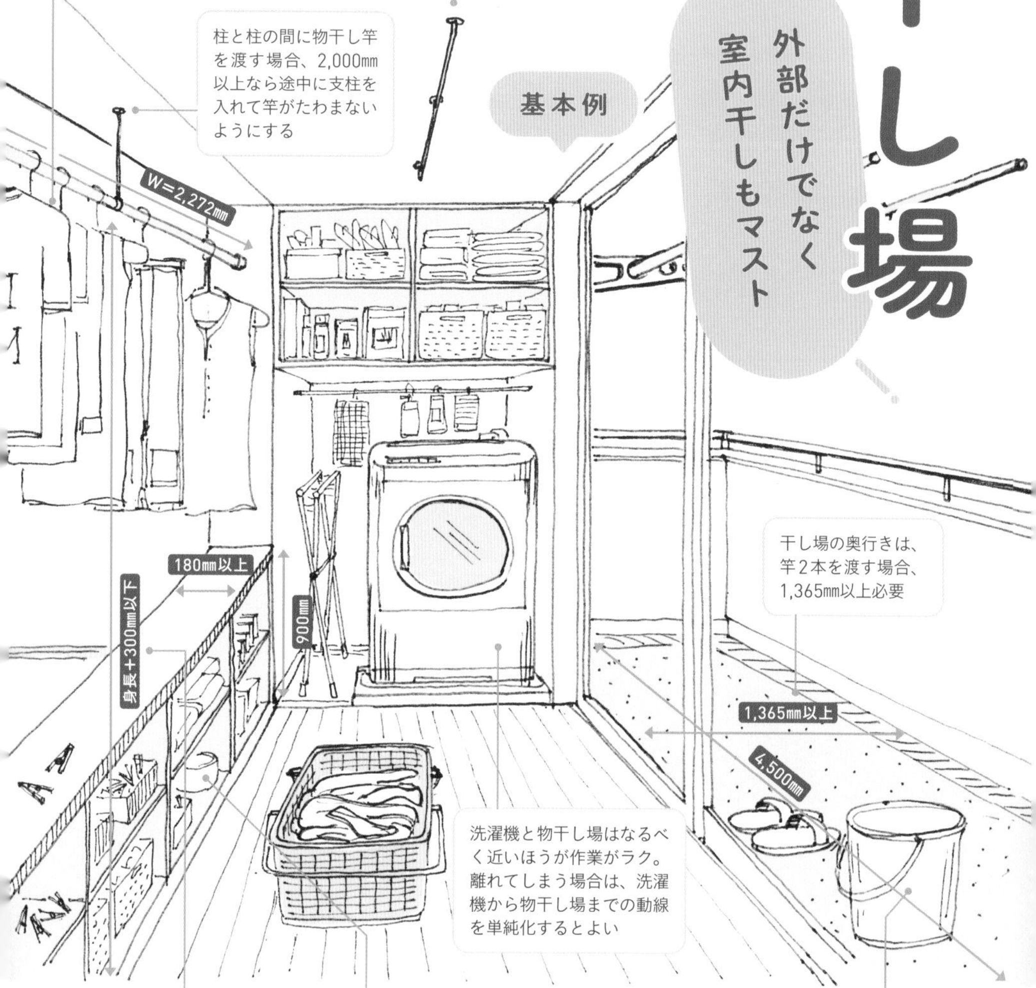

干し場の奥行きは、竿2本を渡す場合、1,365㎜以上必要

洗濯機と物干し場はなるべく近いほうが作業がラク。離れてしまう場合は、洗濯機から物干し場までの動線を単純化するとよい

無理なく洗濯物を掛けられる高さは、身長＋300㎜以下

物干しグッズの収納スペースも忘れずに。洗面室以外に設けるなら、廊下の壁を利用するとよい

干し場の長さは、竿1本の場合で最低4,500㎜が基準

物干し場に収納される主なモノ

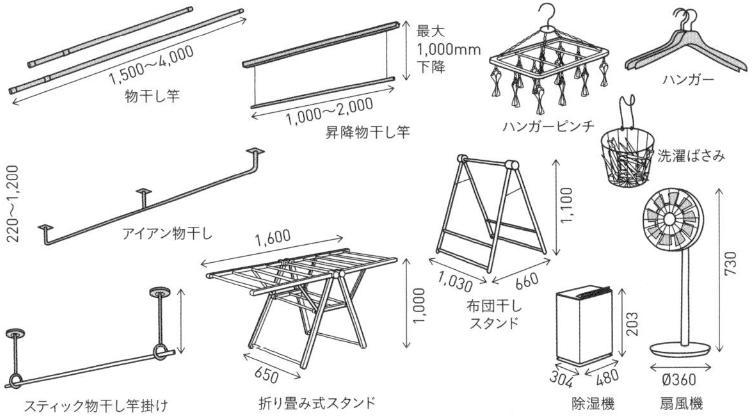
1,500〜4,000
物干し竿
最大
1,000mm
下降
1,000〜2,000
昇降物干し竿
ハンガーピンチ
ハンガー
洗濯ばさみ
220〜1,200
アイアン物干し
1,600
1,000
650
折り畳み式スタンド
1,100
1,030
660
布団干しスタンド
730
203
304
480
除湿機
Ø360
扇風機
スティック物干し竿掛け

室内物干し場の人気は近年とても高まっており、大抵の建築主が設置を希望します。夜に洗濯をして室内で干し、朝になったら外に出す。外干しで洗濯物が乾かなかった雨の日は室内に吊るしておけて、花粉症対策にも有効と、現代的な生活を支える機能性の高い空間な上、洗濯物が行き場をなくして部屋に散らかることも防いでくれます。

吹抜け上部の空間なら日が当たらない場所でも比較的温度が高く、空気の流れもあるので洗濯物がよく乾きます。室内に設置する物干し竿の高さは、身長プラス300㎜までに抑えると無理なく洗濯物を掛けられます。昇降式物干し竿を使えば竿下空間も有効利用できます。乾燥の補助に扇風機や除湿器を置いたりする人も多いので、通行の邪魔にならないよう、そのためのスペースも確保しておきましょう。

室内物干し場はバルコニー(外干し)とセットで考えるとさらに有効です。洗濯機・室内干し・外干しの動線をスムーズに整えることで洗濯家事をより合理的に行えるようになります。

[勝見紀子/アトリエ・ヌック建築事務所]

1 「洗う・干す・畳む・しまう」を１つにまとめる

夫婦共働きの家庭では、家事に割く時間をできるだけ短くしたいもの。そんな要望に応えるには、洗濯にかかわる家事動線を1つにまとめ、作業効率を高めるプランが有効です。つまり、「洗う・干す・畳む・しまう」ためのスペースを隣接させてひとつながりに配置し、動作の無駄を省くことが家事ラクのポイント。外出中・就寝中も室内で干しっぱなしにできるので、通風を確保した部屋干し空間はマストで設けておきましょう。

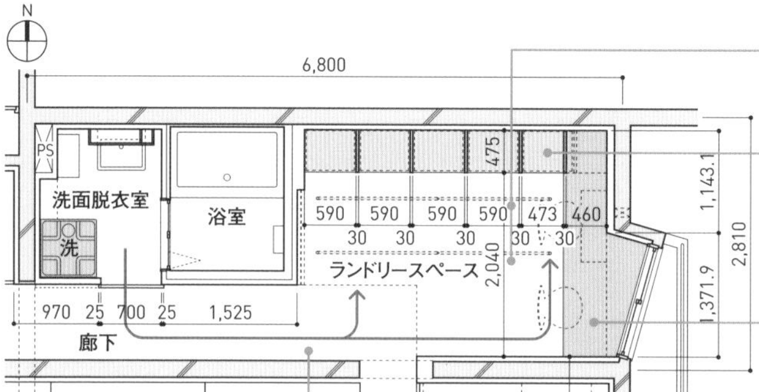

部屋干しを前提として、ハンガーパイプをあらかじめ室内に設けた。畳まない衣類はそのままパイプに掛けたままにできるよう、幅2,700㎜と長めにしている

パイプ近くに作業台を設ければ、乾いた洗濯物にアイロンをかけ、畳んですぐに壁面の棚にしまえるので便利

壁：石膏ボード㋐12.5の上、AEP

平面図[S＝1：100]

洗濯室、ハンガーパイプ（部屋干し兼一時収納)、作業台、棚をまとめて配置することで動作の無駄をなくし、家事効率を高めている

開口の近くなので通風も確保しているが、エアコンを設置することで外出中に閉め切っていても乾かせるようにしている

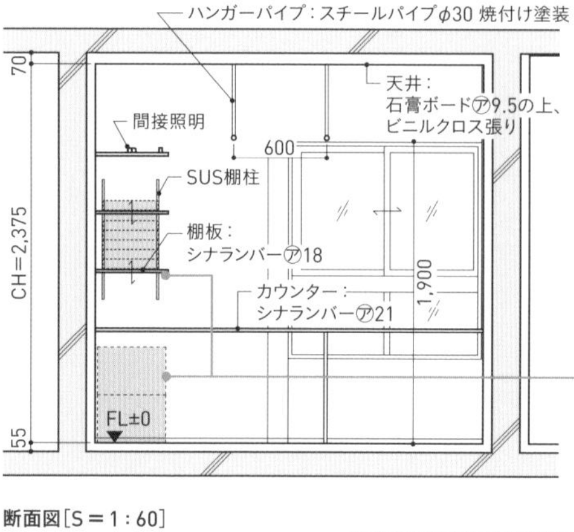

壁の上部には洋服などを畳んで置くための棚を設け、下部は毛布など大きめのモノを入れる収納ケースを置く場所としている

断面図[S＝1：60]

「ひるのひかり よるのあかり」設計：デザインライフ設計室 写真：青木律典

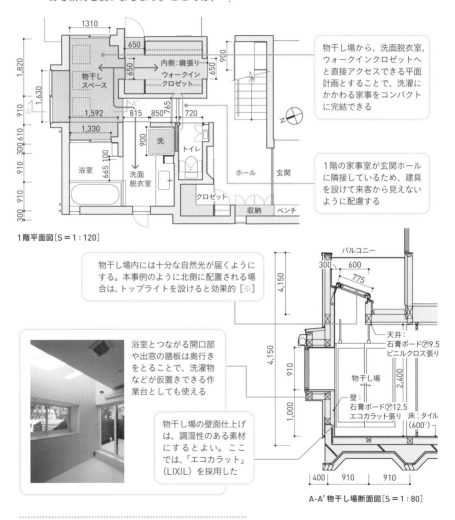

2 トップライト付きの室内物干し場は共働きの味方！

夫婦共働きの家庭では特に、留守中でも雨の心配をせずに安心して洗濯物を干せる室内物干し場が求められます。室内の物干し場は十分な通風と採光を確保し、内装の仕上げには調湿効果のある素材を使いましょう。ここでは、物干し場の3方向に開口部を設けて空気の抜けをつくり、天井には3つのトップライトを配置。北側でも十分な採光を確保し、衣類乾燥の効率をアップしました。

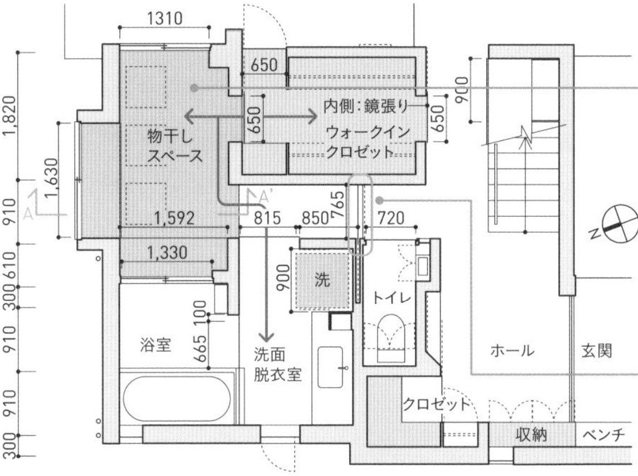

1310
650
650
650
内側：鏡張り
ウォークインクロゼット
物干しスペース
900
1,820
1,630
910
610
300
910
910
300
A
A'
1,592
815
850
765
720
1,330
900
洗
トイレ
100
665
浴室
洗面脱衣室
ホール
玄関
クロゼット
収納
ベンチ

物干し場から、洗面脱衣室、ウォークインクロゼットへと直接アクセスできる平面計画とすることで、洗濯にかかわる家事をコンパクトに完結できる

1階の家事室が玄関ホールに隣接しているため、建具を設けて来客から見えないように配慮する

1階平面図[S＝1：120]

物干し場内には十分な自然光が届くようにする。本事例のように北側に配置される場合は、トップライトを設けると効果的［※］

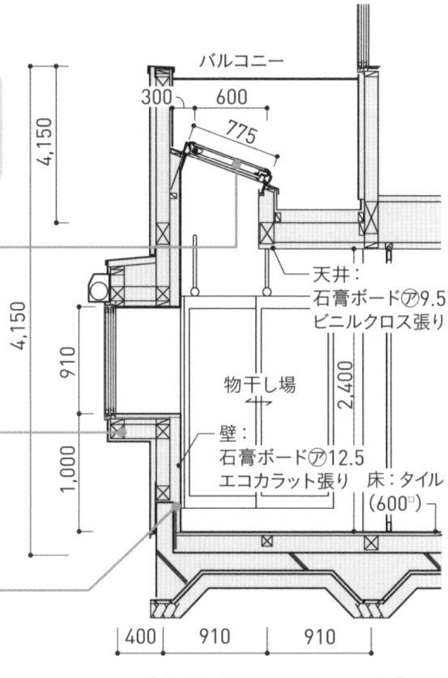

バルコニー
300
600
775
4,150
4,150
天井：
石膏ボード㋐9.5
ビニルクロス張り
910
物干し場
2,400
壁：
石膏ボード㋐12.5
エコカラット張り
床：タイル
(600□)
1,000
400
910
910

浴室とつながる開口部や出窓の膳板は奥行きをとることで、洗濯物などが仮置きできる作業台としても使える

物干し場の壁面仕上げは、調湿性のある素材にするとよい。ここでは、「エコカラット」（LIXIL）を採用した

A-A' 物干し場断面図[S＝1：80]

「欅の家」設計：カシワギ・スイ・アソシエイツ　写真：上田 宏

※ 冬場は乾燥機を1台稼働させる必要がある

洗面室

大容量タワー収納に"マイカゴ"を

基本例

洗面室には大容量タワー収納が有効。視認性を上げるため奥行きは300㎜程度と浅めにつくるとよい。棚の高さは200㎜を基本とし、段数を多く設定する

メイクなどは全体的に明るく陰影のできにくい自然光のもとで行いたいもの。そのため、上部にFIXの採光用ハイサイドライトを設置

棚の中にドライヤーや電動歯ブラシ用のコンセントを設ければ、洗面室をすっきり見せられる

洗濯機の上にも吊り戸棚や棚板を取り付けて収納量アップ

吊り戸棚の下にハンガーパイプを取り付ければ、ハンガーやタオルを掛けるのに便利

マイカゴごと置けるよう、洗面台は長めの1,800㎜以上にする（洗面ボウル2個分）

家族それぞれがマイカゴでモノを整理する

子どもの成長とモノの増加を見込み、スペースに余裕をもたせておく

オープンにした洗面台の下には通風用の地窓を設置

洗面台とタワー収納を並べて配置すると幅が必要になるが、洗面台に直交するように設置すると省スペース

洗面台の下はオープンにして、棚を1段設置する。棚の上にはよく使うドライヤーなどをカゴに入れて置き、下には洗濯カゴやゴミ箱、ペットのトイレなどを置く

洗面室に収納される主なモノ

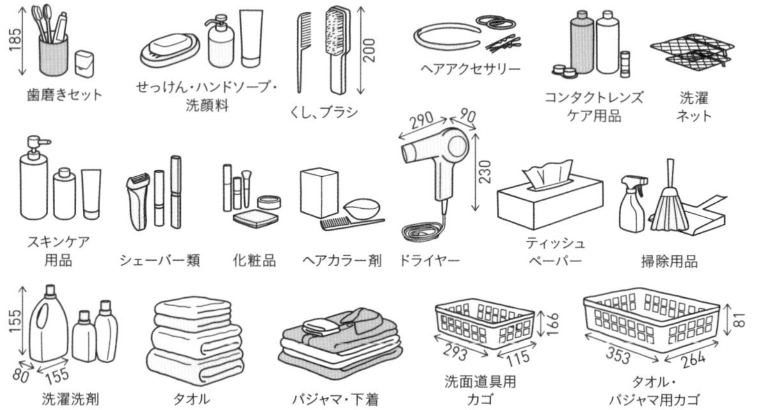
185
歯磨きセット
せっけん・ハンドソープ・
洗顔料
200
くし、ブラシ
ヘアアクセサリー
コンタクトレンズ
ケア用品
洗濯
ネット
スキンケア
用品
シェーバー類
化粧品
ヘアカラー剤
290
90
230
ドライヤー
ティッシュ
ペーパー
掃除用品
155
80
155
洗濯洗剤
タオル
パジャマ・下着
166
293
115
洗面道具用
カゴ
81
353
264
タオル・
パジャマ用カゴ

洗面室の収納スペースは多くの場合、洗面台の下や三面鏡の裏などに設けられます。洗面室は、家族全員が日に何度も使い、そこでの行為も多岐にわたる場所。すべての行為に必要な道具がそれぞれあり、さらにストックの保管も必要ですが、家族みんながモノを出しっ放しにすると、洗面台の上はすぐに散らかってしまいます。すべてのモノを片づけるには、大容量のタワー収納が必須と言えるでしょう。

洗面室が狭くてタワー収納がつくれないときは、洗面台の下に棚板や引出しの多い高密度収納を設けるか、近くの廊下などにつくるのも一案です。

洗面室のモノは〝マイカゴ〟（家族各自の自分用のカゴ）で整理するのがお勧めです。使うときはカゴごと洗面台の上に持ち出して、使い終わったら戻す。たとえカゴの中が乱雑でも、そこからはみ出さなければ散らかる心配はありません。清潔感のある白いカゴにラベルシールを貼って、なかのモノを把握しやすくするとよいでしょう。

まだ子どもが小さい家庭は、成長するにしたがって身だしなみに必要な道具が増えていくので、スペースに余裕を見込んでおきましょう。

［水越美枝子／アトリエサラ］

1 多種多様なモノがあふれる洗面室はタワー収納とカゴですっきり見せる

洗面室に置かれるモノは、歯ブラシや歯磨き粉、メイク道具、洗濯洗剤、ドライヤー、バスタオルなど多岐にわたり、こまごまとしています。それらを収納するには床から天井までのスペースをタワー収納としてフルに利用するのがお勧め。モノは、使う人や種類別に市販の“マイカゴ”に入れて収納すれば、取り出しやすく収納時にもすっきりと揃って見えます。

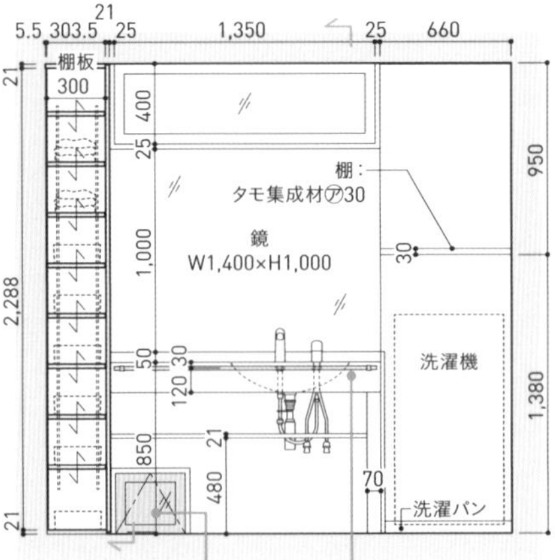

正面図［S＝1：50］

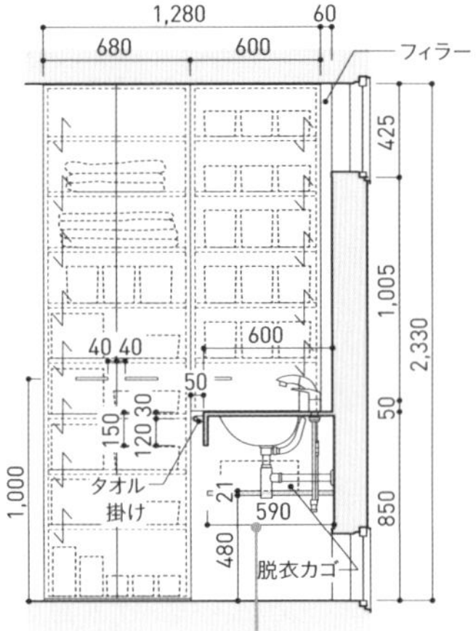

断面図［S＝1：50］

カウンター下部に換気用の窓を設ければ、臭気が外に抜けるので、ここをペットのトイレ置き場にもできる

収納を多くとると壁がなくなるため、タオル掛けはカウンターの前垂れ部分に設置するとよい。タオル掛けはステンレスなど防汚性がある素材がよい

棚板の適切な高さと奥行きは、置くモノによって変わる。何を置くか、計画時に決めておく

左：壁の下部にバーを設置するだけで、洗濯用のハンガー掛けに。雑多な物干し関係のモノを収める場所をつくることで、壁内の空間を有効活用できる
右：鏡の面積を大きくしてハイサイドライトを設ければ、拡散光により室内も、収納内部も明るくなる

「南邸」設計：アトリエサラ　写真：永野佳世

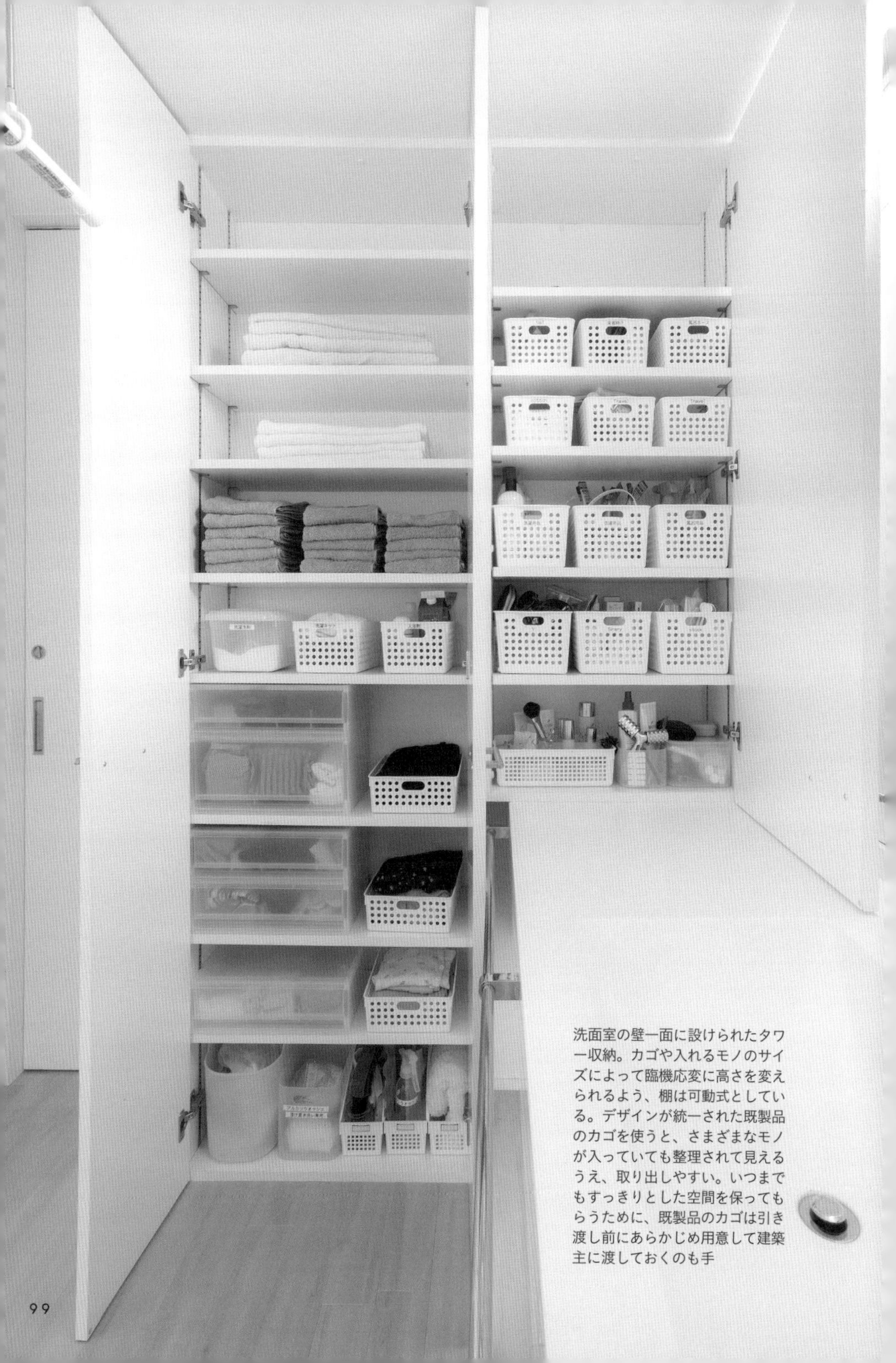

洗面室の壁一面に設けられたタワー収納。カゴや入れるモノのサイズによって臨機応変に高さを変えられるよう、棚は可動式としている。デザインが統一された既製品のカゴを使うと、さまざまなモノが入っていても整理されて見えるうえ、取り出しやすい。いつまでもすっきりとした空間を保ってもらうために、既製品のカゴは引き渡し前にあらかじめ用意して建築主に渡しておくのも手

床から天井までのタワー収納の扉は壁と色を揃えているため、閉じると壁の一部のようになり、空間もすっきりとまとまる

「南邸」設計：アトリエサラ　写真：永野佳世

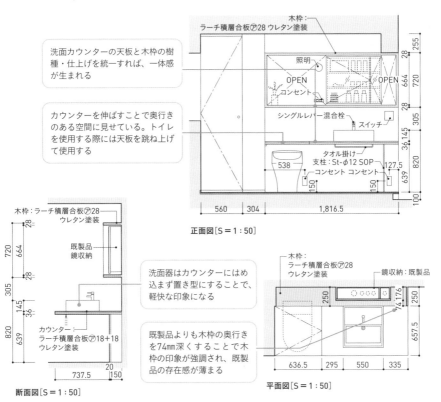

2 木枠で既製品の収納をオーダー家具のように見せる

鏡付きの収納はコストを抑えるために既製品を用いることが多いので、壁面に“とって付けた”感が出がちです。ここでは鏡収納の廻りに木枠を取り付けることで、オーダー品のように見せました。カウンター天板と木枠を同じ樹種・仕上げにすれば、統一感が生まれて空間もよりまとまります。木枠内の空きスペースに写真や小物などを置けば、殺風景になりがちな洗面室が居心地のよい空間に変わります。

床・壁・天井のモノトーンな空間に、柔かい木目が優しげな印象を与える。木枠内の収納脇は小物を飾るスペースに

洗面カウンターの天板と木枠の樹種・仕上げを統一すれば、一体感が生まれる

カウンターを伸ばすことで奥行きのある空間に見せている。トイレを使用する際には天板を跳ね上げて使用する

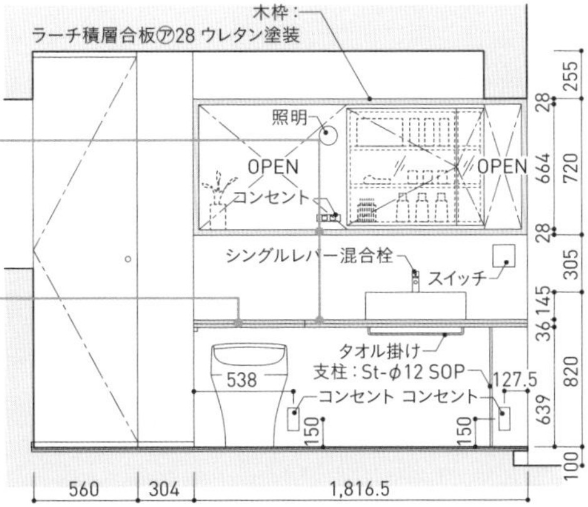

木枠：
ラーチ積層合板㋐28 ウレタン塗装
照明
OPEN
コンセント
OPEN
シングルレバー混合栓
スイッチ
タオル掛け
支柱：St-φ12 SOP
538
コンセント コンセント
127.5
150
150
255
28
664
720
28
305
145
36
820
639
100
560
304
1,816.5

正面図［S＝1：50］

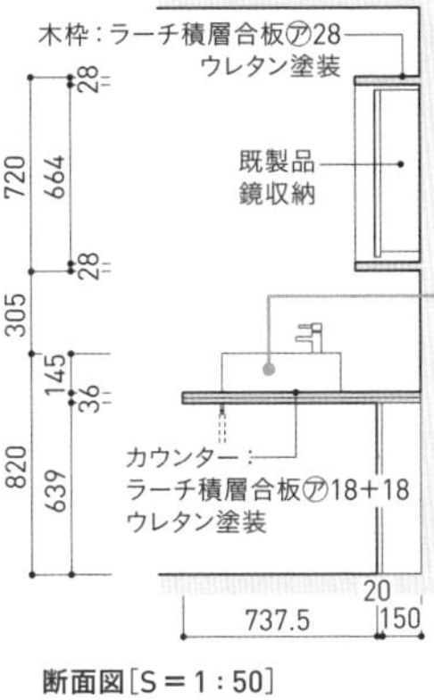

木枠：ラーチ積層合板㋐28
ウレタン塗装
既製品
鏡収納
カウンター：
ラーチ積層合板㋐18＋18
ウレタン塗装
28
664
720
28
305
145
36
820
639
20
737.5
150

断面図［S＝1：50］

洗面器はカウンターにはめ込まず置き型にすることで、軽快な印象になる

既製品よりも木枠の奥行きを74㎜深くすることで木枠の印象が強調され、既製品の存在感が薄まる

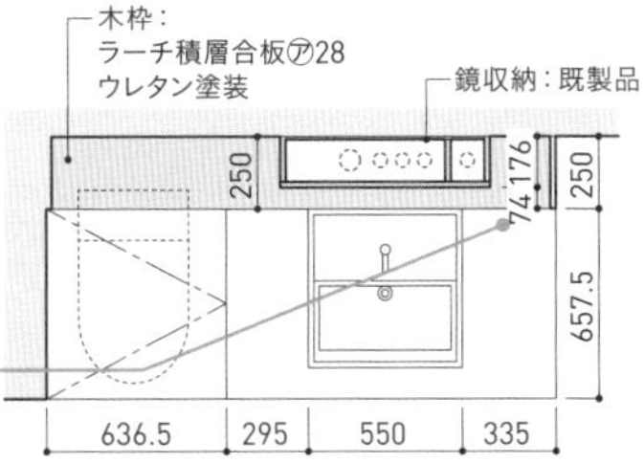

木枠：
ラーチ積層合板㋐28
ウレタン塗装
鏡収納：既製品
250
74
176
250
657.5
636.5
295
550
335

平面図［S＝1：50］

「シキリの形」設計：デザインライフ設計室　写真：青木律典

3 造作家具は「面」で納めて壁のように見せる

洗面室のような狭い場所は、空間に統一感を持たせて仕上げたいもの。造作家具を設える際には、壁の一部のように見える「面」を揃えましょう。引き出した扉の手掛けはなるべく面の内側に納めると空間がすっきり見えます。使いやすい収納とするには扉の位置を開け閉めしやすい高さに設定したり、入れるモノに合わせて細かく棚などの寸法を考慮することも重要です。

棚の中身を目視しやすいよう、棚の奥行きは基本的に浅め。入れるモノに合わせて細かく仕切るとより使いやすくなる。下部の棚は子どもの通学用の鞄などを収納するスペースとして活用

鏡裏も活用できるよう収納としている

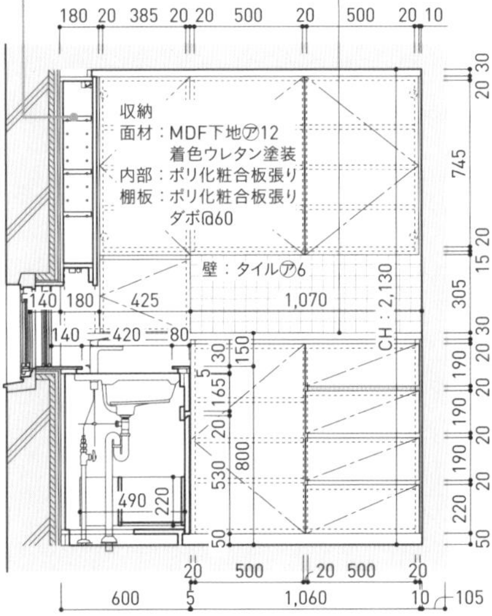
カウンター天板：
人工大理石㋐10
180 20 385 20 20 500 20 500 20 10
収納
面材：MDF下地㋐12
着色ウレタン塗装
内部：ポリ化粧合板張り
棚板：ポリ化粧合板張り
ダボ@60
壁：タイル㋐6
140 180 425 1,070
140 420 80
CH：2,130
30 20 745 20 15 305 30 20 190 20 190 20 190 20 220 50
30 150 5 165 20 800 530 490 220 50
20 500 20 500 20
600 5 1,060 10 105

洗面室展開図A[S＝1：40]

電動歯ブラシを収めるため、充電用のコンセントも内蔵。奥行きは175㎜とかなり浅め

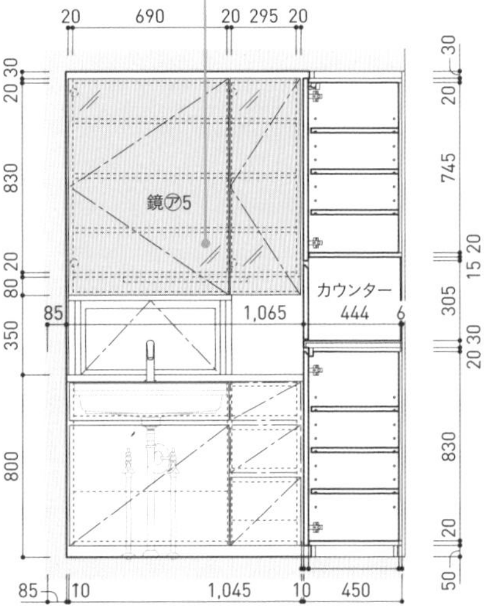
20 690 20 295 20
20 30 830 80 20 350 800
鏡㋐5
85 1,065
カウンター
444 6
30 20 745 15 20 305 20 30 830 20 50
85 10 1,045 10 450

洗面室展開図B[S＝1：40]

「山手町の家」設計：八島建築設計事務所 写真：松村隆史

扉や引き出しを閉じた状態。面をすべてフラットに納めているので、見た目もすっきり。白色の面材で清潔感のある印象に仕上げている

トイレ

見せる部分と見せない部分をデザインする

基本例

○○ちゃん おたんじょうび おめでとう

本棚とする場合、高さ220㎜、奥行き160㎜をとっておけば、A5判までの単行本が収納できる

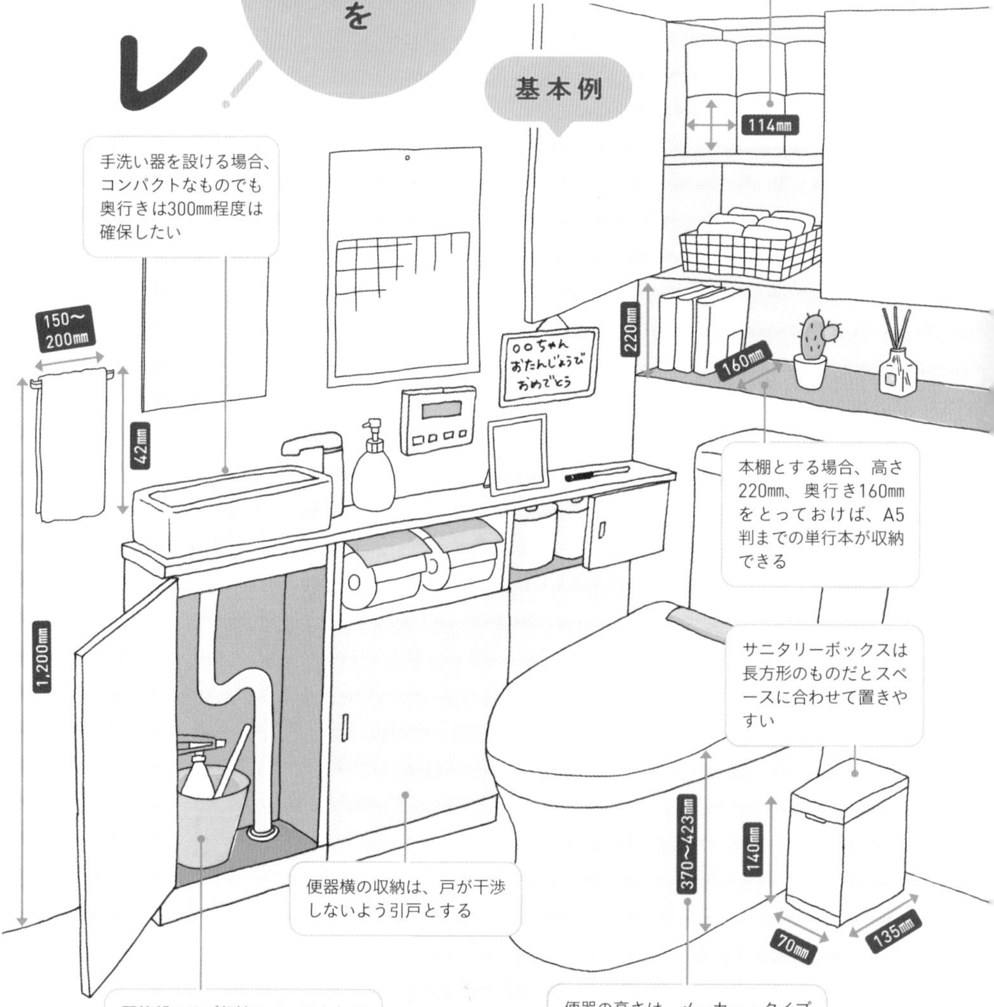
トイレットペーパーのサイズは、1ロールだと114×114㎜、12ロールのパックの状態では210×210×350㎜が目安
手洗い器を設ける場合、コンパクトなものでも奥行きは300㎜程度は確保したい
便器横の収納は、戸が干渉しないよう引戸とする
配管部はサブ収納スペースとして使える。奥行き400㎜程度あれば掃除用のバケツが入る
便器の高さは、メーカー・タイプにより異なる。座ったまま手の届く位置に配慮して収納を設けたい

トイレに収納される主なモノ

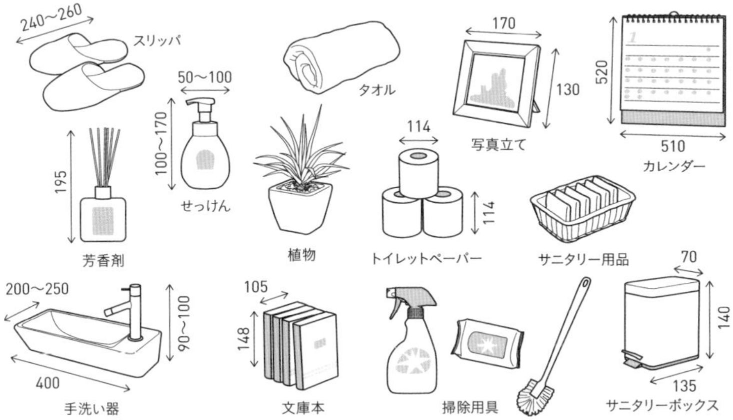
240〜260
スリッパ
50〜100
タオル
170
130
写真立て
520
510
カレンダー
100〜170
せっけん
195
芳香剤
植物
114
114
トイレットペーパー
サニタリー用品
70
140
135
サニタリーボックス
200〜250
90〜100
400
手洗い器
105
148
文庫本
掃除用具

トイレは用途が明確なため、さほど散らかる場所ではありませんが、置きたいモノや必要なモノは意外に沢山あります。小さくても収納を設ければ格段に使い勝手がよくなります。

カウンター下の収納は、座ったままの姿勢で手が届き、トイレットペーパーなどを取り出しやすいのでお勧め。また、カウンターに手洗い器を設ける場合は、ボウルの形状にも配慮し、タオルやせっけんを置ける奥行きを確保しましょう。

収納下部は配管なので、十分に収納スペースを確保できなければ別途吊り戸棚を設けましょう。便器背後のスペースを利用して吊り戸棚を設ける場合は、奥行きを浅めにすると使いやすくなります。目安として250㎜程度あれば、トイレットペーパーが2列分収まります。

隠したいモノを収める扉付き収納とは別にオープンな棚もあると、花を飾ったり本棚として利用できます。来客も使用する階にあるトイレでは目隠しに気を配る一方、寝室階のトイレは家族のための工夫をするのもよいでしょう。座った目線の高さに、書き込みのできる伝言板やカレンダーを掛けておくと、家族のコミュニケーションに役立つ空間になります。

［勝見紀子／アトリエ・ヌック建築事務所］

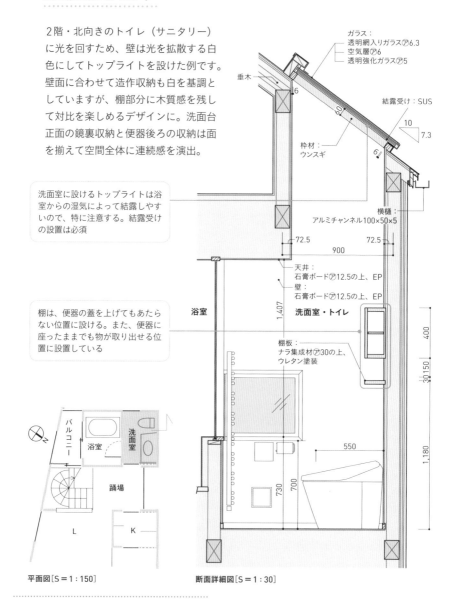

1 背部の収納は面一に納めて連続感を出す

2階・北向きのトイレ（サニタリー）に光を回すため、壁は光を拡散する白色にしてトップライトを設けた例です。壁面に合わせて造作収納も白を基調としていますが、棚部分に木質感を残して対比を楽しめるデザインに。洗面台正面の鏡裏収納と便器後ろの収納は面を揃えて空間全体に連続感を演出。

洗面室に設けるトップライトは浴室からの湿気によって結露しやすいので、特に注意する。結露受けの設置は必須

棚は、便器の蓋を上げてもあたらない位置に設ける。また、便器に座ったままでも物が取り出せる位置に設置している

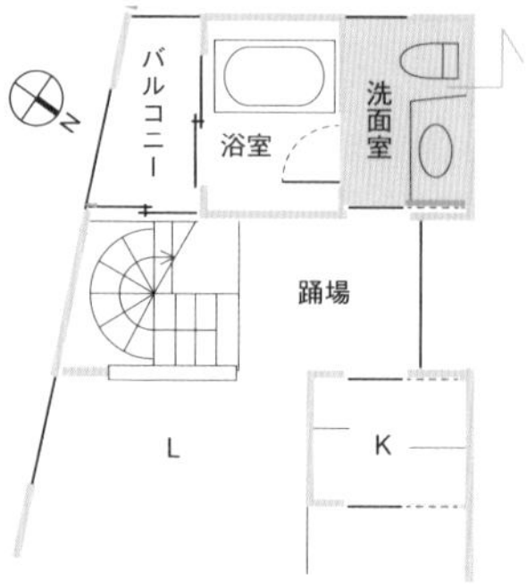
バルコニー
浴室
洗面室
踊場
L
K
N

平面図[S＝1：150]

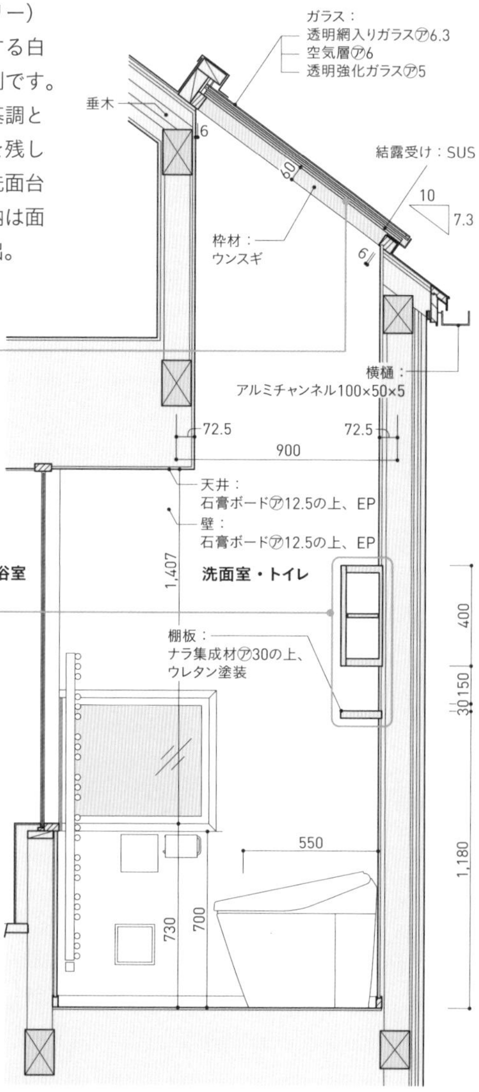
ガラス：
透明網入りガラス㋐6.3
空気層㋐6
透明強化ガラス㋐5
垂木
6
60
結露受け：SUS
10
7.3
枠材：
ウンスギ
6
横樋：
アルミチャンネル100×50×5
72.5
72.5
900
天井：
石膏ボード㋐12.5の上、EP
壁：
石膏ボード㋐12.5の上、EP
浴室
洗面室・トイレ
1,407
棚板：
ナラ集成材㋐30の上、
ウレタン塗装
400
150
30
1,180
550
730
700

断面詳細図[S＝1：30]

「経堂の家」設計：プライシュティフト　写真：冨田 治

北側からのやわらかな光が差し込むサニタリースペース。清潔感のある白色の壁に反射した間接光が、空間全体に穏やかな明るさをもたらしている

子ども室

成長に応じた可変性をもたせる

基本例

リビングに家族用の本をまとめると、家族の図書コーナーとして使える

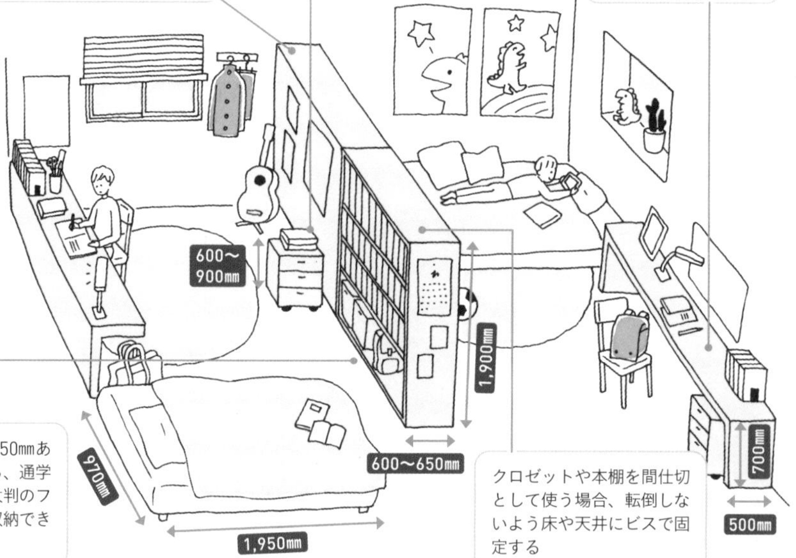
兄弟で1部屋を使うなら間仕切を兼ねた家具収納が便利。子どもの独立後は移動させれば、もとの広い個室に戻せる
キャスター付きキャビネットは使い方に合わせて移動できるので便利。幅広い収納に使える
既製の学習机より奥行き浅め（500㎜）の造付けデスクとすると、空間を広く使える
奥行きが650㎜ある本棚なら、通学かばんや大判のファイルも収納できる
クロゼットや本棚を間仕切として使う場合、転倒しないよう床や天井にビスで固定する

子ども室に収納される主なモノ

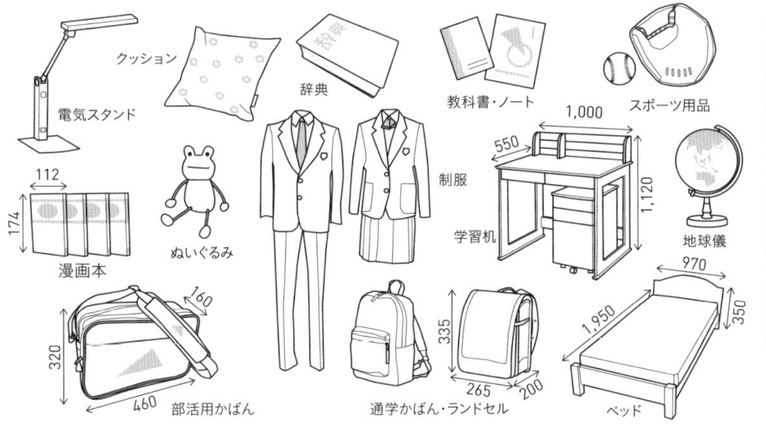
電気スタンド
クッション
辞典
教科書・ノート
スポーツ用品
1,000
550
1,120
112
174
漫画本
ぬいぐるみ
制服
学習机
地球儀
970
1,950
350
160
320
460
部活用かばん
335
265
200
通学かばん・ランドセル
ベッド

子どもは将来的に独立し、巣立っていきます。子ども室のレイアウトは固定しすぎず、可変性をもたせておきましょう。それぞれの個室を設けず、共有スペースを活用するなど、限られた空間をいかに活用し、成長に合わせて柔軟に使えるかが、子ども室収納の鍵になります。

小さいうちは個室が必要ないので、リビングの一角に絵本などの収納を兼ねた広いスタディコーナーを設けるとよいでしょう。絵本を読み聞かせたり団らんスペースとして利用でき、クレヨンなどで食卓を汚す心配もなくなります。

子ども室は4畳半程度あれば既製家具も置けますが、スペースがない場合は奥行き浅めのデスクを造り付けるとよいでしょう。キャスター付きキャビネットなどを使えば、生活スタイルの変化に応じて模様替えも可能です。

兄弟で部屋を分け合う場合、大ぶりの本棚やクロゼットで区切ると、子どもの独立後に1室に戻しやすくお勧め。壁や仕切りを設けない場合は、壁面に浅めで広い収納スペースを造付ければ、ゲームソフトや漫画本もすっきり片づけられます。

[勝見紀子/アトリエ・ヌック建築事務所]

1 ボックス型の可動棚で自由自在にレイアウト

12畳ほどの細長い子ども部屋。3人の子どもの成長に合わせてレイアウトを自由に変えられるよう、4つの可動式収納ボックスを間仕切壁として使用し、部屋を3つに分けた

子ども室のレイアウトは、成長に合わせてある程度柔軟に変えられると、独立後も使いやすいもの。本事例のように、大型の収納ボックスにキャスターを付けて、可動式の間仕切壁として使えば、年齢や個性に合わせた自由度の高い子ども室を簡単に実現できます。

向きを変えた2つのボックスで1つの間仕切を構成すれば、両側から均等に収納スペースを確保できる

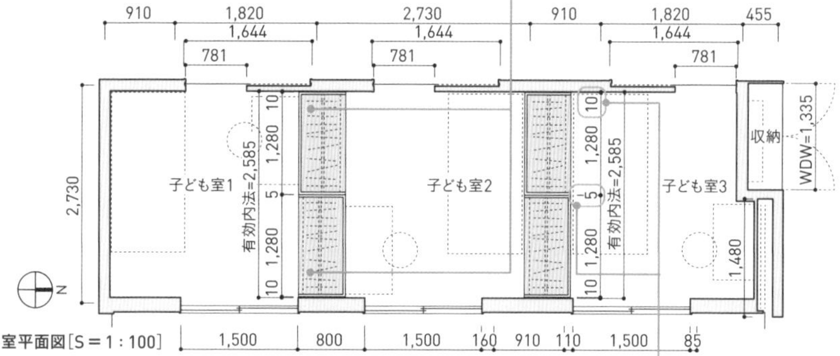

子ども室平面図[S＝1：100]

ボックスどうしやボックスと壁の間には5～10㎜程度のクリアランスを取れるように、ボックスの幅を設定する。ぴったりにつくるとボックスとコンセントが干渉したり、壁にこすれたりするおそれがある

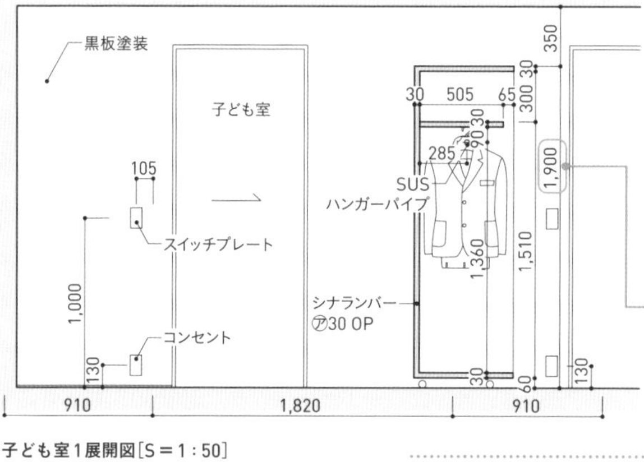

収納ボックスの高さは床から1,900㎜。プライバシーを確保しつつ、上部では視線の抜けも得られる。完全に仕切りたい場合は、その上に天井までの高さの棚を増設すればよい

子ども室1展開図[S＝1：50]

「集庭の家」設計：カシワギ・スイ・アソシエイツ　写真：上田 宏

2 衣類収納と勉強机を子ども室から追い出す

「勉強机」「ベッド」「幅1,800㎜（1間）以上の衣類収納」が、子供に必要な要素。これらを収めるには最低でも3畳程度の広さが必要です。しかし、これらの要素すべてを「子ども室内」に収める必要はありません。衣類収納と勉強机を部屋の外につくれば部屋を広く使えるうえ、子ども部屋の造作コストが削減できます。

子ども室にロフトを設ければ収納スペースが増え、さらにスペースを有効活用できる

吹抜けに面して勉強スペースを設ける場合は、モノの落下を防止するための立上りを設けること

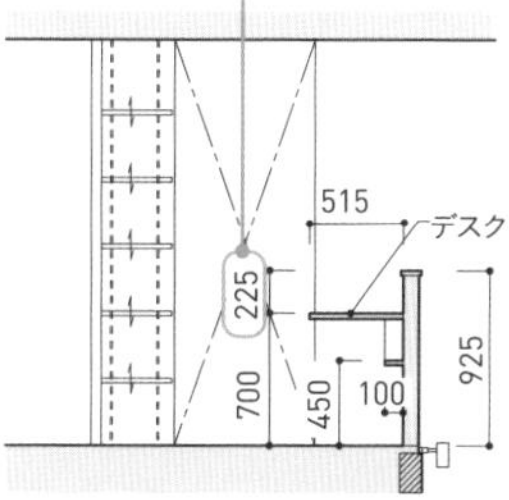
515
デスク
225
700
450
100
925

A-A'スタディコーナー断面図
[S＝1：100]

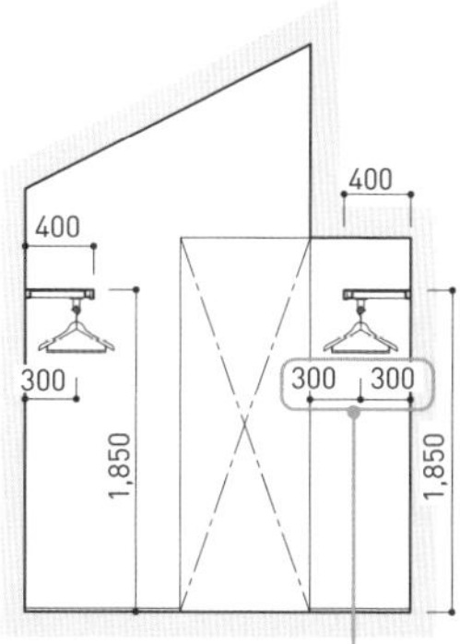
400
400
300
300 300
1,850
1,850

A-A'クロゼット断面図
[S＝1：100]

衣類収納の奥行きは600㎜あれば、ハンガーに掛けた衣類がすっきり収まる

衣類収納と勉強スペースを廊下に出すことで、子ども室に必要な要素はベッドだけになり部屋が広くなる。各室の衣類収納が共有空間に集約されるので、家事の効率も上がる

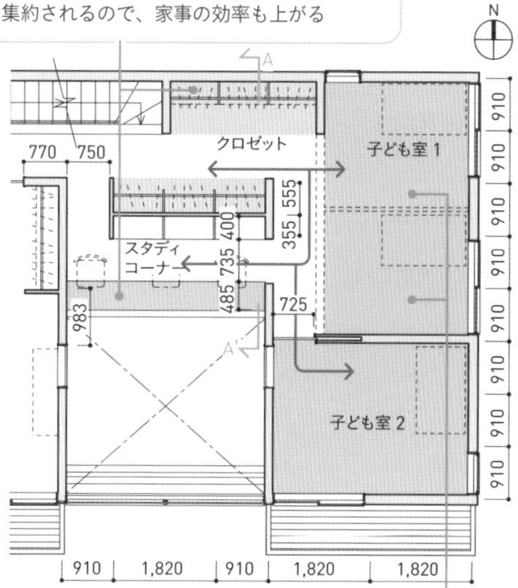
N
A
A'
クロゼット
子ども室1
子ども室2
スタディコーナー
770
750
555
355
400
735
485
725
983
910
910
910
910
910
910
910
910
910
1,820
910
1,820
1,820

2階平面図
[S＝1：150]

3人の子どもが使うことを想定した子ども室。子ども室1は2部屋に分割すると、1部屋当たりの広さが3.5畳ほどになる

「床座の家」 設計：あすなろ建築工房
写真：Miho Urushido

和室

和室の設えは保ちつつ十分な収納量を確保

基本例

可動式の棚を設けると使いやすく便利
エアコンは天袋に納めると、和室の雰囲気を損なわない
押入れ上部の浅い棚には軽い枕や座布団を入れる
造付けの机は一部を掘り込んで足を入れられるようにすれば、書斎も兼ねられる。違い棚風の棚を設ければ和室らしくなる
ワイヤーバスケット＋レールで小物がしまえるように
450㎜
1,600㎜
2,100㎜
700㎜
750㎜
1,200㎜以上
開き扉のクリアランスを床の間に見立てるのも一案
開き扉のクロゼットを設ける場合、布団を敷いた際に、戸が布団に干渉しないようクロゼットの手前はクリアランスとして、300㎜見込んでおく

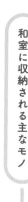

和室に収納される主なモノ

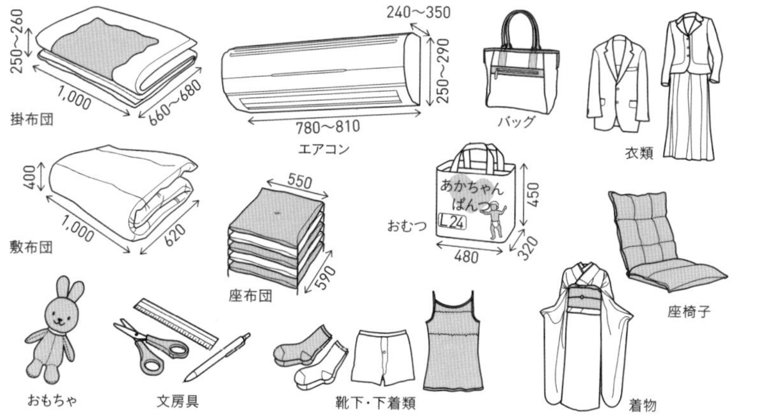
250〜260
1,000
660〜680
掛布団
240〜350
250〜290
780〜810
エアコン
バッグ
衣類
400
1,000
620
敷布団
550
590
座布団
あかちゃん
ぱんつ
L24
450
320
480
おむつ
座椅子
おもちゃ
文房具
靴下・下着類
着物

和

室の収納は伝統的な設えを踏襲しつつ、いかにうまく現代の生活に合わせて当てはめるかがポイント。客間、趣味室として使用される場合も多いのですが、ここでは寝室として使う場合を例に収納の基本を解説します。

まず、押入れの配置から考えます。敷いてある布団を畳み、そのまま体をひねらずに、収納できる位置に押入れを配置します。押入れの幅は布団をしまいやすいよう、引戸の開きを1千200㎜以上確保。高さは1千600㎜程度に抑え、ガラリ[※]をはめた天袋にエアコンを納められるようにしましょう。

押入れと直交する壁面はクロゼットにしましょう。壁一面を収納にする場合は、引込み代が不要な開き扉にしましょう。子どもがいる家庭では遊びや昼寝のスペースになることも多いので、クロゼットには衣類だけでなく、玩具やおむつなども収納できるとよいでしょう。

略式でもいいので床の間を設けると格式が上がります。右頁は押入れとクロゼットの間を板の間とし、窓と飾り棚を設けて床の間に見立てた例です。また、布団3枚を敷いた際に開き扉と干渉しないよう、クロゼットの手前約300㎜も板の間としています。

[本間至/ブライシュティフト]

600㎜
300㎜

※ ガラリのピッチが狭すぎるとショートサーキットの原因になるため、注意が必要

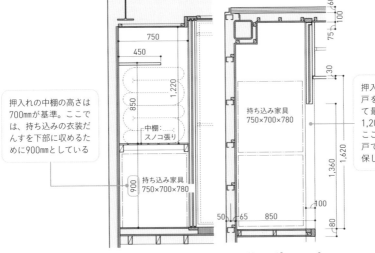

1 和室の押入れの幅と高さは「布団のしまいやすさ」で決める

和室を寝室として使う場合、布団の出し入れは毎日のこと。なるべく手間を省く工夫が大切です。特に気をつけたいのが、布団をしまう押入れの幅と中棚の位置。襖を開放したときの幅が狭すぎたり、中棚の位置が低すぎると布団の出し入れが煩わしくなります。無理のない姿勢で布団を出し入れするには、襖の開放幅を1,200㎜以上、中棚の高さを700㎜程度に設定しましょう。

押入れの中棚の高さは700㎜が基準。ここでは、持ち込みの衣装だんすを下部に収めるために900㎜としている

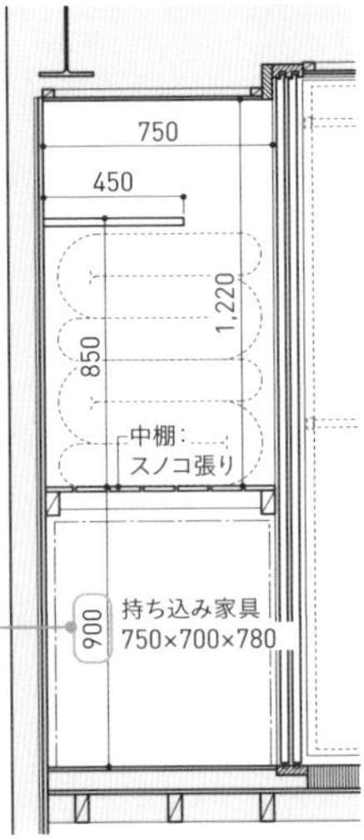
750
450
1,220
850
中棚：
スノコ張り
持ち込み家具
750×700×780
900

A部収納断面図［S＝1：40］

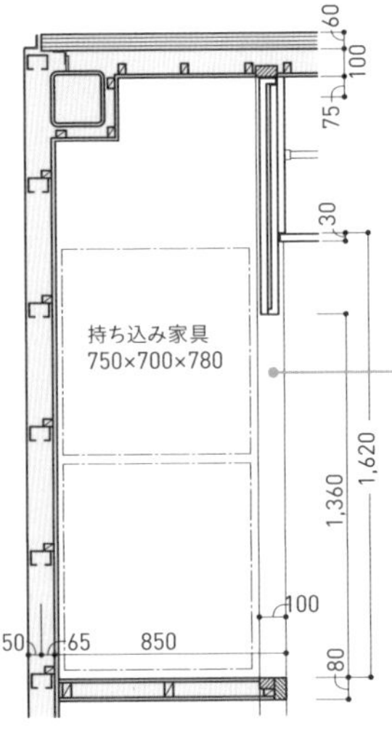
60
100
75
30
持ち込み家具
750×700×780
1,620
1,360
100
50
65
850
80

A部収納平面図［S＝1：40］

押入れの襖は、引込み戸を採用するなどして最低でも開口幅を1,200㎜は確保したい。ここでは2枚の引込み戸で1,360㎜の幅を確保した

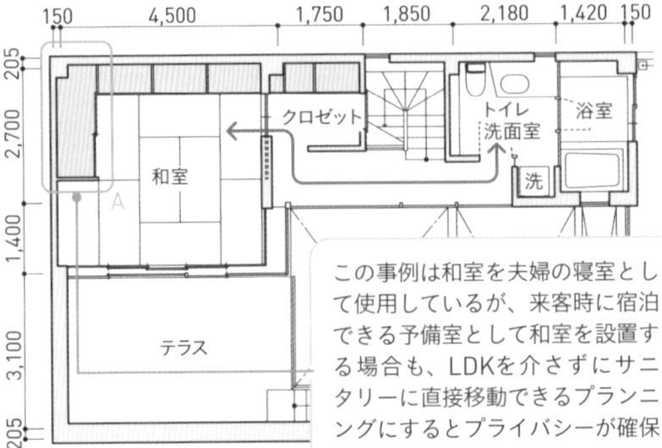
150
4,500
1,750
1,850
2,180
1,420
150
205
2,700
1,400
3,100
205
クロゼット
トイレ
洗面室
浴室
洗
和室
A
テラス

この事例は和室を夫婦の寝室として使用しているが、来客時に宿泊できる予備室として和室を設置する場合も、LDKを介さずにサニタリーに直接移動できるプランニングにするとプライバシーが確保できて使いやすい

3階平面図［S＝1：200］

収納スペースは可能な限り建築主の必要に応じた容量を確保したい。廊下に余裕がある場合は収納スペースを延長させてもよい。部屋から多少はみ出しても使いやすさに影響はない

「久が原の家」設計：プライシュティフト
写真：冨田 治

2 和室の収納を浮かせて床の間を広く使う

和室からインナーテラスにつながる開口部を床の間の壁に設置すれば、採光や動線を効果的に確保できるのでお勧め。その際、床の間の収納を浮かせて床板を収納の下に延長させれば、広くて使いやすい床の間になります。床板には少し遊びのある材料を使用すると意匠的な効果が高い。ここでは目の整ったラワン合板を採用しました。

和室の床の間を見る。収納を浮かせることで床面積が増えるとともに建具を開放すれば視線が抜けるため、空間を広く感じる

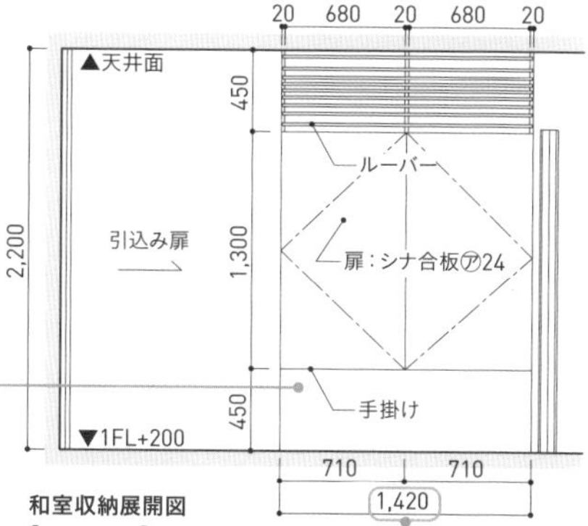

20 680 20 680 20
▲天井面
450
ルーバー
引込み扉
2,200
1,300
扉：シナ合板⑦24
手掛け
450
▼1FL+200
710 710
1,420

和室収納展開図[S＝1：60]

このプランでは動線上に床の間が位置しているため、飾り物などを置きにくい。しかし、浮かせた棚の下部に床の間を延長させれば、床の間の雰囲気と動線の機能を両立できる

収納の幅は畳んだ布団がスムーズにしまえるように1420㎜とした

インナーテラス（ゴルフ練習場）に隣接する和室。廊下と和室の行き来に加えて、床の間にも和室にアクセスできる動線を確保。床の間はベンチとしても使える

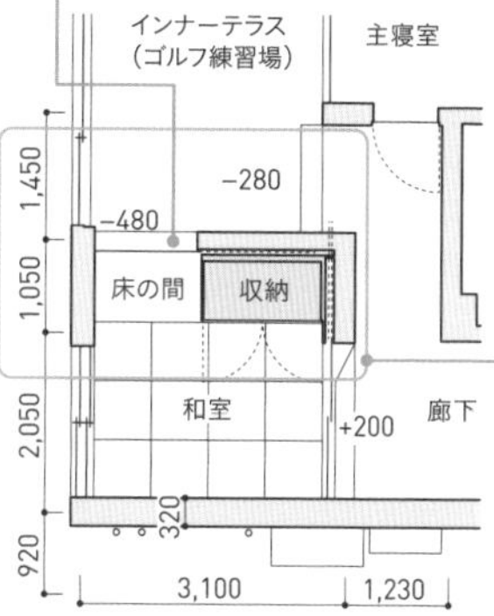

インナーテラス
（ゴルフ練習場）
主寝室
1,450
−280
−480
1,050
床の間
収納
和室
+200
廊下
2,050
320
920
3,100
1,230

1階平面図[S＝1：150]

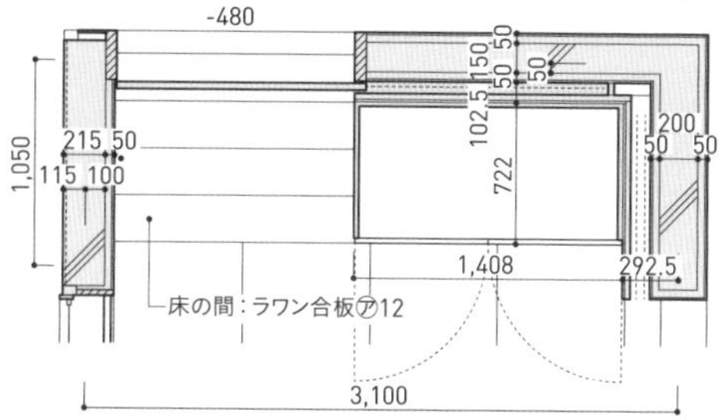

-480
1,050
215 50
115 100
50 150 50
50
102.5
722
200
50 50
1,408
292.5
床の間：ラワン合板⑦12
3,100

和室収納平面図[S＝1：60]

床の間の建具は収納の裏側に引込むようにした。建具を開放すれば、美しく切り取られた和室がインナーテラスから見える

「富士の住宅」設計：レベル アーキテクツ　写真：レベル アーキテクツ

趣味の部屋

1畳の棚と壁いっぱいに飾る

趣味の部屋にはディスプレイ棚が必須。室外からもコレクションを楽しめるよう、窓辺に設けるとよい

籠りっ放しにならないよう、小窓を設けて家族とコミュニケーションをとれるようにする

シナ合板など安価な壁材でコストダウン&ラフな雰囲気を演出

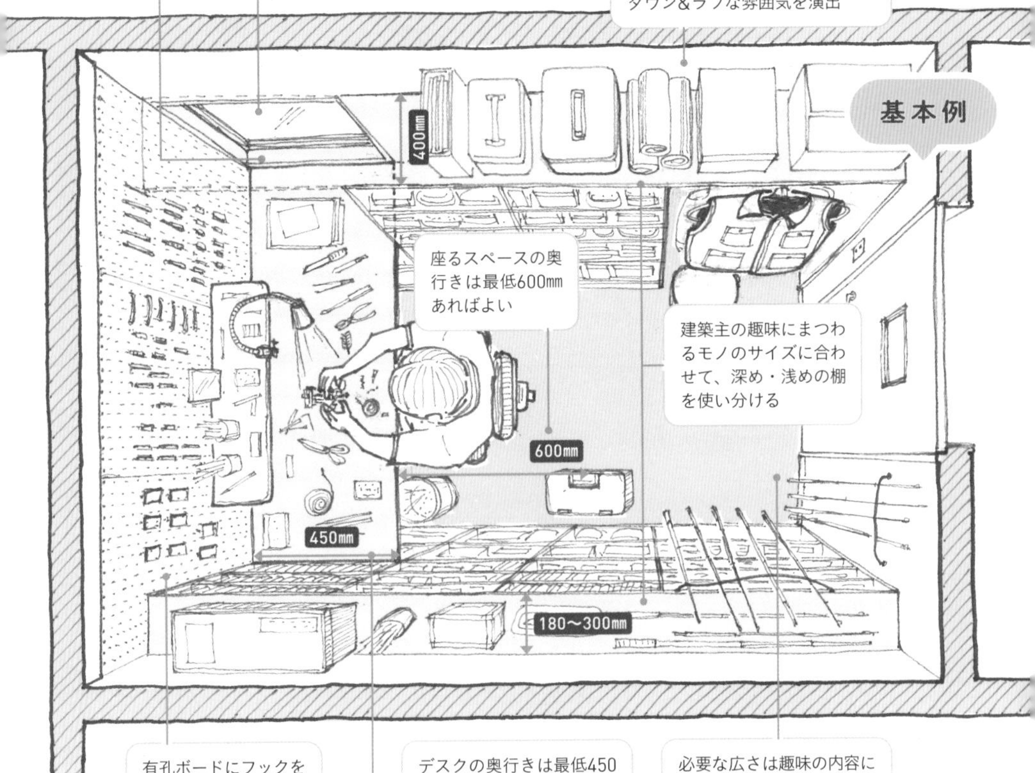

基本例
400㎜
座るスペースの奥行きは最低600㎜あればよい
建築主の趣味にまつわるモノのサイズに合わせて、深め・浅めの棚を使い分ける
600㎜
450㎜
180〜300㎜

有孔ボードにフックを取り付ければ、飾る収納ができる。よく使う小さな道具を整理して片づけるのにも便利

デスクの奥行きは最低450㎜あれば小物の組立てをしたり、本やノートを広げて読んだりできる

必要な広さは趣味の内容によるが、特別に大きなモノやスペースが必要な行為がなければ1畳あれば十分

趣味の部屋に収納される主なモノ

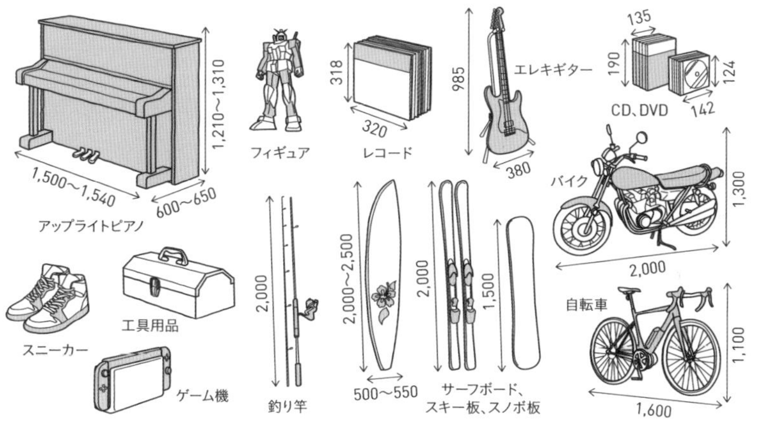
アップライトピアノ
1,210〜1,310
1,500〜1,540
600〜650
フィギュア
レコード
318
320
エレキギター
985
380
CD、DVD
135
190
124
142
バイク
1,300
2,000
自転車
1,100
1,600
スニーカー
工具用品
ゲーム機
釣り竿
2,000
2,000〜2,500
500〜550
2,000
1,500
サーフボード、
スキー板、スノボ板

趣味の部屋には、建築主のこだわりのモノを収納する棚と、コレクションの一部を飾るディスプレイ棚の2つが必要です。収納棚の大きさは、「奥行きが深めか浅めか」という点が重視。モノに合わせてミリ単位までの調整を行う必要はありません。400mm程度の奥行きがあれば、大きなモノが多少はみ出すことはあっても、大体のモノは収まります。浅めでよいなら180〜300mm程度とします。

ディスプレイ棚は、廊下などに面して小さな窓を設け、その窓枠を利用するのがお勧め。そこに飾りたいモノを置けば、室外からもディスプレイを楽しむことができます。壁は有孔ボードにしてフックを取り付け、好きなようにモノを掛けられるようにすると便利です。

自分の好きなモノに囲まれた籠り感もポイントなので、さほど広さは必要ありません。仕上げを合板としてラフな雰囲気を出すのもよいですし、納戸やクロゼットのなかなど、ほかの場と兼用するのもよいでしょう。特別に設えた趣味の部屋は住宅のスパイスとなって、建築主の満足度を高めてくれます。ただし、建築主の趣味にあまり聴き入ると、要望が増えすぎてやぶへびになることがあるので、ほどほどに。

[関本竜太/リオタデザイン]

写真左側の壁面にルアーとリールを、右側の壁面には釣り具入れのボックスを収納

1 玄関脇の納戸を秘密部屋に

趣味のための道具が大量にある場合、納戸を丸ごと趣味室として使えばOK。ここでは、玄関脇の約1畳の納戸と釣りのための趣味室を兼ねています。人の出入りする空間に面しているので、ほどよく外部とつながれます。最小の趣味室であると同時に、籠り部屋としても最適なサイズです。

可動棚の奥行きは、釣り具入れの寸法をヒアリングして決定

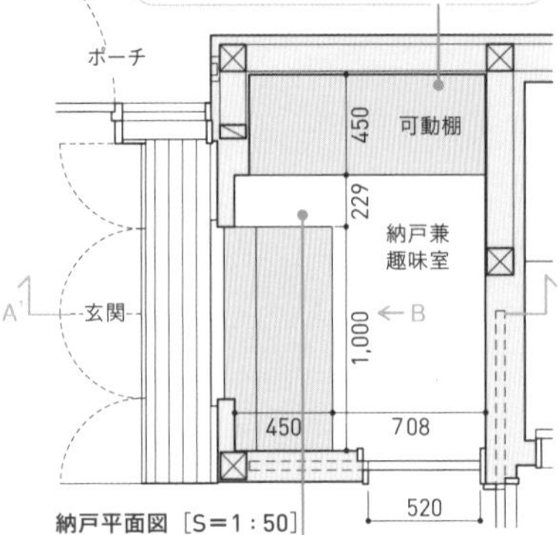
ポーチ
450
可動棚
229
納戸兼
趣味室
A'
玄関
B
1,000
450
708
520

納戸平面図［S＝1：50］

本棚とカウンターに挟まれた壁には釣り竿を立て掛けている

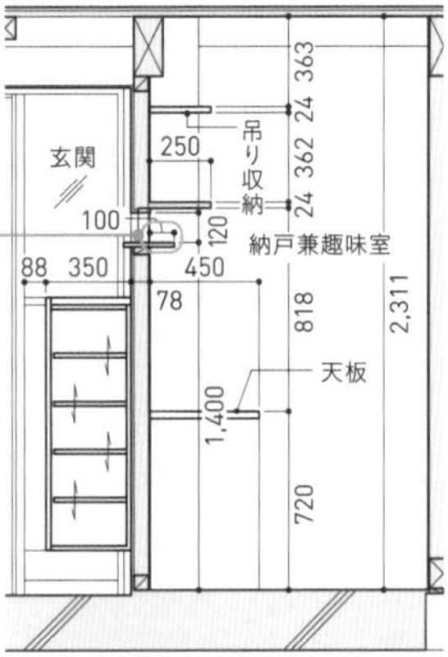
363
24
250
362
吊り収納
24
玄関
100
120
納戸兼趣味室
88
350
450
78
818
2,311
天板
1,400
720

A-A' 断面図［S＝1：50］

FIX窓の納戸側をリール置き場に。小窓から人の出入りが見えるので適度に家族とつながれるうえ、自慢の釣り道具を来客に見てもらうこともできる

開口部上部の棚は、釣り具よりも小さいアイテムを収納するための固定棚とした。A4判の雑誌も収納できるように寸法を決定した

ルアーは扉で隠さずに、壁面の有孔ボードに掛けて収納。見せる収納にすることで、好きなものに囲まれている感覚を味わえ、建築主の満足度も高まる

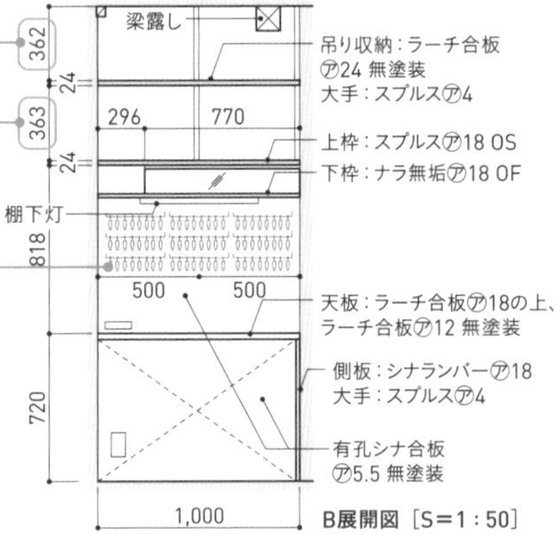
梁露し
362
24
363
24
296
770
棚下灯
818
500
500
720
1,000
吊り収納：ラーチ合板㋐24 無塗装
大手：スプルス㋐4
上枠：スプルス㋐18 OS
下枠：ナラ無垢㋐18 OF
天板：ラーチ合板㋐18の上、ラーチ合板㋐12 無塗装
側板：シナランバー㋐18
大手：スプルス㋐4
有孔シナ合板㋐5.5 無塗装

B展開図［S＝1：50］

「TOPWATER」設計：リオタデザイン
写真：リオタデザイン

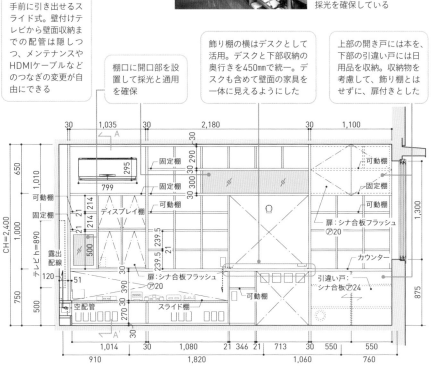

2 ゲーム機10台を収納する配線術

テレビゲームのような電化製品を用いる趣味の場合、収納場所はもちろんのこと、配線スペースの確保も考慮して収納をつくる必要があります。ここでは、棚背面から配線を降ろしてテレビとつなげるようにして、ゲーム機の収納スペースを前後にスライドする棚に。エアコンや飾り棚も一体として、居室の機能を壁一面に集約しました。

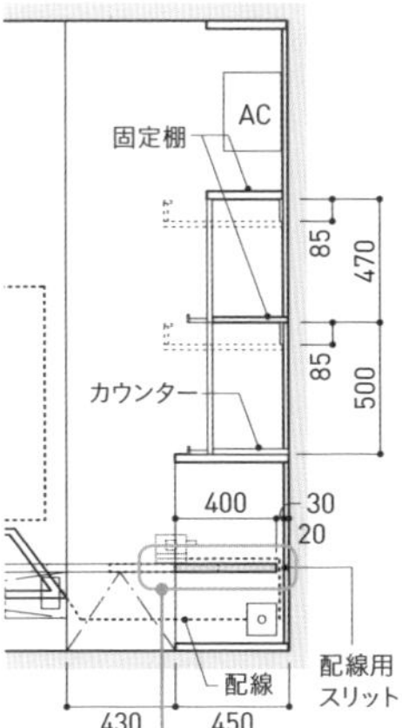

AC
固定棚
カウンター
85
470
85
500
400
30
20
配線
配線用スリット
430
450

A-A' 断面図 ［S＝1：50］

収納棚のなかに、開口部を2カ所設置。壁一面に収納を集約しつつ、採光を確保している

ゲーム機の収納棚は手前に引き出せるスライド式。壁付けテレビから壁面収納までの配管は隠しつつ、メンテナンスやHDMIケーブルなどのつなぎの変更が自由にできる

棚口に開口部を設置して採光と通用を確保

飾り棚の横はデスクとして活用。デスクと下部収納の奥行きを450㎜で統一。デスクも含めて壁面の家具を一体に見えるようにした

上部の開き戸には本を、下部の引違い戸には日用品を収納。収納物を考慮して、飾り棚とはせずに、扉付きとした

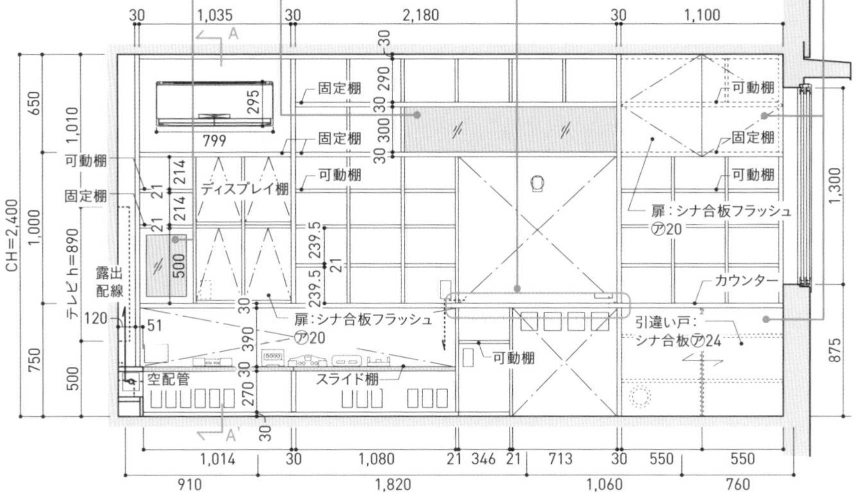

固定棚
可動棚
ディスプレイ棚
可動棚
固定棚
露出配線
テレビ h=890
CH=2,400
扉：シナ合板フラッシュ ㋐20
空配管
スライド棚
可動棚
扉：シナ合板フラッシュ ㋐20
カウンター
引違い戸：シナ合板㋐24
799
295

展開図 ［S＝1：50］

「絵廊の家」設計：カシワギ・スイ・アソシエイツ　写真：カシワギ・スイ・アソシエイツ

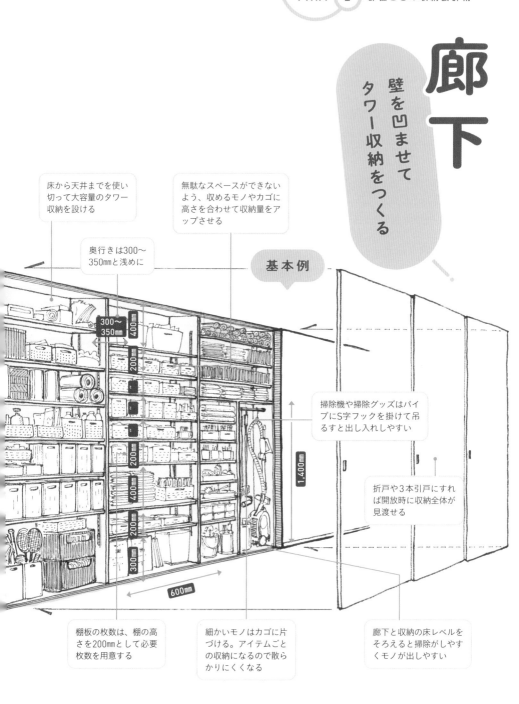

廊下

壁を凹ませて タワー収納をつくる

床から天井までを使い切って大容量のタワー収納を設ける

無駄なスペースができないよう、収めるモノやカゴに高さを合わせて収納量をアップさせる

奥行きは300〜350㎜と浅めに

基本例

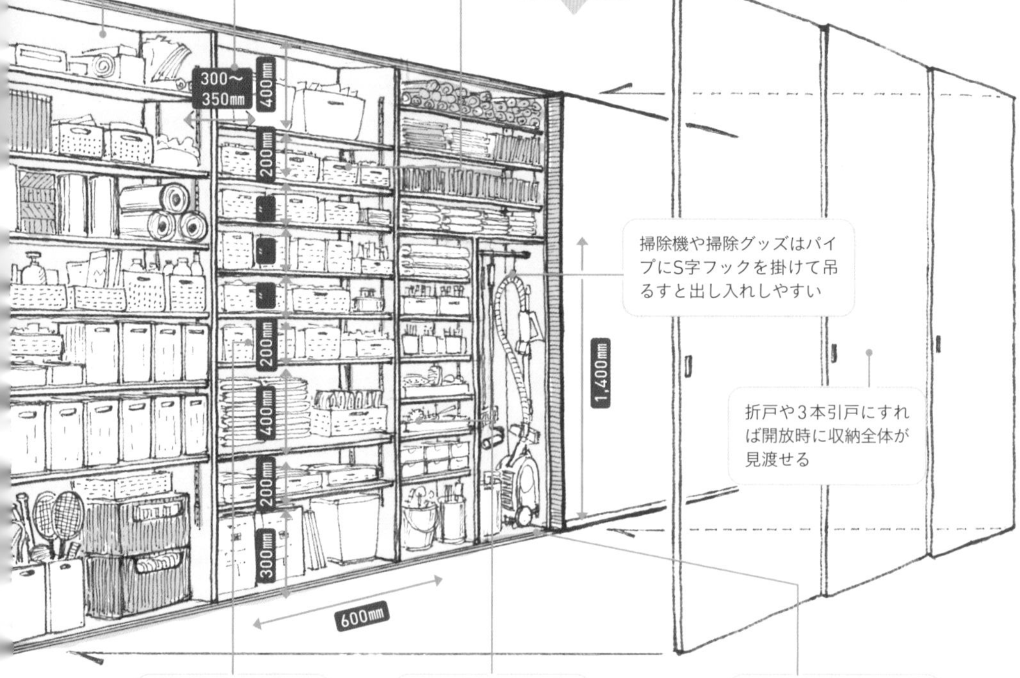

300〜350㎜
400㎜
200㎜
200㎜
400㎜
200㎜
300㎜
1,400㎜
600㎜

掃除機や掃除グッズはパイプにS字フックを掛けて吊るすと出し入れしやすい

折戸や3本引戸にすれば開放時に収納全体が見渡せる

棚板の枚数は、棚の高さを200㎜として必要枚数を用意する

細かいモノはカゴに片づける。アイテムごとの収納になるので散らかりにくくなる

廊下と収納の床レベルをそろえると掃除がしやすくモノが出しやすい

廊下に収納される主なモノ

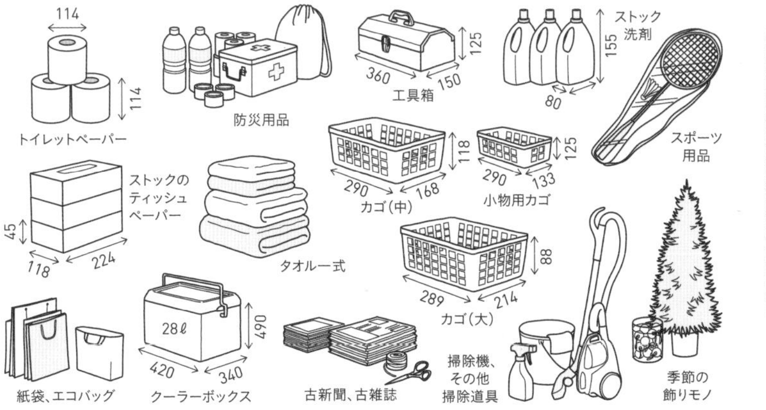
114
114
トイレットペーパー
防災用品
125
360
150
工具箱
ストック
洗剤
155
80
スポーツ
用品
118
290
168
カゴ(中)
125
290
133
小物用カゴ
ストックの
ティッシュ
ペーパー
45
118
224
タオル一式
88
289
214
カゴ(大)
28ℓ
490
420
340
紙袋、エコバッグ
クーラーボックス
古新聞、古雑誌
掃除機、
その他
掃除道具
季節の
飾りモノ

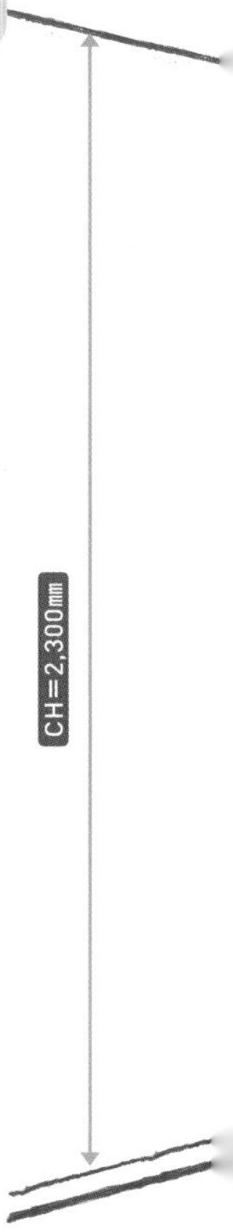
CH=2,300㎜

家のなかの要所要所に密度が高く容量の大きい収納スペースをつくると、生活空間は自然と片づき、生活動線もスムーズになります。玄関と洗面室のタワー収納に加え、もう1つ、ぜひ活用したいのが移動空間である廊下。床から天井まで、壁面を凹ませるだけで大容量のタワー収納を設けることができます。

廊下の収納は、日用品のストックや工具類、防災用品、レジャー用品、季節の飾り物など、家族全員が使うモノの整理にぴったりです。玄関や洗面室からあふれたモノも収納できるので、モノが多く家が狭い住まい手には特に廊下の活用をお勧めしています。

モノを奥にしまうと出し入れしにくく、片づけが億劫になってしまうので、収納の奥行きは浅くし、その分、幅をできるだけ広く取ります。カゴやファイルボックスなどを利用して分類し、無駄な隙間ができないよう可動棚の高さを調整しましょう。棚や扉の裏にS字フックを使ってモノを吊り下げれば、さらに空間を有効に利用できます。また、収納の扉は天井までにして壁と同じ色でつくれば、閉めているときの存在感を消すことができます。

［水越美枝子／アトリエサラ］

1 壁面を450㎜凹ませて大型タワー収納に

小さな家では、特に廊下収納が強い味方になります。この家では洗面室の面積が限られていたため、近くに位置する廊下に大容量の収納を設けて洗剤やタオルなど洗面室で使うモノを収めました。手掛けは掘り込み式にするか、もしくはプッシュ式の扉を採用すれば空間がすっきりと見えます。

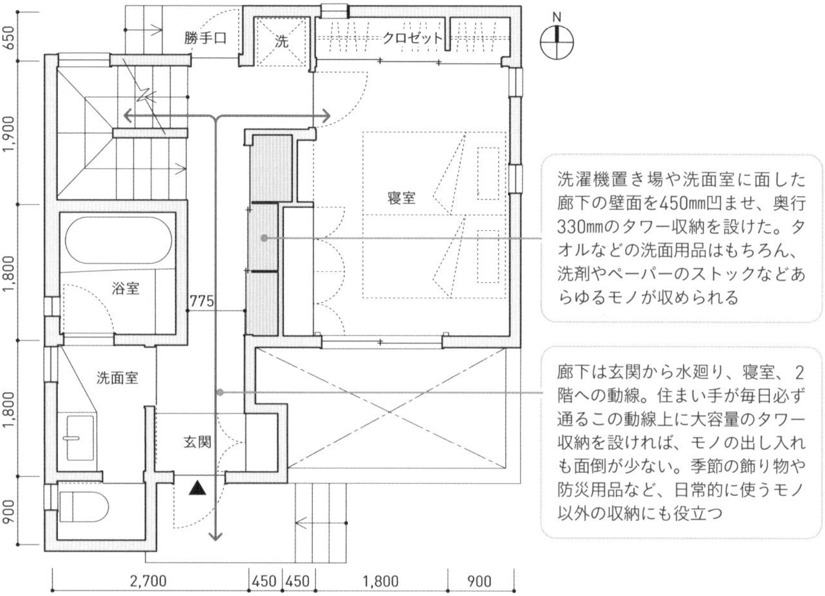

勝手口

クロゼット
N
寝室
浴室
775

1,800
900
洗濯機置き場や洗面室に面した廊下の壁面を450㎜凹ませ、奥行330㎜のタワー収納を設けた。タオルなどの洗面用品はもちろん、洗剤やペーパーのストックなどあらゆるモノが収められる
廊下は玄関から水廻り、寝室、2階への動線。住まい手が毎日必ず通るこの動線上に大容量のタワー収納を設ければ、モノの出し入れも面倒が少ない。季節の飾り物や防災用品など、日常的に使うモノ以外の収納にも役立つ

1階平面図［S＝1：100］

モノに合わせて高さを変えられるよう、棚は可動式にするとよい
天井から床までの高さをフルに使うことで、十分な収納量を確保できる
CH=2,380
1,300
▼1FL

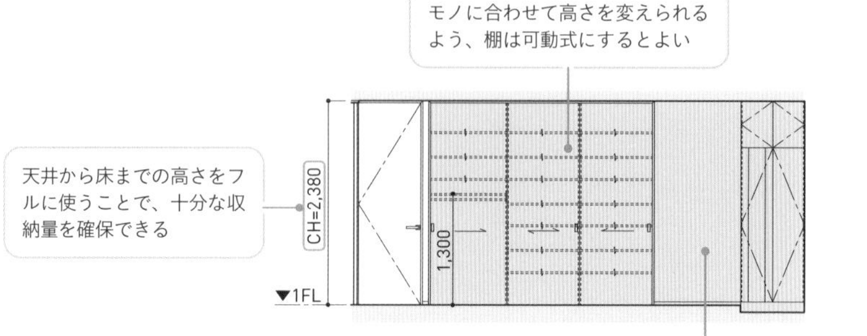
壁の色と扉の色を合わせ、1枚の壁に見えるようにするとよい

収納展開図［S＝1：100］

「津賀邸」
設計：アトリエサラ
写真：永野佳代

玄関
650
1,900
1,800
1,800
900
2,700

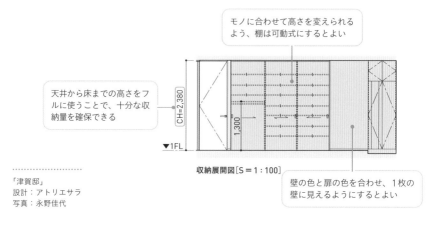

扉は壁と同じ白色のため、閉めているときは壁と同化して存在感が消え、すっきりとした空間になる。手掛けは出っ張りのない掘り込み式を採用

2 廊下の壁を衣類収納にする

プランニングなどの理由により廊下を長くとらざるをえない場合、廊下をただの移動空間にするのはスペースの無駄。壁面を収納スペースとして設えれば、この長い廊下を有効活用できます。

この事例のように、子ども室の衣類収納を廊下に追い出すことで、個室を小さくまとめることができる上、衣類のデリバリーが楽になり、家事の効率も上がります。

廊下を挟んだ子ども室の向かい側の壁に衣類収納を設置。部屋から収納まですぐにアクセスできるため、室内に収納が設けられている場合と比べても、使い勝手に遜色はない

収納が廊下に配置されているので、洗濯した衣類を各室に運び入れる手間が省ける

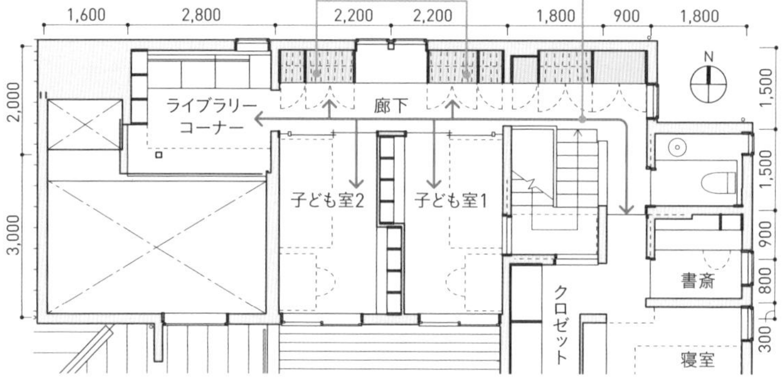

2階平面図［S＝1：150］

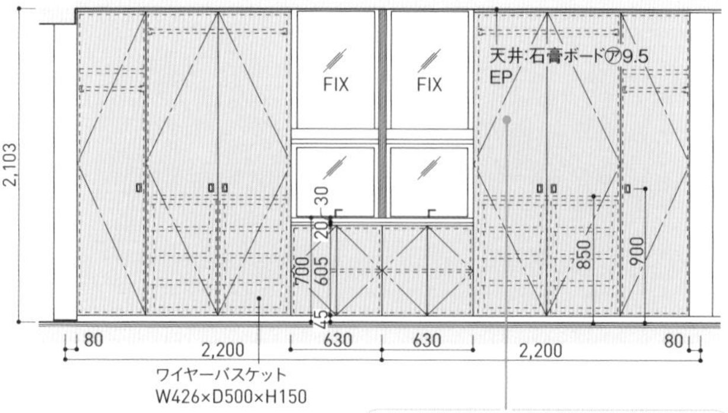

廊下収納展開図［S＝1：60］

収納の扉には開き扉を採用。廊下は移動空間なので、扉の前にモノが置かれることがないので、収納扉の開閉が阻害されない。また、閉じたときにフラットな壁のように見せられる。

ライブラリーコーナーに通じる子ども室（写真左）前の廊下。収納棚（写真右）の扉を閉めれば、廊下が雑然とした印象にならない

「流山の家」
設計：ブライシュティフト
写真：大沢誠一

3 LDKにつながる廊下をスタディコーナーに

廊下を子ども用のスタディコーナーと兼ねさせるのも手。ここでは、親子のコミュニケーションが気軽にとれるよう個室からLDKにつながる廊下にスタディコーナーを設けました。廊下が散らからないように、教科書・プリント類・筆記用具など収納できる棚を机の周りに設けると片付けやすくなります。

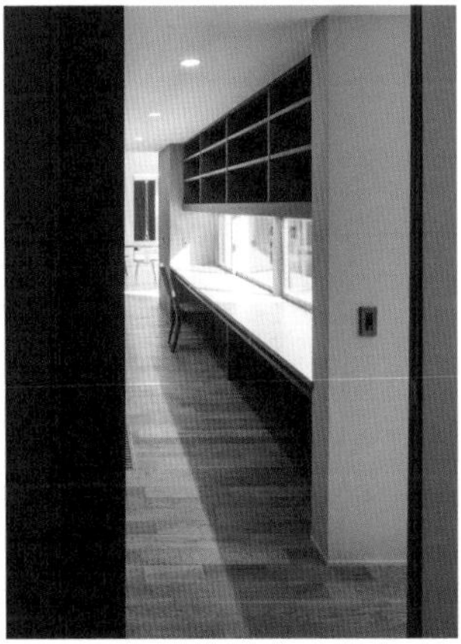

スタディコーナーのある廊下は中庭に面している。窓を通して庭に視線が抜けるので圧迫感はまったくなく、広々とした印象になる

廊下とLDKを建具で仕切れるようにすると、LDKからのノイズが軽減されるので勉強に集中しやすくなる

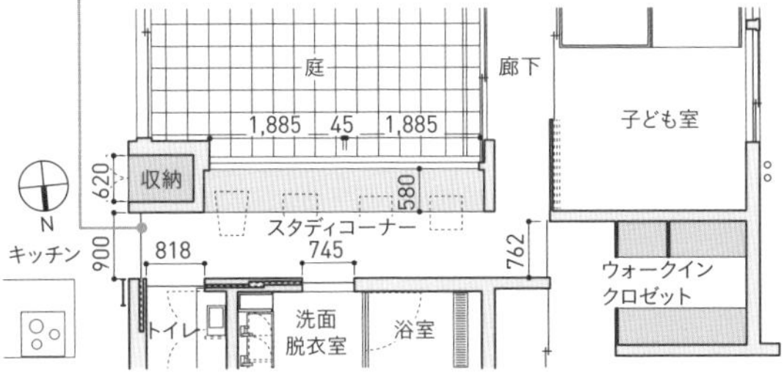

庭
廊下
子ども室
1,885
45
1,885
620
収納
580
スタディコーナー
N
キッチン
900
818
745
762
ウォークイン
クロゼット
トイレ
洗面
脱衣室
浴室

1階平面図[S＝1：150]

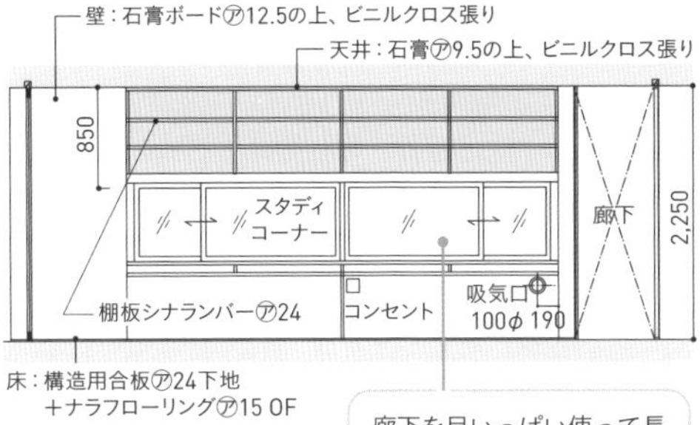

壁：石膏ボード㋐12.5の上、ビニルクロス張り
天井：石膏㋐9.5の上、ビニルクロス張り
850
スタディ
コーナー
廊下
2,250
棚板シナランバー㋐24
コンセント
吸気口
100φ 190
床：構造用合板㋐24下地
＋ナラフローリング㋐15 OF

スタディコーナー展開図
[S＝1：100]

廊下を目いっぱい使って長いスタディコーナーをつくった。3人の子どもが使うことを想定しているが、4人でも十分な広さがある

デスクの上には可動棚を設置。ここに教科書などを収納すれば廊下にモノがあふれることはない。奥行きはA4サイズの本の収納を想定して300㎜としている。吊り戸棚が出っ張りすぎると頭をぶつけるので注意

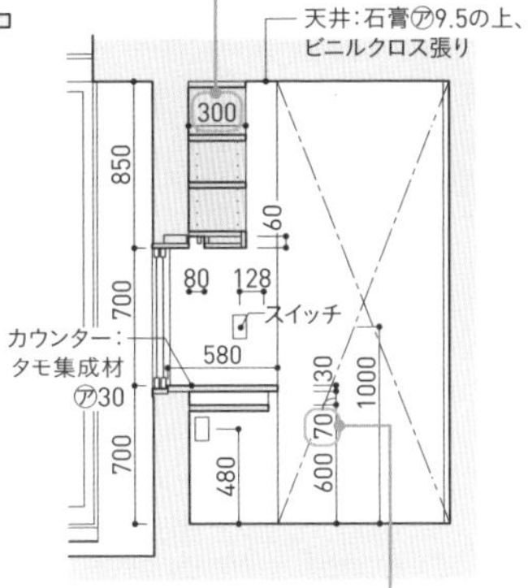

天井：石膏㋐9.5の上、
ビニルクロス張り
300
850
60
80
128
スイッチ
700
カウンター：
タモ集成材
㋐30
580
30
1000
70
600
480
700

スタディコーナー断面図
[S＝1：60]

デスクカウンターの下に高さ70㎜の浅い棚を設置。学校机のような感覚でちょっとしたモノを気軽に出し入れできるので便利

「連庭の家」 設計：カシワギ・スイ・アソシエイツ 写真：上田 宏

階段廻り

隣接する空間から収納を考える

基本例

350㎜
800㎜
240㎜
190㎜
650㎜
400㎜
400㎜
700㎜

側面には、チリトリ、ハタキなどを掛けるフックを設ける

奥行きが浅い収納の最上段は、収納できるモノが限られる。分電盤などを収める場所とするとちょうどよい

ワイヤレスのWi-Fiルーターや光回線終端装置(ONU)などもここに収めれば、リビングが片づく

階段の壁を本棚にすれば、上の方の本も取り出しやすい。棚板は壁に向かって傾斜させると、地震時の本の落下を防げる

リビングに隣接する場合は掃除機などの掃除用具を入れる。掃除機が床置きできるよう幅と奥行きが400㎜以上のスペースを確保する

高さがある収納スペースは、はさみや荷造り紐を納めた収納ケースが2つ入る高さ400㎜程度の位置に棚を設けると使い勝手がよくなる

玄関側は、シューズクロゼットとするのも一案。高さがない場合は、古新聞などの一時置き場とする

階段廻りに収納される主なモノ

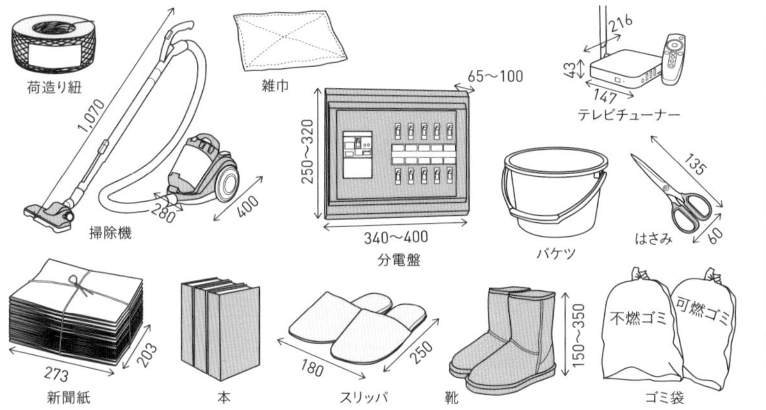
荷造り紐
1,070
掃除機
280
400
雑巾
65〜100
250〜320
340〜400
分電盤
216
43
147
テレビチューナー
バケツ
135
60
はさみ
273
203
新聞紙
本
180
250
スリッパ
150〜350
靴
不燃ゴミ
可燃ゴミ
ゴミ袋

どうしても生まれてしまう箱階段下のデッドスペースも、収納容量や、しまうべきモノを見極めれば上手く活用できます。

　まず、階段の形状によって収納量が異なります。最も大きな容量を確保できるのは直進階段。側面に扉を設ければ、大容量収納になります。基本例のような矩折れ階段の場合は、階段下に大小2つの収納を設けられるので、それぞれが面するスペースを考慮して入れるモノを想定しましょう。また、木造の螺旋階段の下も、矩折れ階段と同様に活用できます。

　次に、隣接する部屋から、収納すべきモノを見極めます。玄関に階段がある場合は、シューズクロゼットになるので、靴を収納しやすいように細かく棚板で仕切っておくとよいでしょう。スペースに余裕がある場合は、靴と一緒にレインコートや上着なども収めます。階段が廊下またはリビングに接している場合は、掃除用具を収納するとよいでしょう。側面にはフックを設けて、ちりとりやほうきなどを掛け、中間部に棚を設ければ、扇風機やヒーターなどの季節家電がそこに収まります。

　収納の上部は分電盤をしまうのにぴったりの場所。操作しやすさを考慮し、基本例のように蹴込みの裏に設置します。

[本間至／ブライシュティフト]

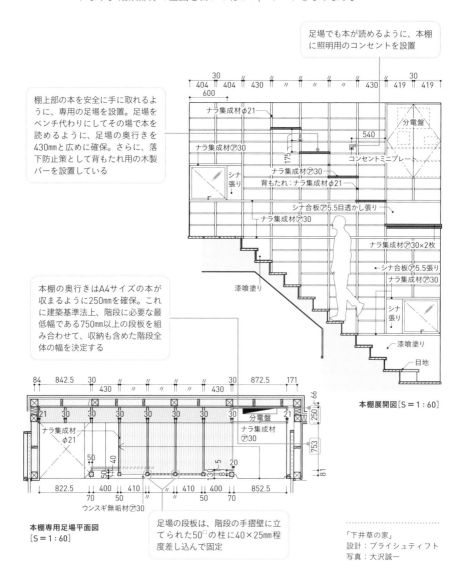

1 階段の壁面を本棚として活用する

建築主の要望で広い本棚スペースが必要な場合、壁面を多く確保できる直線階段を活用すれば大容量の収納がつくれます。階段部分の壁面を目いっぱい使った収納にする場合は、天井付近の本にも簡単に手が届くように、安定した足場を設けることが使いやすさのポイントとなります。

足場でも本が読めるように、本棚に照明用のコンセントを設置

棚上部の本を安全に手に取れるように、専用の足場を設置。足場をベンチ代わりにしてその場で本を読めるように、足場の奥行きを430㎜と広めに確保。さらに、落下防止策として背もたれ用の木製バーを設置している

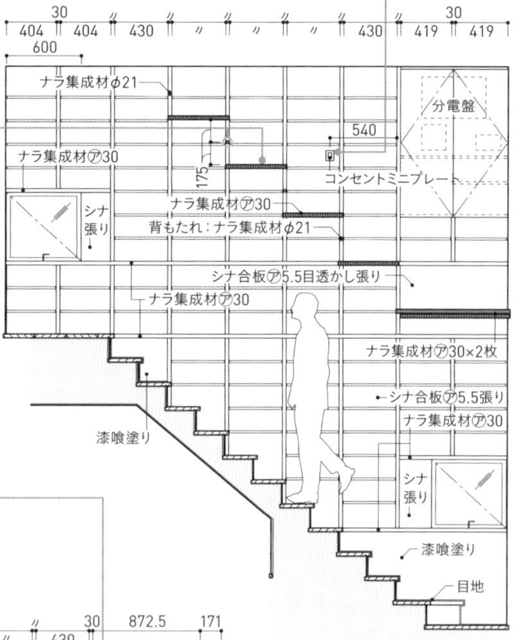
30
404
404
430
430
419
419
30
600
ナラ集成材φ21
分電盤
540
175
ナラ集成材㋐30
コンセントミニプレート
ナラ集成材㋐30
シナ張り
背もたれ：ナラ集成材φ21
シナ合板㋐5.5目透かし張り
ナラ集成材㋐30
ナラ集成材㋐30×2枚
シナ合板㋐5.5張り
ナラ集成材㋐30
漆喰塗り
シナ張り
漆喰塗り
目地

本棚展開図［S＝1：60］

本棚の奥行きはA4サイズの本が収まるように250㎜を確保。これに建築基準法上、階段に必要な最低幅である750㎜以上の段板を組み合わせて、収納も含めた階段全体の幅を決定する

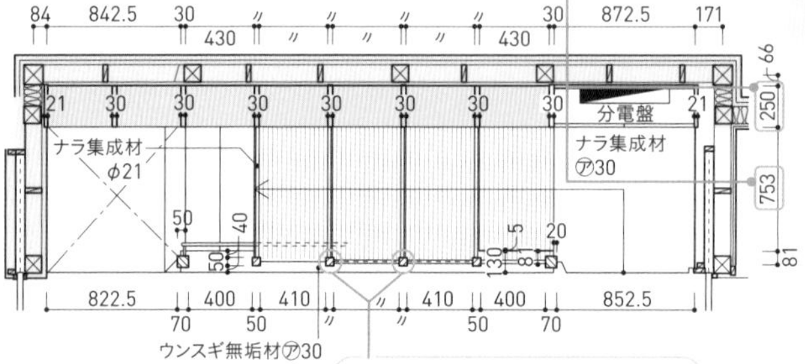
84
842.5
30
430
30
872.5
171
430
21
30
分電盤
21
ナラ集成材φ21
ナラ集成材㋐30
66
250
753
81
50
40
5
20
50
130
8
822.5
400
410
410
400
852.5
70
50
50
70
ウンスギ無垢材㋐30

本棚専用足場平面図
［S＝1：60］

足場の段板は、階段の手摺壁に立てられた50□の柱に40×25㎜程度差し込んで固定

「下井草の家」
設計：プライシュティフト
写真：大沢誠一

階段の壁一面が本棚になっており、大量の本の収納が可能

階段が持ち込み家具のデザインと
なじみ、空間の意匠性も高まる

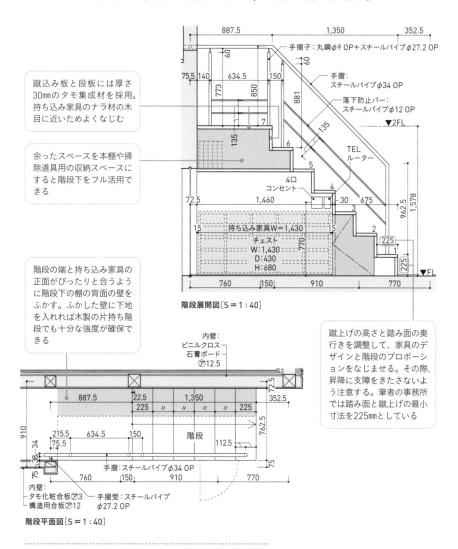

2 持ち込み家具に合わせて階段をしつらえる

思い入れのある手持ちの収納家具をインテリアに生かしたい人は多いもの。その場合、階段下のスペースを活用するのも一案です。家具と階段がなじむよう素材を合わせるなど意匠面に配慮し、余ったスペースも無駄なく活用できるように設えれば、建築主の満足度が高い空間になります。

蹴込み板と段板には厚さ30㎜のタモ集成材を採用。持ち込み家具のナラ材の木目に近いためよくなじむ

余ったスペースを本棚や掃除道具用の収納スペースにすると階段下をフル活用できる

階段の端と持ち込み家具の正面がぴったりと合うように階段下の棚の背面の壁をふかす。ふかした壁に下地を入れれば木製の片持ち階段でも十分な強度が確保できる

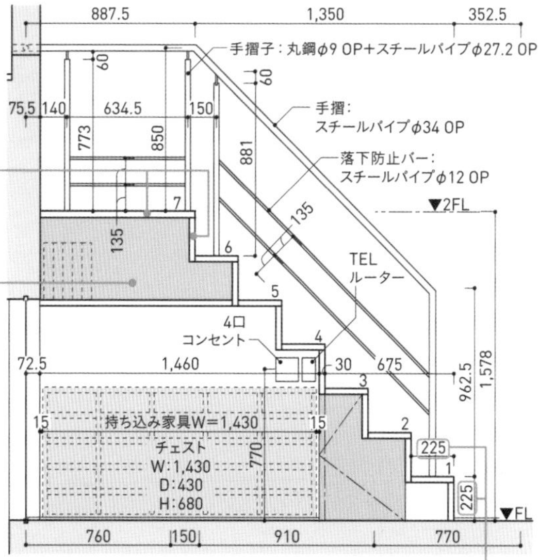

887.5
1,350
352.5
手摺子：丸鋼φ9 OP＋スチールパイプφ27.2 OP
60
手摺：
スチールパイプφ34 OP
落下防止バー：
スチールパイプφ12 OP
75.5
140
634.5
150
773
850
881
135
7
6
5
4
3
2
1
▼2FL
TEL
ルーター
4口
コンセント
72.5
1,460
30
675
962.5
1,578
15
持ち込み家具W＝1,430
チェスト
W：1,430
D：430
H：680
770
225
▼FL
760
150
910
770

階段展開図［S＝1：40］

蹴上げの高さと踏み面の奥行きを調整して、家具のデザインと階段のプロポーションをなじませる。その際、昇降に支障をきたさないよう注意する。筆者の事務所では踏み面と蹴上げの最小寸法を225㎜としている

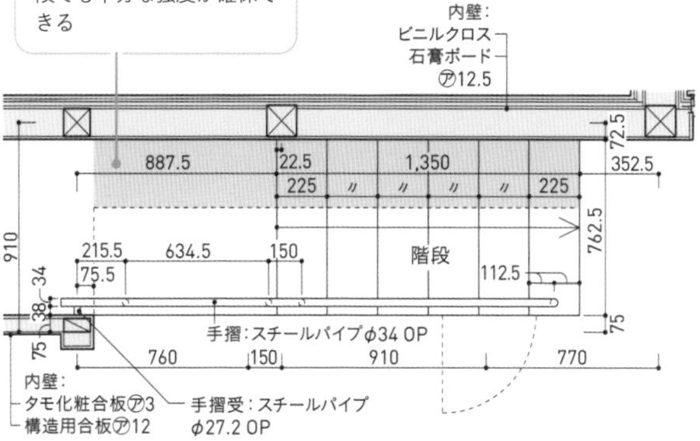

内壁：
ビニルクロス
石膏ボード
㋐12.5
72.5
887.5
22.5
1,350
352.5
225
225
762.5
910
215.5
634.5
150
階段
75.5
112.5
34
38
75
手摺：スチールパイプφ34 OP
760
150
910
770
内壁：
タモ化粧合板㋐3
構造用合板㋐12
手摺受：スチールパイプ
φ27.2 OP

階段平面図［S＝1：40］

「美田園の家」 設計：カシワギ・スイ・アソシエイツ 写真：上田 宏

ロフト

籠り感を生かした多機能空間に

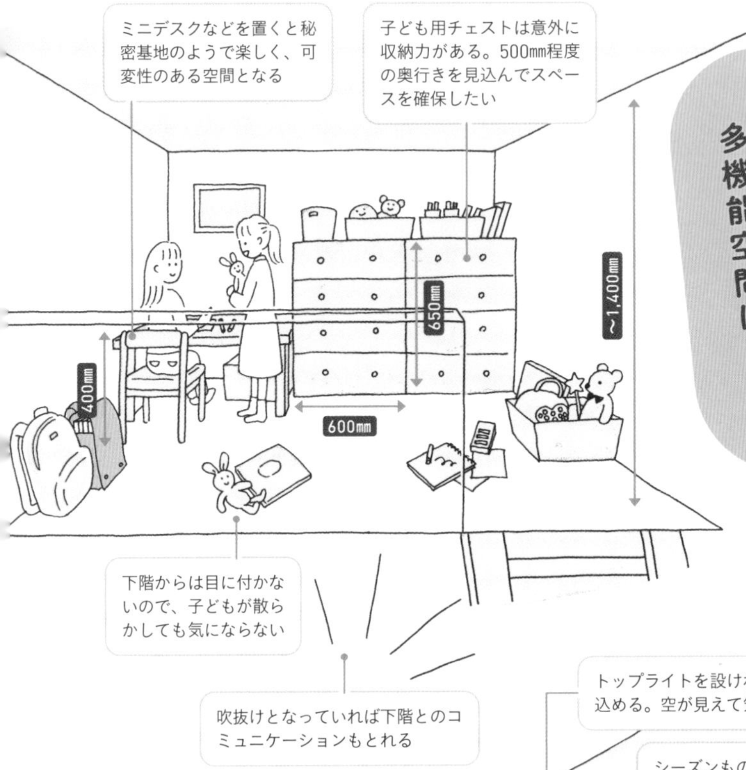
ミニデスクなどを置くと秘密基地のようで楽しく、可変性のある空間となる
子ども用チェストは意外に収納力がある。500㎜程度の奥行きを見込んでスペースを確保したい
650㎜
~1,400㎜
400㎜
600㎜
下階からは目に付かないので、子どもが散らかしても気にならない
吹抜けとなっていれば下階とのコミュニケーションもとれる

基本例

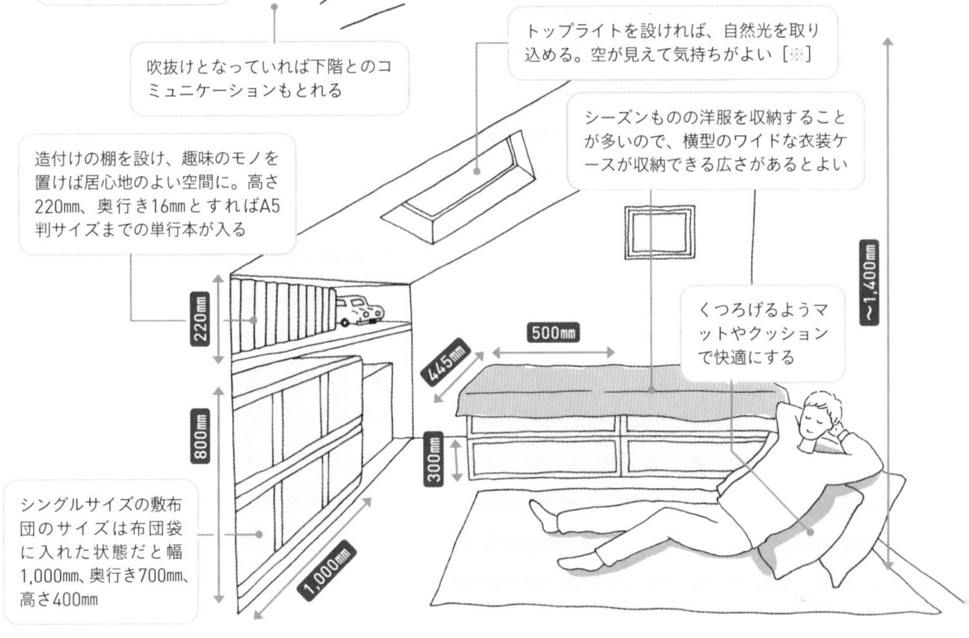
トップライトを設ければ、自然光を取り込める。空が見えて気持ちがよい［※］
シーズンものの洋服を収納することが多いので、横型のワイドな衣装ケースが収納できる広さがあるとよい
造付けの棚を設け、趣味のモノを置けば居心地のよい空間に。高さ220㎜、奥行き16㎜とすればA5判サイズまでの単行本が入る
くつろげるようマットやクッションで快適にする
~1,400㎜
500㎜
445㎜
220㎜
800㎜
300㎜
1,000㎜
シングルサイズの敷布団のサイズは布団袋に入れた状態だと幅1,000㎜、奥行き700㎜、高さ400㎜

ロフトに収納される主なモノ

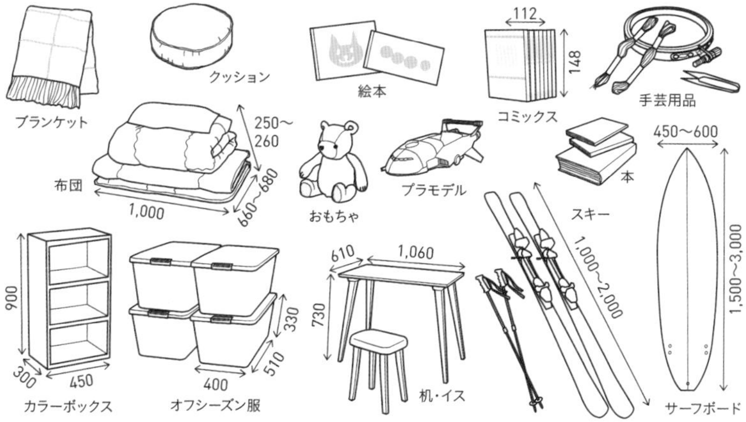
ブランケット
クッション
絵本
112
148
コミックス
手芸用品
250〜260
1,000
660〜680
布団
おもちゃ
プラモデル
本
450〜600
スキー
1,000〜2,000
1,500〜3,000
900
300
450
カラーボックス
330
510
400
オフシーズン服
610
1,060
730
机・イス
サーフボード

余剰空間を利用して設けるロフトは、面積の限られた住宅では重要な収納スペース。シーズンものやスポーツ用品など、普段使わないボリュームのあるモノをしまう以外にも、使い方次第でほかの場所以上に活用できます。

たとえば、子どもの遊び道具の収納室兼遊び場とし、ほかの生活空間と分離させれば、散らかっていても気になりません。おもちゃがほかの部屋に移動しにくいため、片づけやすいのも利点です。下階と吹抜けでつなげておけば声が届くので、お互いの様子が確認できて安心です。

決まった目的をもたせず、家族間のゆるい共有スペースとするのもお勧めです。ちょっと1人になりたい、じっくり読書や手芸がしたい……。そんなとき、リビングでも自室でもないロフトのような中間領域に各自の趣味用品を収納しておくと、ほどよく独立した場所としてそれぞれが利用できます。子どもが友達を呼んでおしゃべりするスペースとしても使えますし、客用布団などを収納するのにもとても便利です。

屋根裏にトップライト[※]を設ければ、寝ころんで星空を眺められるちょっとした非日常空間になります。

[関本竜太/リオタデザイン]

※ 小屋裏収納として申請する場合は開口部に制限がかかることもあるため、事前に各自治体に確認が必要

1 中間階にロフトを設け、アクセスしやすい収納に

ロフト収納は一般的に屋根裏に設けますが、中間階に設けて上下階の移動の動線に組み込むと、アクセスがよく使い勝手が格段に上がります。ここでは、1階写真スタジオの吹抜けに隣接してロフトを設け、パントリー兼生活用品の収納スペースに。垂直方向の広がりをうまく活用することで、敷地面積から期待される以上の収納量の確保が可能となります。

LDKに上がるために必ず経由する動線上にロフトを設け、食品など生活用品の収納としての利便性をアップ

階段下はトイレの収納扉から降りられる物置とした。階段廻りの空間を無駄なく活用することで、使い勝手のよい位置に収納を確保できる

ロフト入口側から北側開口部を見る。開口部を1つ設けることで、写真スタジオを兼ねた玄関ホールの吹抜けから入る風が抜ける

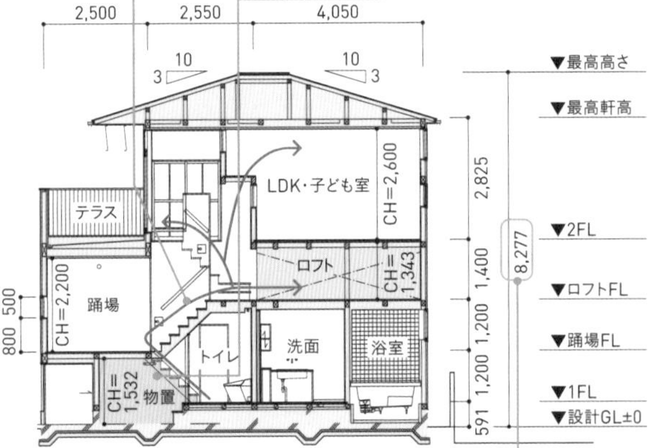

断面図[S＝1：200]

中間階を設けると最高軒高が高くなる。高さ制限の厳しい地域で中間階のロフトを採用する場合は、床レベルなどの十分な検討が必要

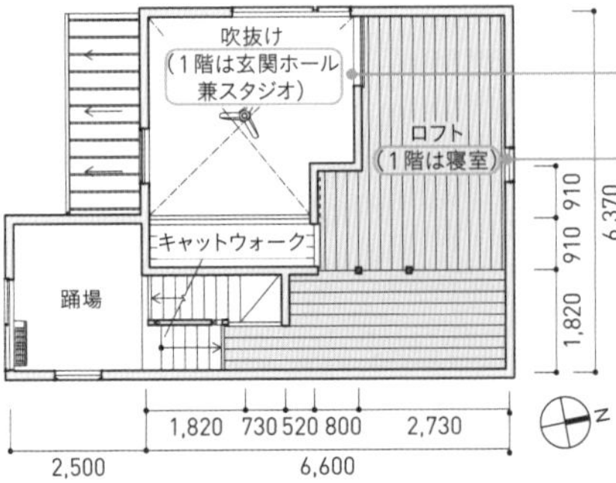

ロフト階平面図[S＝1：200]

写真スタジオは高さが必要であるのに対し、隣接する1階寝室は吹抜けとする必要がないので、ロフトとして活用。中間階に挟むことで、1～2階間の遮音にも効果を発揮する

「葛谷邸」 設計：鈴木アトリエ 写真：鈴木アトリエ

2 高い吹抜けから ボックスを吊り下げて 子どもも遊べる収納室に

吹抜け上部は、家族と適度な距離感を保てる絶好の居場所となり得る空間。子ども室を設けられない狭小住宅でも、子どもが自由に遊べる場としてうってつけです。ここでは、2階吹抜け部分に天井からぶら下がるボックスを設置。2階から見上げても内部が見えないので、子どもがおもちゃなどを散らかしたままにしていても気にならない利点も。

上：2階からボックスを見上げる。中央の階段がボックスを支えており、構造的な役割も担っている　下：ボックス内部。家具をあえてつくり込まず、既製家具やおもちゃを自由に置ける空間とした

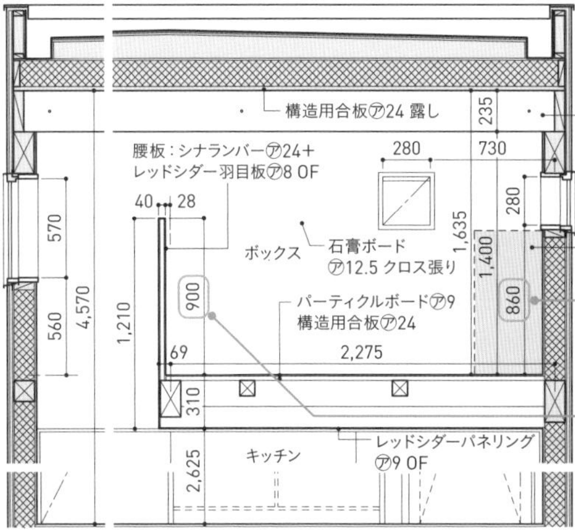

木質
ハイブリッド梁
構造用合板㋐24 露し
235
280
730
腰板：シナランバー㋐24＋
レッドシダー羽目板㋐8 OF
40
28
パイン材チェスト
4段ワイド
／無印（想定）
W830×D400
×H830
280
570
560
4,570
1,210
1,635
1,400
860
900
ボックス
石膏ボード
㋐12.5 クロス張り
パーティクルボード㋐9
構造用合板㋐24
69
2,275
310
キッチン
2,625
レッドシダーパネリング
㋐9 OF

既製家具を自由に置ける計画ではあるが、計画時は無印良品のパイン材チェストやパイン材ユニットシェルフ（ともに高さ830㎜）の設置を想定。家具の上端が開口部の下枠とそろうように開口部位置を決定した

手摺の高さは、2階から見上げたときの軽やかさと、安全性を考慮して決定した

2階・ボックス断面図［S＝1：50］

フラットバーを木で挟んだ木質ハイブリッド梁から吊り材を降ろして、ボックスを吊っている。このかたちのボックスを採用するには、構造設計者と相談のうえ、十分な検討が必要

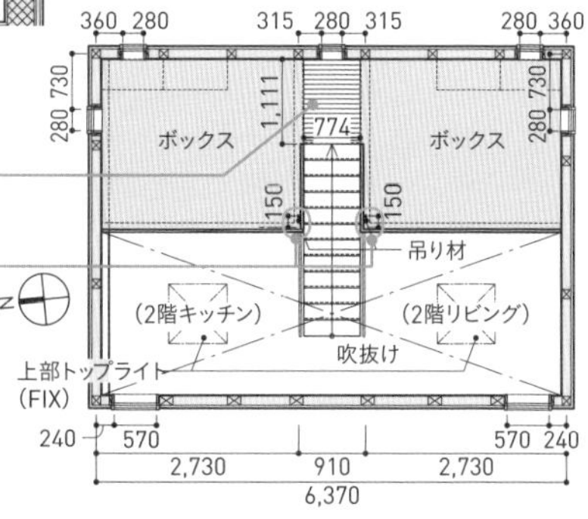

360
280
315
280
315
280
360
730
280
1,111
774
ボックス
ボックス
150
150
吊り材
N
（2階キッチン）
（2階リビング）
吹抜け
上部トップライト
（FIX）
240
570
570
240
2,730
910
2,730
6,370

ボックス平面図［S＝1：150］

「TOPWATER」
設計：リオタデザイン　写真：リオタデザイン

車庫・テラスなど

仕上げ材や換気で泥や水濡れに対応

基本例

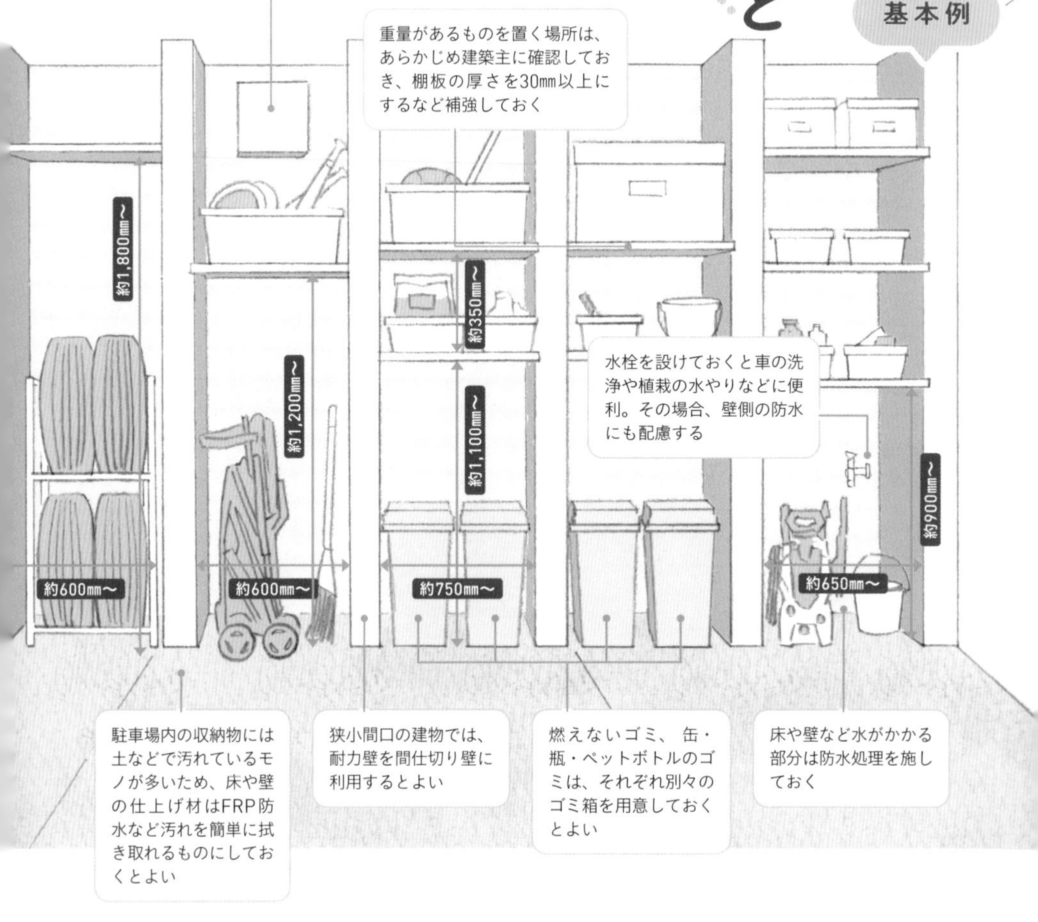
電動自転車を使用する場合は、駐輪場近くにバッテリーを充電できるスペースとコンセントを設けておくとよい
モノの収納で換気扇をふさがないよう、建物の引渡し時に建築主に注意喚起しておく
重量があるものを置く場所は、あらかじめ建築主に確認しておき、棚板の厚さを30㎜以上にするなど補強しておく
水栓を設けておくと車の洗浄や植栽の水やりなどに便利。その場合、壁側の防水にも配慮する

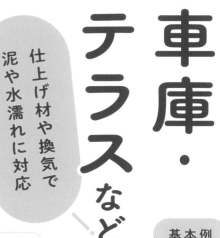

駐車場内の収納物には土などで汚れているモノが多いため、床や壁の仕上げ材はFRP防水など汚れを簡単に拭き取れるものにしておくとよい
狭小間口の建物では、耐力壁を間仕切り壁に利用するとよい
燃えないゴミ、缶・瓶・ペットボトルのゴミは、それぞれ別々のゴミ箱を用意しておくとよい
床や壁など水がかかる部分は防水処理を施しておく

車庫・テラスなどに収納される主なモノ

286
563
331
高圧洗浄機
電動自転車
充電器
バケツ
車用洗剤
スコップ
散水栓
電動自転車
バッテリー
450
341
575
ゴミ箱
900
450
400
バーベキュー
セット
790～1,030
ベビーカー
390～
640
～880
ホース収納
タイヤラック
ボール
スケートボード
172
1,453
1,391
脚立
300
1,300
ゴルフ
バッグ
折り畳みチェア
折り畳み時：
W600×D1,350
×H75

屋内駐車場やテラスなどに設置する収納には、屋外で使用するモノや清掃に使用するモノ、土汚れなど、屋内に持ち込みたくないモノを収める必要があります。また、車に関するモノ、園芸用品、スポーツ用具、ベビーカーなど種類やサイズも多岐に渡るため、棚板は可動式にしておきましょう。扉を設けずオープン棚にしておけば一覧性もよく、モノを探す手間も省けます。燃えないゴミなどは分類して保管できる場所を確保する必要がありますが、生ゴミは臭いの問題から、外部収納内にゴミ箱を設置して保管したいものです。高圧洗浄機などを使用する場合は水栓と電源が必要です。水掛かりを考慮し、ＦＲＰ防水などで壁面にも防水を施しましょう。最近は電動自転車の普及が進んでいるので、バッテリーの充電器用スペースとコンセントも忘れずに設けておきましょう。駐車場の車後部の空きは車のトランク内の荷物の出し入れを考慮し、リアバンパーから壁まで１ｍ程度は離しておきましょう。

テラスには園芸用品やデッキチェアなどを収納できるスペースがあると便利です。その場合、室内から収納が見えないように工夫しましょう。

[レベル アーキテクツ]

棚板は可動式にしておくと便利
約1,400㎜～
約350㎜～

1 テラスの収納は室内からの見え方にも配慮する

テラスは、プランター用の土や肥料などの園芸用品、少し広くなるとバーベキューセット、テラスチェアなどさまざまな資材・道具を用いる場所。それら外部用のモノは使う場所と収納場所を近接し、室内に入れずに収められるようにすると便利です。テラス脇に収納する場合は、室内からの見え方に配慮し、収納の存在が消えて眺望がすっきりと見えるように設えましょう。

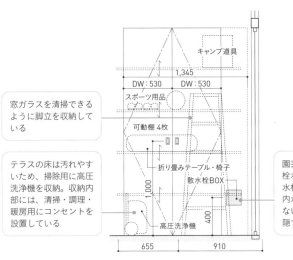

室内からテラスを見る。普段はデッキチェアなどは置かず、眺望を楽しむ。収納はテラス右の壁にある

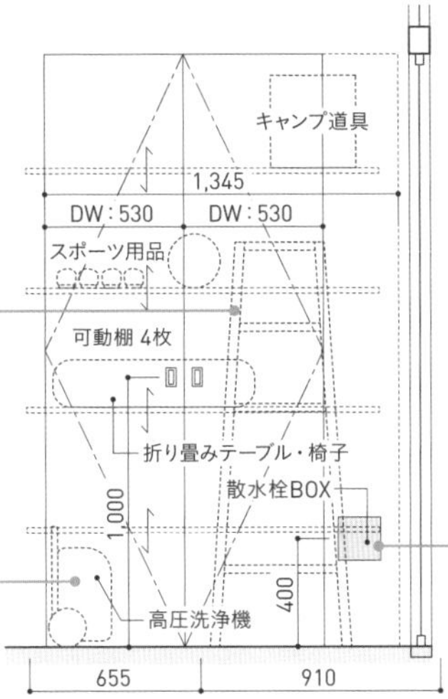
キャンプ道具
1,345
DW：530
DW：530
スポーツ用品
可動棚 4枚
折り畳みテーブル・椅子
散水栓BOX
1,000
400
高圧洗浄機
655
910

窓ガラスを清掃できるように脚立を収納している

テラスの床は汚れやすいため、掃除用に高圧洗浄機を収納。収納内部には、清掃・調理・暖房用にコンセントを設置している

園芸用や清掃用に散水栓ボックスを設置。散水栓がむき出しでは室内からの見え方がよくないため、ボックスで隠す

展開図［S＝1：40］

収納扉は強風で開かないように鍵付きとしている。扉右下のプレートは散水栓ボックスのフタ

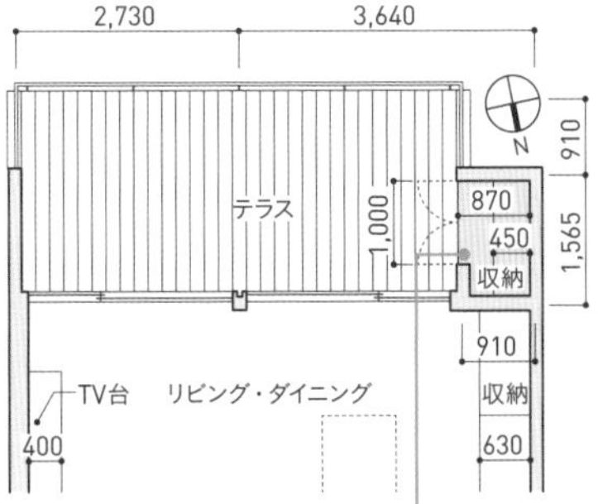
2,730
3,640
910
テラス
1,000
870
450
収納
1,565
910
TV台
リビング・ダイニング
収納
400
630
N

2階平面図［S＝1：150］

耐力壁を利用した収納。奥行きは有効で850㎜ある。2階以上のテラスでは、強風時に植木鉢などが飛んでサッシのガラスが割れるおそれもあるため、ここでは植木鉢などもすべて中に収納できるように計画している

「鎌倉中央公園の住宅」 設計：レベル アーキテクツ 写真：レベル アーキテクツ

2 小さな家では耐力壁を収納に活用する

小さな家では、短辺方向における構造上必要な耐力壁の配置が悩みどころ。ここでは耐力壁を駐車スペース脇の収納に利用した。650㎜の奥行きを防水加工した棚として生かし、スペアタイヤやゴミ箱などの収納としました。駐車場を屋内にするとシャッターや換気設備に費用がかかりますが、天井があるだけの半屋内空間にすることで、コストダウンも図れます。

収納内に水栓を設置。床・壁にFRP防水を施し、扉下部にスリットを開けて換気している

重量のあるものは収納する場所をあらかじめ決めておき、棚板の厚さを30㎜以上としておく

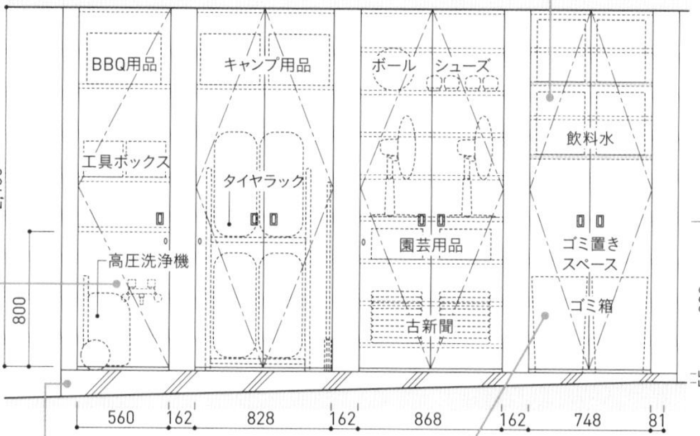

展開図
[S＝1：50]

駐車場は雨水の水はけを考慮し、床の勾配を3.5／100としている

収納扉は雨水などがかかっても支障のないように、メラミン化粧板を使用するとよい

駐車場にシャッターを設けず外部扱いとする場合、収納は防犯上鍵付きにしておく

2方向に接道するため人と車の動線を分けている。これによりエントランスポーチは雑然とせず、落ち着いた印象となる

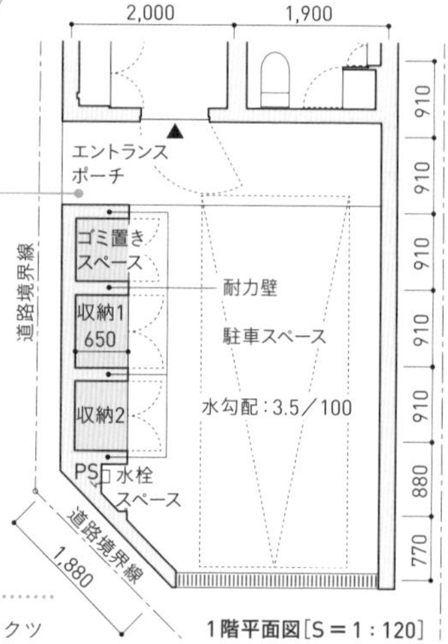

1階平面図[S＝1：120]

「門前仲町の住宅」 設計：レベル アーキテクツ 写真：レベル アーキテクツ

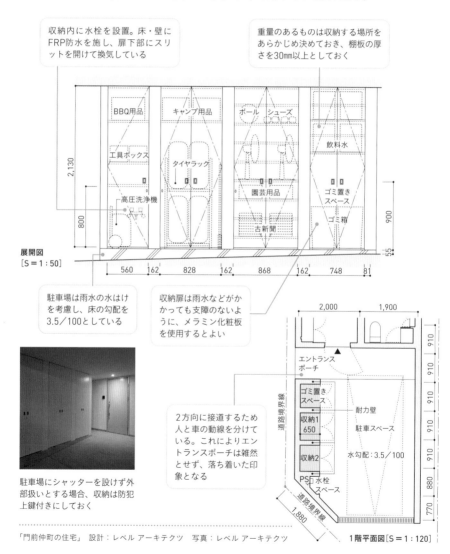

PART

3

造作収納家具の基本とつくり方

モノをあるべきところに収めるためには、
その「箱」となる家具が必要です。
空間のかたちや素材に合わせて
意匠的にも、機能的にも優れた収納家具を
造作する極意をお教えします。

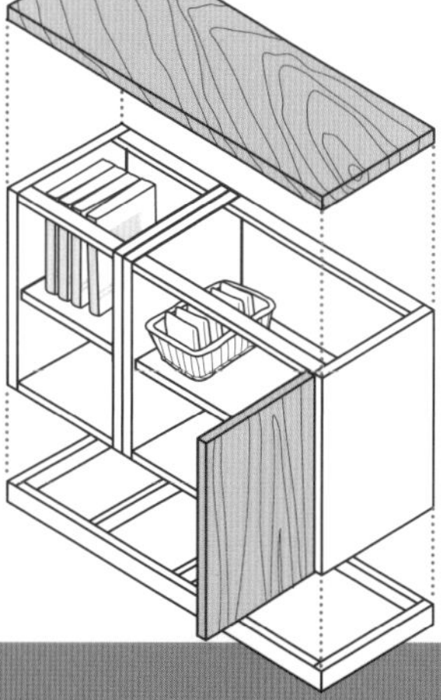

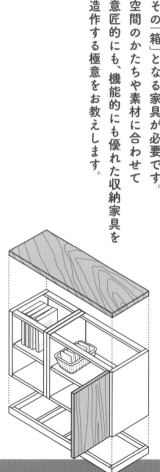

1 目隠しも間仕切も兼ねる大型収納家具

天井などの材料と造作家具の素材の質感を合わせると、空間全体に統一感が生まれます。ここでは、キッチンの周りに生活感を出したくないという住まい手の希望に応えるために、調理器具はもちろん電子レンジや炊飯器、エアコンまですべて隠せる機能性の高い大型収納家具を家具工事で製作。食器棚部分は引き出し、引違い戸、開き扉という3つの形式で仕上げました。

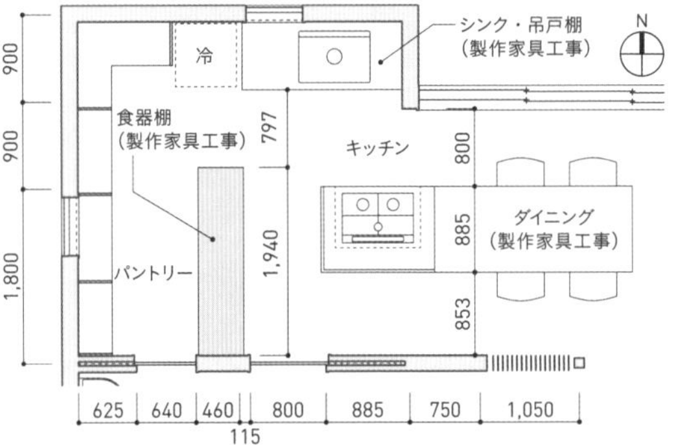

2階キッチン平面図［S＝1：100］

家具を大工による造作工事でつくることもあるが、その場合でも家具製作したオリジナル仕様の引手を使う。繊細につくり込まれた一要素が入ることで、造作と言えども精度が引き上げられる

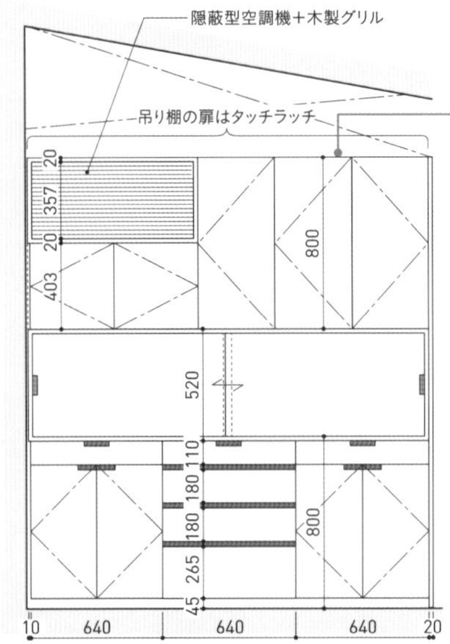

大型家具は、2,100㎜の高さを生かし、ダイニングからパントリーを見せないための間仕切としても機能している

奥のモノが取り出しやすいよう、収納棚の奥行きは浅め

収納家具には炊飯器や電子レンジも収めるため、上部棚部分以外は奥行きを深めに取っている。デッドスペースになりがちな上部棚の奥部分はダクトスペース（電子レンジの熱気抜き）としている

収納家具正面図［S＝1：40］

炊飯器などから出る熱い蒸気を抜くための穴を背面に設けた

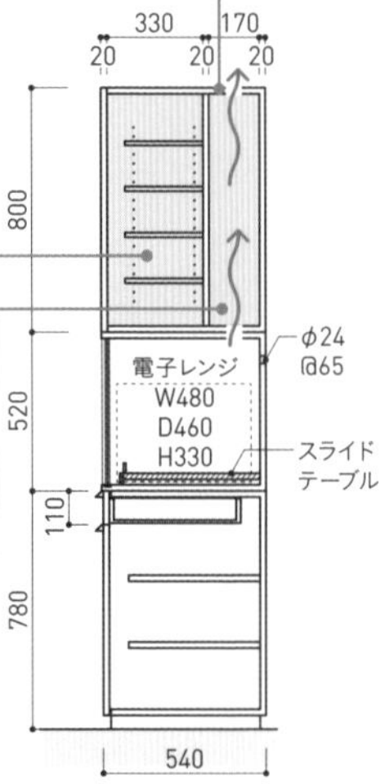

収納家具断面詳細図［S＝1：40］

「国立の家」 設計：アンドウ・アトリエ 写真（143頁）：西川公朗

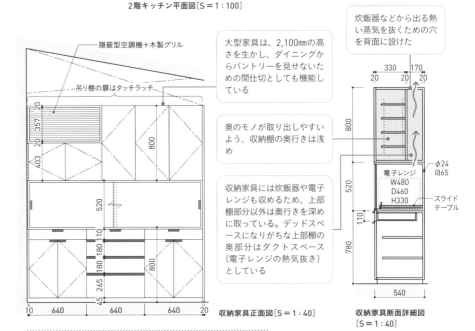

むくりをつけた板張りの天井が、キッチンのある2階全体を覆っている。この造作家具はあえて天井より低い高さで設け、つながる空間の広がりを感じさせている

ダイニングからキッチンを見る。写真左の棚は、食器を効率的に収められるよう低めの棚を5段設けた。地震などの際に中の食器が飛びださないよう、扉は引戸にしている

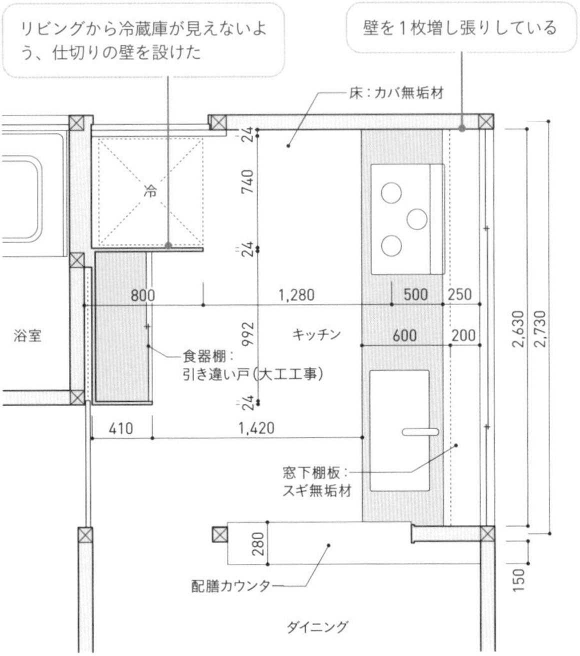
リビングから冷蔵庫が見えないよう、仕切りの壁を設けた
壁を1枚増し張りしている
床：カバ無垢材
冷
浴室
キッチン
食器棚：
引き違い戸(大工工事)
窓下棚板：
スギ無垢材
配膳カウンター
ダイニング
24
740
24
992
24
800
1,280
500
250
600
200
410
1,420
280
2,630
2,730
150

キッチン平面図[S＝1：50]

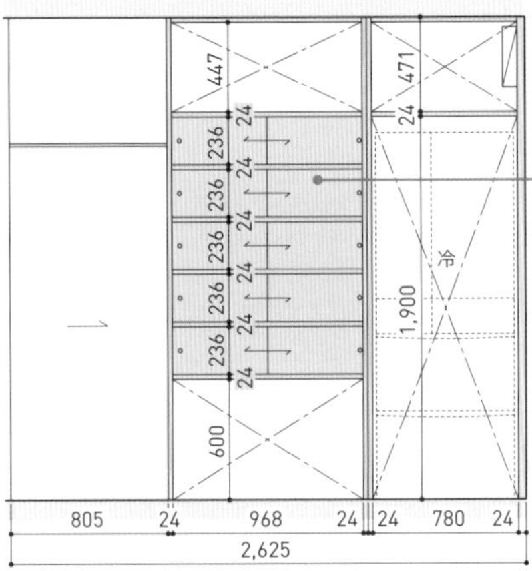
447
236
236
236
236
236
24
600
471
冷
1,900
805
24
968
24
24
780
24
2,625

キッチン収納家具正面図[S＝1：50]

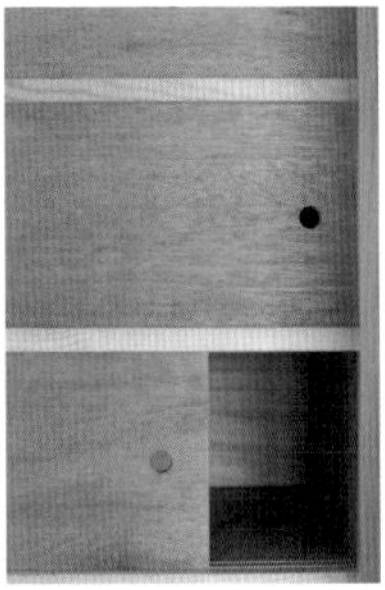

板に丸い穴を開けて、引戸の手掛けとしている。大工工事でも簡単で、意匠的にもシンプルにまとまる

「東宮原の家」 設計：ボタンデザイン 施工：村上建築工舎 撮影：小松正樹

② 木目の美しいキッチン家具を大工工事で造作

家具工事でキッチン家具を造作すると、コストが問題になりがちです。大工工事で造作すれば費用は抑えられますが、意匠的に満足のいく仕上がりにするには設計側の工夫や配慮が重要です。この事例は築50年近い木造戸建住宅の改修で、キッチンは大工工事による造作。工務店と密に相談を重ね、箱型のキャスター収納や引戸式の食器棚など大工工事で実現可能なキッチン家具を考案。木目を生かした実用的で美しいキッチンに仕上げました。

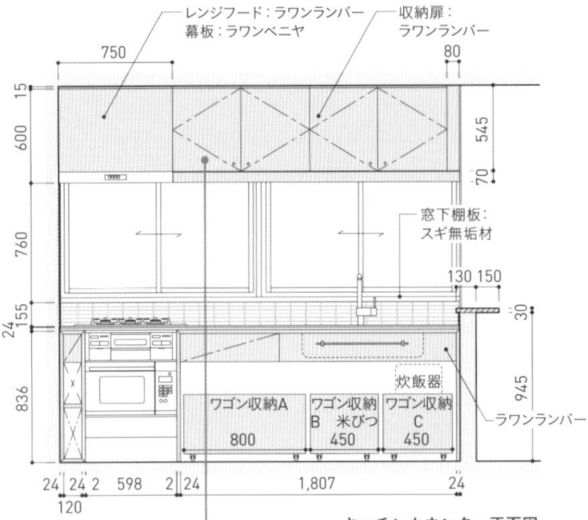
レンジフード：ラワンランバー
幕板：ラワンベニヤ
収納扉：
ラワンランバー
窓下棚板：
スギ無垢材
炊飯器
ワゴン収納A
800
ワゴン収納
B 米びつ
450
ワゴン収納
C
450
ラワンランバー

キッチンカウンター正面図
[S=1：50]

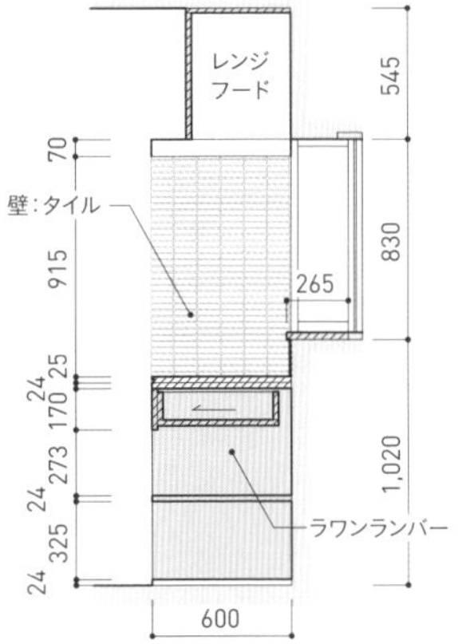
レンジ
フード
壁：タイル
ラワンランバー

キッチンカウンター断面図
[S=1：50]

カウンター上部の収納扉はラワンランバー。一枚板に見えるよう、木目を揃えている

コンロとシンク側のカウンターはラワンランバーで造作。天板はステンレスのヘアライン仕上げで、コンロの側面は汚れを落としやすいタイル張り。カウンター下にはキャスター付きの箱型収納が収まる

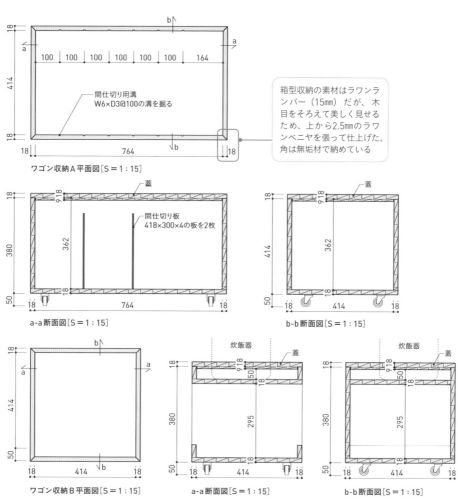

ワゴン収納A
ワゴン収納B

箱型収納を引き出した様子。ワゴン収納A内部にはフライパンなどが立て掛けられるよう間仕切りが付いている。蓋を閉めれば、来客時の仮設椅子としても使用可能。ワゴン収納Bには炊飯器を収める。炊飯時は上に乗せ、蒸気を逃がす

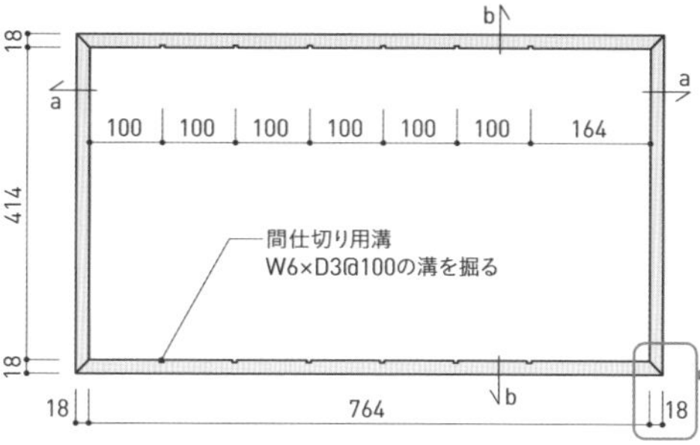
b
a
a
100
100
100
100
100
100
164
18
414
18
間仕切り用溝
W6×D3@100の溝を掘る
b
18
764
18

箱型収納の素材はラワンランバー（15㎜）だが、木目をそろえて美しく見せるため、上から2.5㎜のラワンベニヤを張って仕上げた、角は無垢材で納めている

ワゴン収納A平面図［S＝1：15］

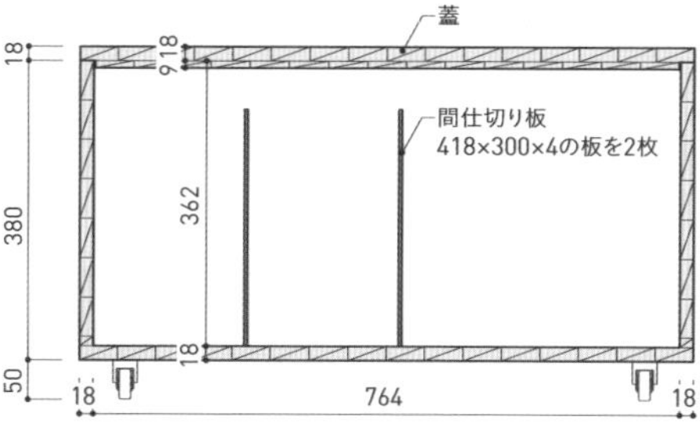
蓋
18
9
18
間仕切り板
418×300×4の板を2枚
380
362
18
50
18
764
18

a-a断面図［S＝1：15］

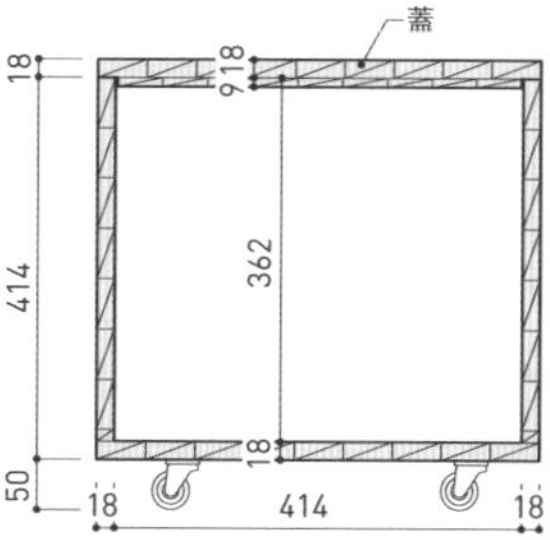
蓋
18
9
18
414
362
18
50
18
414
18

b-b断面図［S＝1：15］

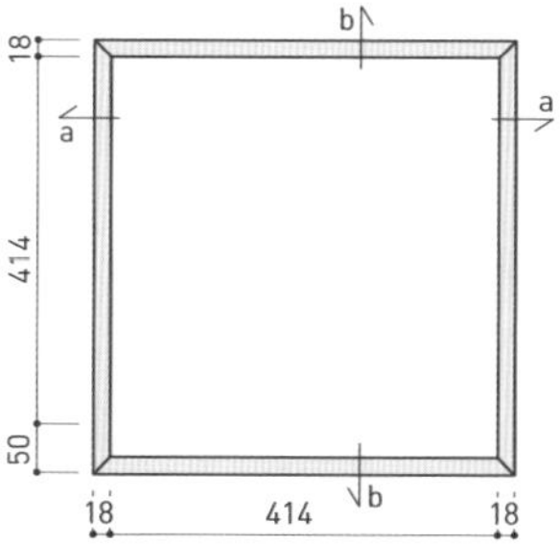
b
a
a
18
414
50
b
18
414
18

ワゴン収納B平面図［S＝1：15］

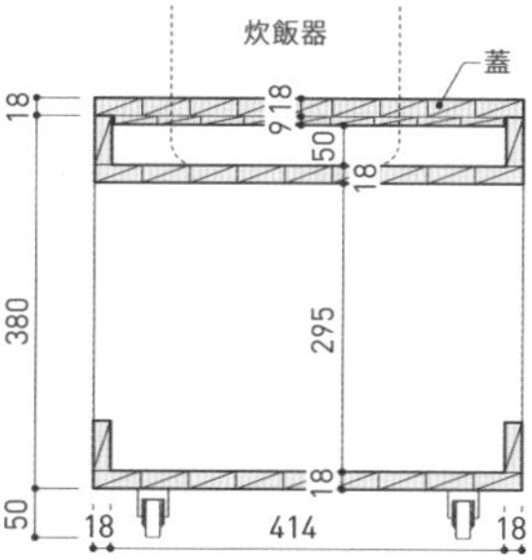
炊飯器
蓋
18
9
18
50
18
380
295
18
50
18
414
18

a-a断面図［S＝1：15］

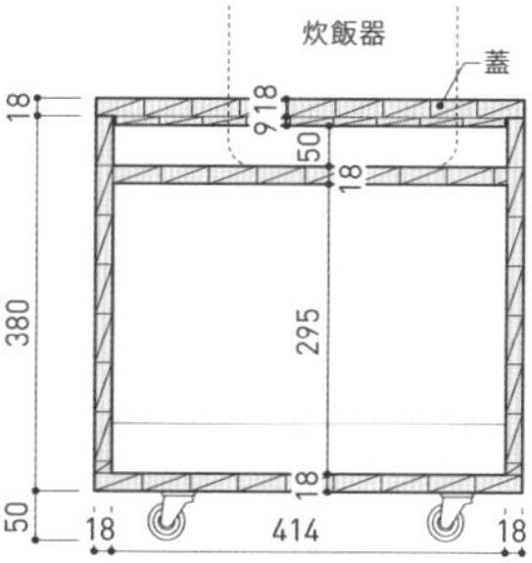
炊飯器
蓋
18
9
18
50
18
380
295
18
50
18
414
18

b-b断面図［S＝1：15］

「東宮原の家」 設計：ボタンデザイン 施工：村上建築工舎 撮影：小松正樹

木質系面材の選び方・使い方

造作家具の基本は「箱組」です。その材料となる面材が変われば、造作家具の意匠も大きく変わります。面材は素材の特徴を生かして選びましょう。

背板のお薦め材料
積層合板／ランバーコア合板／片面フラッシュのポリ合板／低圧メラミン化粧板

フラッシュとは、骨組の表面に合板などを張り、表面に組子や桟が見えないように面材を仕上げる加工法。背面が壁で隠れる背板の場合は、コスト削減のため、片面フラッシュの面材が用いられることが多い

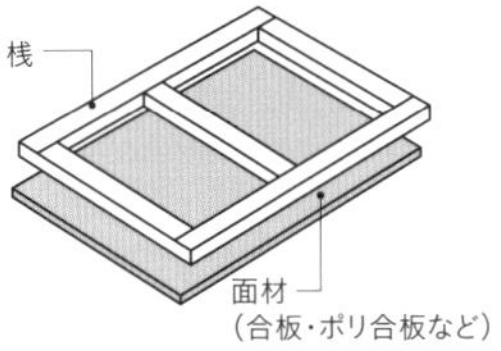

側板・方立のお薦め材料
積層合板／ランバーコア合板／低圧メラミン化粧板

扉で隠れる内部は極力コストを抑える。大工工事ではランバーコア合板、家具工事ではランバーコア合板やフラッシュパネルを用いることが多い。フラッシュパネルの場合は棚ダボ・棚柱の位置に下地がくるよう配慮する

扉のお薦め材料
3層パネル／練付け合板／ランバーコア合板

扉に練付け合板を使う場合、突き板の木目の方向次第で大きく印象が変わる［159頁コラム参照］

家具工事はコストバランスが肝心

家具工事はVE時［※1］に予算を削減されやすい。少ない予算でも美しい家具をつくるには、素材の意匠とコストのバランスを検討しながら素材を選ぶ必要がある。素材のもつ意匠は142～143頁を参照。見える部位と隠れる部位で素材を使い分ければ、コストを抑えて質の高い家具をつくることができる

収納に必要な家具を造作するにあたり、家具工事・大工工事どちらで製作する場合も、構成の基本は箱組（面材の組み合わせ）です。意匠の美しさと使いやすさを両立した家具をつくるには、箱組を構成する面材の選び方には十分に配慮しましょう［上図］。

木質系材料は、❶無垢材、❷合板、❸そのほかの木質系面材、の3つに大別できます［150～151頁］。無垢材は触感がよく温かみがある素材ですが、高価なので天板など目に触れやすいところで重点的に使うとよいでしょう。大きな面に使うとコストがかさむだけでなく、木の収縮による暴れが生じやすいので注意が必要です。

一方、コストを抑えやすい合

家具は材の端部が露出しやすいので、材料を選ぶ際は小口の見え方も十分に検討する。扉を付けない場合の側板など小口が露しになる部材には、無垢材のほか、共芯合板のように切断面となる小口が個性的な意匠となる材を選びたい

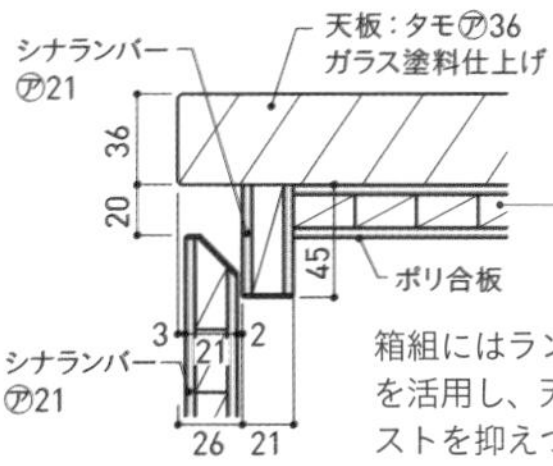

キャビネットはシナランバーを使い大工工事が可能な納まりにするとローコストで造れる

箱組にはランバーコア合板など安価な材を活用し、天板のみ無垢材にすれば、コストを抑えつつ美しい意匠を実現できる

棚板は収納物の重量によって素材やスパンを考慮する。重い物を載せる場合にはたわみにくい材料を使いたい。家具工事ではスチール角材などを心材としたフラッシュ合板などで対応することもある

天板のお薦め材料
無垢材／積層合板／共芯合板／ハニカムコアを使用したフラッシュパネル／ランバーコア合板／ポストフォーム

内箱のお薦め材料
無垢材（キリ・アガチスなど比較的安価で加工性のよい材）／ポリ合板／引出しシステム［※2］

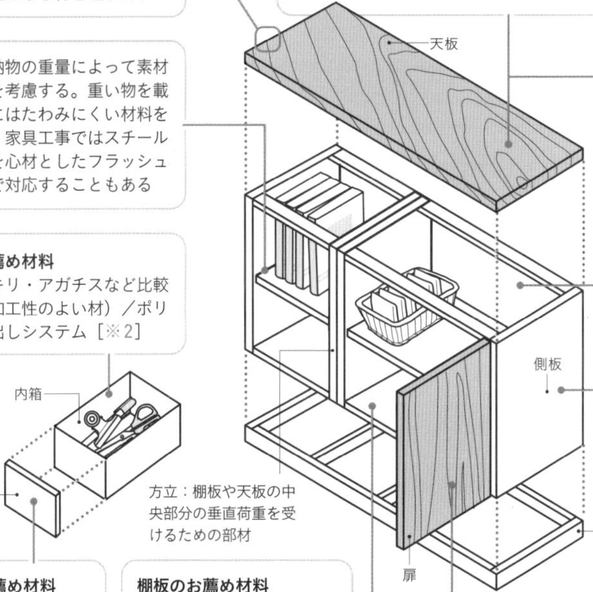
前板
台輪：箱物家具と床の間に設ける調整部材。天井との調整部材は支輪、壁との調整部材はフィラーという

前板のお薦め材料
練付け合板／ランバーコア合板

棚板のお薦め材料
積層合板／ランバーコア合板／低圧メラミン化粧板

板は、棚板など目につきにくい部位に活用したい素材。ただし小口の納まりには注意が必要です。手軽なのは小口テープ［※3］を張って小口を隠す手法ですが、小口面が意匠として面白い共芯合板や「ペーパーウッド」（滝沢木材）のような素材を用いて、あえて見せるのも一手。近年は低圧メラミン化粧板のように水廻りにも使える木質系面材も販売されています。家具の配置や収納するモノに応じ素材を使い分けるとよいでしょう。［和田浩一／STUDIO KAZ］

※1 品質の確保を図りつつ、そのコストを削減すること ※2 引出しの側板とスライドレールが一体となった製品のこと ※3 突板をテープ状に長くつないで裏打ちしたもの。厚みは0.45㎜程度

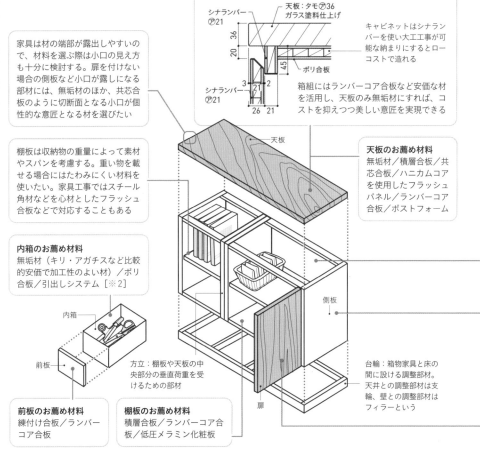

❶ 無垢材

無垢板（一枚板・巾接材）

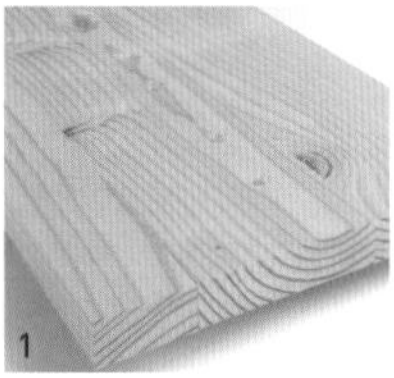
1

1本の原材から切り出した板材。自然な木目や温かみが魅力だが、反りや暴れが生じやすいのが欠点。大判の板を用いる場合には、幅方向に材を継ぎ合わせた「幅矧ぎ板」を使う

集成材

2

小さな角材を継ぎ目がそろわないよう積層・接着した材。樹種ごとのテクスチュアをもちながらも、無垢板より反りや暴れが少ないのが特徴。無垢板よりコストが安いのも魅力

3層パネル

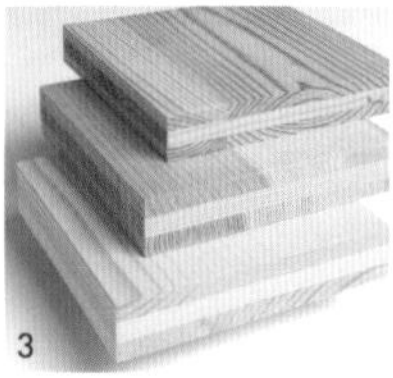
3

構造材として開発された、無垢板の木目を直交させて3層重ねた板材。乾燥による狂いが少なく、強度がある。小口に見える3層の断面を意匠に生かすと個性的な家具になる

スギ中空パネル（パワーブレイス）

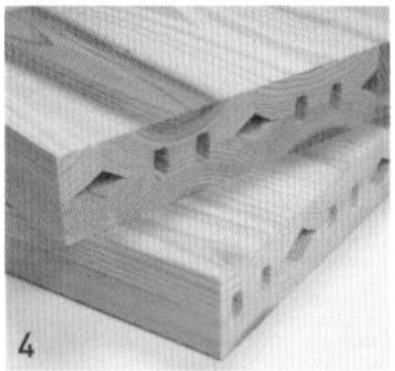
4

スギの丸太から角材を切り出した際に余る外周部の端材を集成したパネル材。円弧状の材を組み合わせていくため、材の内側に中空部ができ、個性的な断面形状が生まれる

「アクアウッド」（朝日木材加工）

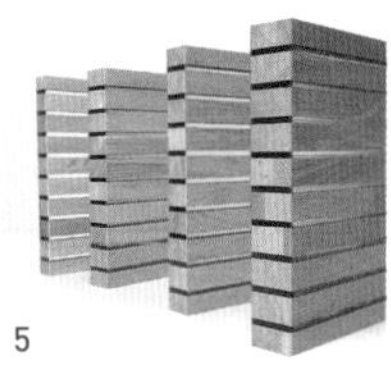
5

無垢材とアクリルを重ねて接着した集成材。アクリル部分を光が透過し、木材だけでは得られない透明感・抜け感がある。アクリルの色を選んで透過した光の色を楽しめる

❷ 合板

積層合板

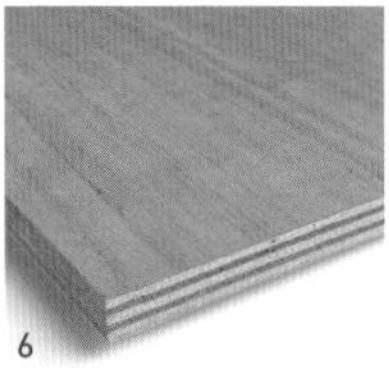
6

シナやラワンと南洋材を交互に積層した合板。価格も比較的安く、壁や床などの下地材から仕上げ材に至るまで幅広く活用されている

ランバーコア合板

7

心材にブロック状のファルカタ材［※1］を使用した合板。軽量で反りにくく安価。表面材にはシナやラワンなどがよく用いられる

共芯合板

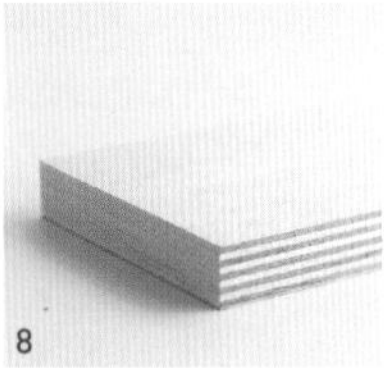
8

表面材と心材に同じ樹種を用いた合板。断面が美しいので、小口を見せて仕上げても高級感を損なわずに家具を仕上げられる

シナアピトン合板

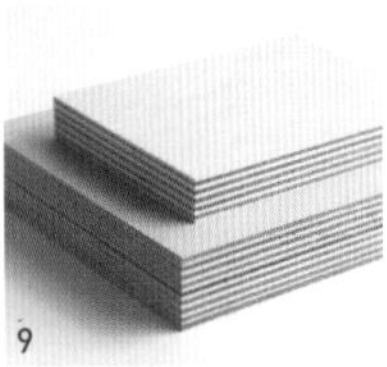
9

シナ材と南洋材のアピトン材を交互に積層した合板。アピトンを積層することでシナやパインの合板よりも硬く重い仕上がりとなり、強度も増す

「ペーパーウッド」（滝沢木材）

10

色紙と木材を積層した、木口が特徴的な合板。塗装と異なり、色が剥げることがなく、どこをカットしても美しい表情の小口が現れる

コラム

突き板は張り方で印象が変わる!

［取材協力：安多化粧合板］

突き板とは木材を0.2〜0.6mm程度の薄さにスライスした板材で合板に張りつけたものを練付け合板といいます。突き板を合板に張って使うことで、希少な美しい木目の材を手軽に使用できるようになります。近年では、自然素材ならではの色ムラや形状を生かした製品も増えており［A］、これらを生かしたデザインにすれば、唯一無二の家具をつくることができます。また、突き板は張り方次第でその印象が大きく変わるので、張り方も十分に検討を［B］。

A 原木の形を生かした突き板

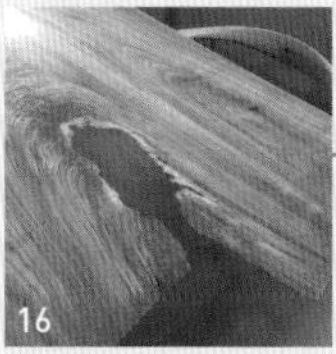
16

二股や節などで欠けがあるウォルナットの突き板を黒く塗装した下地合板に張り、欠点を意匠に生かした

B 突き板の張り方による見え方の違い

スリップマッチ

柾目を同方向に並べる張り方。柄合わせがしやすくよく使われている

17

同方向に並べて張る

ブックマッチ

柾目を対称に張る張り方。木目が大柄に見えるのが特徴

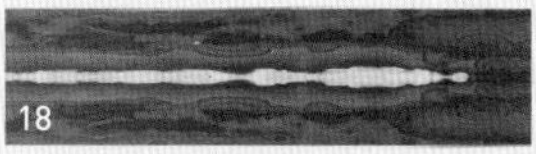
18

対称に並べて張る

ランダムマッチ

柾目の方向・位置をランダムに張る張り方。想定外の見た目にならないよう十分な検討が必要

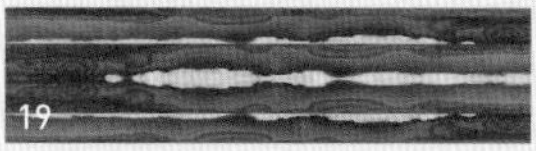
19

ランダムに並べて張る

❸ そのほかの木質系面材

MDF

11

繊維状の木材を接着剤で固めた板材。表面が緻密なため塗装下地としても有能。耐水性がないので、水廻りに採用する際は撥水塗料などの対策を要する

パーティクルボード

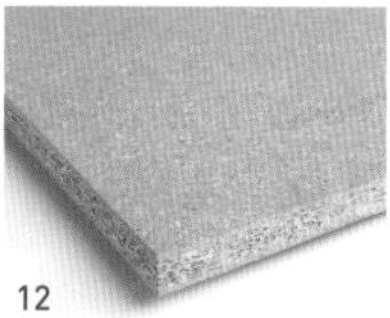
12

木材の小片を接着・圧着した板材。家具で使用する場合は、低圧メラミンやプリント合板の下地材として使われることが多い

OSB

13

木材の小片を接着・圧着した板材。パーティクルボードよりも大きな木片が使われる。表面材に使われることもあるが、塗装をよく吸い込むので注意

低圧メラミン化粧板

14

パーティクルボードなどの木質系面材を基材として、メラミン含浸シートを熱圧一体成型した化粧板。表面が樹脂のため、硬度が高く、摩擦や水に強い

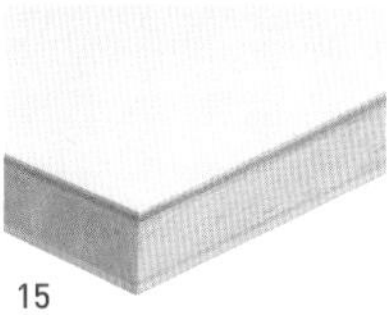
15

ファルカタの木片を芯にして両面にポリ合板を張った板材。安価に仕上げる棚板やキャビネットの側板によく用いられる

※1 マメ科の広葉樹。白淡桃色をしており、軟らかく軽量で加工しやすい

写真：［1〜3・6〜12・15］猿山智洋［4］パワープレイス［5］朝日木材加工［13・16］和田浩一［14］三栄［17〜19］安多化粧合板

その他面材の選び方・使い方

大半の木質系面材は水に弱い性質をもちます。そこで水廻りにおいて活用したいのが、樹脂や金属などでできた面材。強度や加工性に着目して選びましょう。

背板のお薦め材料
ポリ合板

背板は面材の面積が大きいので、ポリ合板でコストを抑えるとよい。ポリ合板なら、厚みがあるため単体で背板として使用できる

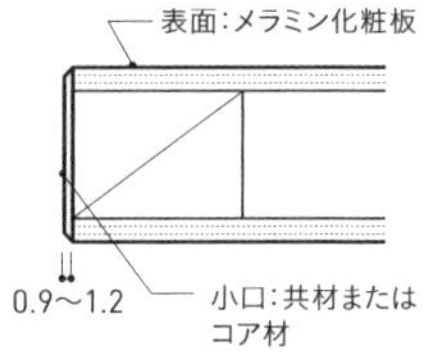

メラミン化粧板を用いる際には、小口からコア材が見えないよう小口にカラーコア［※1］を張ると美しい仕上がりになる

側板・方立のお薦め材料
フラッシュのポリ合板

側板はダボや蝶番を取り付けやすいよう、加工性のよいポリ合板を用いる。メラミン化粧板は硬くて加工が難しいので注意が必要だ

水廻り面材のコントラスト

コストを考慮した素材選びの基本は木質系面材と同様、「見えない部分の面材に安価なものを使う」こと［左図］。同じ金属でもその仕上げ方で意匠に大きな差異が出ます［154頁❷］。キッチンの天板など傷つきやすい部位をステンレスの鏡面仕上げで仕上げると、意匠的に美しい反面使用時に傷が目立ちやすいので避けたほうが無難です

水廻りの収納など水掛かりのおそれがある造作家具に木質系の面材を採用すると、暴れや狂いなどの原因になりがちです。木質系以外の面材には、❶樹脂、❷金属、❸人造大理石、❹セラミック、などの素材がありますが、技術の進歩により、これらの素材の意匠・機能性は日々高まっています［154～155頁❶～❹］。

一見同じように見える素材の違いも把握しておきたいもの。たとえば、ポリ合板とメラミン化粧板は同じ樹脂でもその製法の違いから、材の厚み・硬度（傷つきにくさ）・価格に大きな差があります［154頁❶］。使い分けを間違えると天板が傷だらけになってしまったり、工場で

天板のお薦め材料
メラミン化粧板／石材／人工大理石／クォーツストーン／セラミック／金属／樹脂モルタル

ポリ合板は傷つきやすいので、天板への使用は避ける

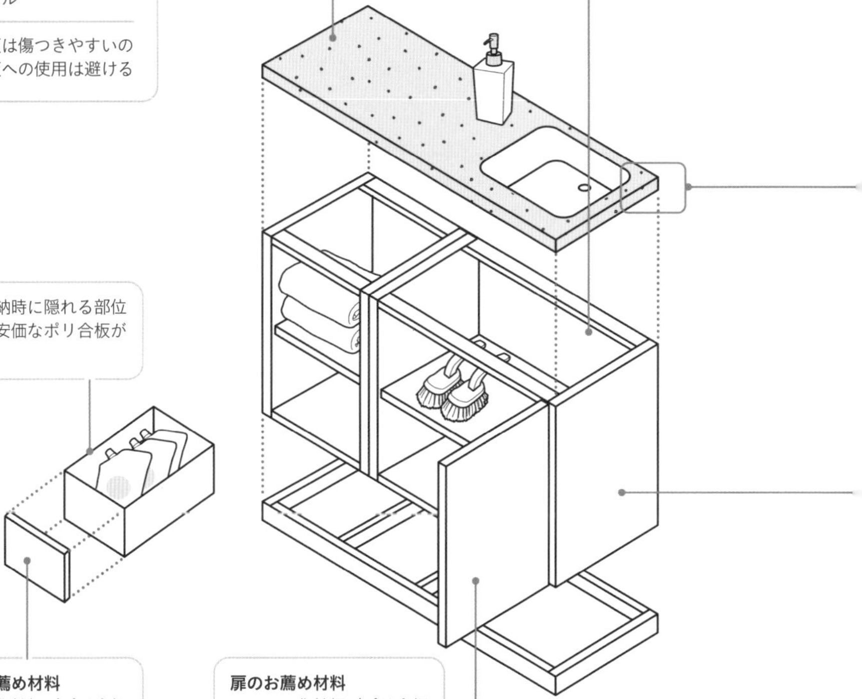

内箱は収納時に隠れる部位なので、安価なポリ合板がお薦めだ

前板のお薦め材料
メラミン化粧板／ポリ合板／金属／人工大理石

扉のお薦め材料
メラミン化粧板／ポリ合板／金属／人工大理石

の加工がうまくいかなかったりするので注意が必要です［※2］。

また、家具の塗装には、現場に搬入される時点ですでに塗装されている「工場塗装」と、塗装職人が現場で塗装する「現場塗装」の2種類があります。塗装の仕上がりを重視する場合には前者を、建具など他の部位と仕上がりをそろえたい場合には後者を選びましょう。技術の進歩により年々新しい塗料が出てきているのでチェックしておきましょう［155頁❺］。

［和田浩一／STUDIO KAZ］

※1 メラミン化粧板の表面の化粧材と同色の基材を使ったメラミン化粧板
※2 ポリ合板は基材にポリエステル塗装を施しているため厚みがあるが、メラミン化粧板は紙に樹脂を含浸させたプラスチック板のため薄く、採用する場合には捨て板を張って厚みを出す必要がある

❶ 樹脂

ポリ合板

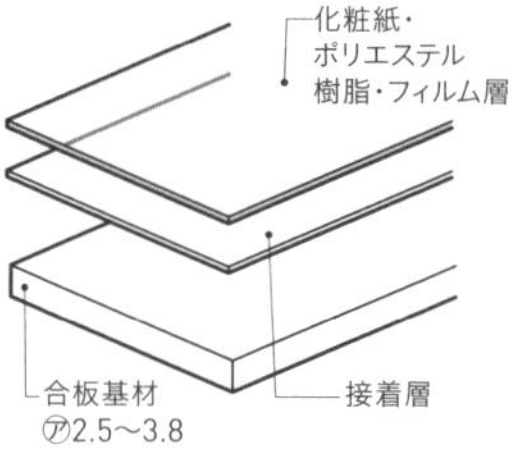
化粧紙・
ポリエステル
樹脂・フィルム層
合板基材
㋐2.5〜3.8
接着層

ラワン合板の表面をポリエステルで塗装した板材。安価だが傷つきやすい

メラミン化粧板

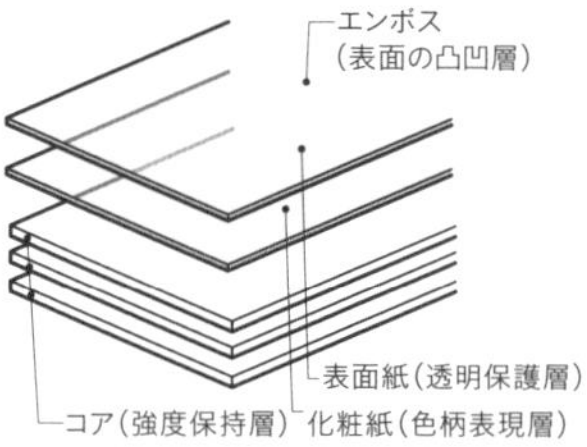
エンボス
（表面の凸凹層）
表面紙（透明保護層）
コア（強度保持層）
化粧紙（色柄表現層）

紙にフェノール樹脂やメラミン樹脂を含浸させた板材。硬くて傷に強いが加工には不向き

同調メラミン化粧板

1

木目柄とエンボス加工を一致させたメラミン化粧板。木材と見まごう意匠になる

❷ 金属（ステンレス）

鏡面仕上げ

2

研磨目がなく、最も反射率の高い仕上げ。飾り棚などによく用いられる

ヘアライン仕上げ

3

反射に方向性がある仕上げ。金属特有のギラつきが少なく、どんな素材とも相性がよい

バイブレーション仕上げ

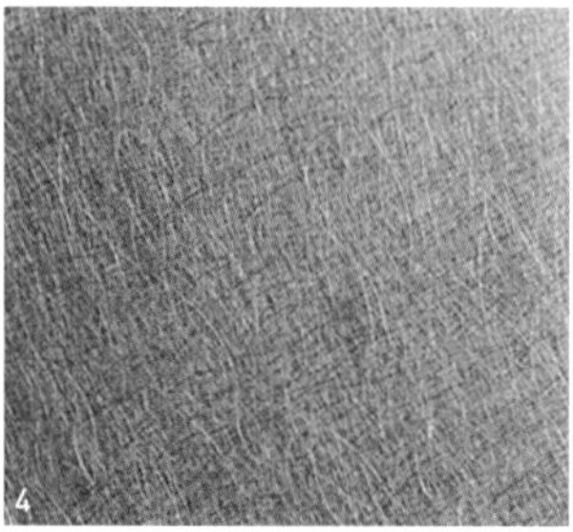
4

方向性のないヘアライン仕上げ。円弧状の研磨目をつける。木などの自然素材と合う

③ 人造大理石

メタクリル系人造大理石

5

メタクリル系樹脂を主成分にした板材。耐摩耗性に優れる。加工性がよく、洗面ボウルとカウンターを一体で成形することもできる

クォーツストーン

6

破砕した水晶を樹脂で結合し成形した板材。天然石の風合いと美しさを備えながら、天然石の欠点を克服した

④ セラミック

7

大判のセラミックでできた板材［※1］。樹脂を一切含まないので紫外線にも強く、外壁材から内装材・家具の天板などに幅広く用いられる。耐摩耗性・耐水性・耐熱性・耐汚染性など、キッチンの天板に必要な性能を満たしている素材だが、ほかの素材よりも高価なので予算内で調整が必要

⑤ 最新塗料事情

ナチュラルマット塗装（ニシザキ工芸）

8

従来の塗膜形成型仕上げと同等の耐久性を確保しつつ、オイルフィニッシュのように見える仕上げ。塗膜自体が木肌を思わせる手触りになり、見た目にも塗膜を感じさせないハイマット（超艶消し）の仕上がりになる

アイロニーエフェクト（安多化粧合板）

9

特殊な液体（鉄液）を突き板に含浸させることにより起こる化学反応で突き板自体を発色させる手法。塗装による染色・着色では人工物のような印象の仕上がりとなるが、本手法を使えば自然な色ムラのある仕上がりとなる

※1 写真の製品「GARZAS BETON」（サンゲツ）の場合、厚さ6㎜で最大寸法が3,200㎜×1,500㎜

写真提供：［1］アイカ工業［2・5・6］猿山智洋［3・4］松岡製作所［7］サンゲツ［8］ニシザキ工芸［9］安多化粧合板

金物と扉の納め方

家具の開き方は、設置する場所や収納するモノで変わります。開閉方法に合った金物を正しく納めることが美しい家具づくりの第一歩です。

モノを美しく収納するには用途に合わせた扉が不可欠です。収納家具の扉の開き方には、開く、引き出す、引く、の3種類があり、それぞれに専用の金物があります［156～159頁❶～❸］。家具を造付ける場所や収納するモノによって金物を選択しなければ、使いづらい収納になります。その結果、収納物の落下などの事故を引き起こすこともあるので、金物の選定には注意が必要です。

開き扉はリビングなどの十分なスペースが確保できる空間に、引戸はキッチンなど省スペース化を図りたい空間に用います。

同じ開閉方法でも、❶のように使用する金物によって開き方に違いが生じることも知っておきましょう。

また、新製品の登場とともに、家具の納まりは変わっています。たとえば、従来の引出しは内箱の両側面にスライドレールを取り付ける手法が一般的でしたが、現在では内箱の底板にスライドレールを取り付け、使用時にスライドレールの存在を感じさせず、より使い勝手のよい「引出しシステム」［158頁❷-B］を使用した施工方法が増えています。

［和田浩一／STUDIO KAZ］

❶ 開き扉と金物の使い分け

A）開き扉の基本はスライド蝶番

スライド蝶番は、座金と金物本体を家具本体と扉それぞれに取り付けるため、別々に搬入できます

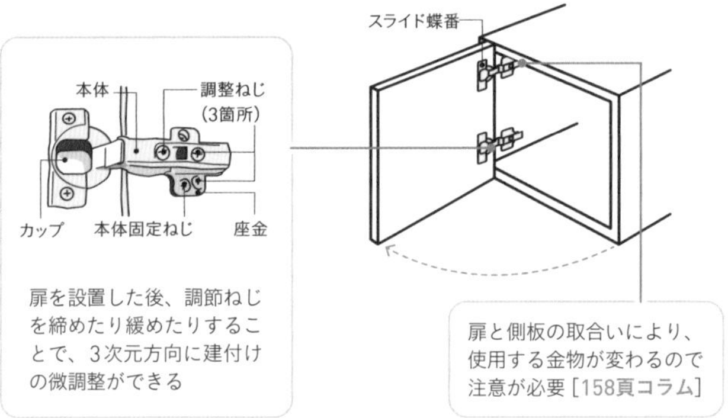
スライド蝶番
本体
調整ねじ（3箇所）
カップ
本体固定ねじ
座金
扉を設置した後、調節ねじを締めたり緩めたりすることで、3次元方向に建付けの微調整ができる
扉と側板の取合いにより、使用する金物が変わるので注意が必要［158頁コラム］

C） アーム式金物で軌道の小さな扉を実現する

キッチンのように狭いスペース内を移動して作業する空間では、家具の扉の軌道が大きいと動線の妨げになります。そんな場合には、スイングリフトアップ金物やスイング左右開き金物といった、扉の軌道を小さくできるアーム式金物の導入を検討しましょう

側板
戸
開き扉に似ているが開閉の軌道が少なく開放状態でも邪魔になりにくい。金物本体のサイズが大きいため収納量との兼ね合いは確認が必要

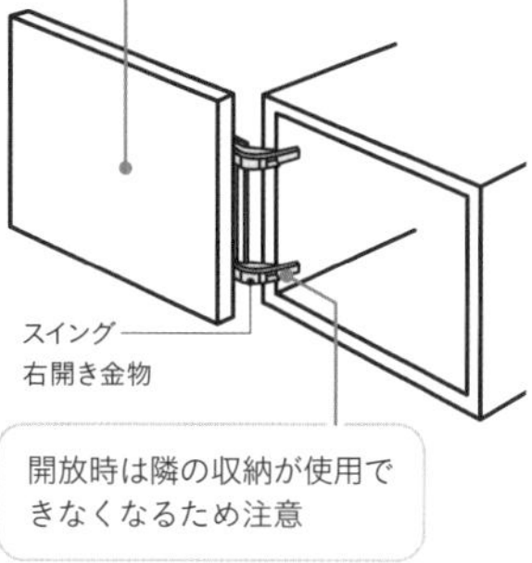
スイング右開き金物
開放時は隣の収納が使用できなくなるため注意

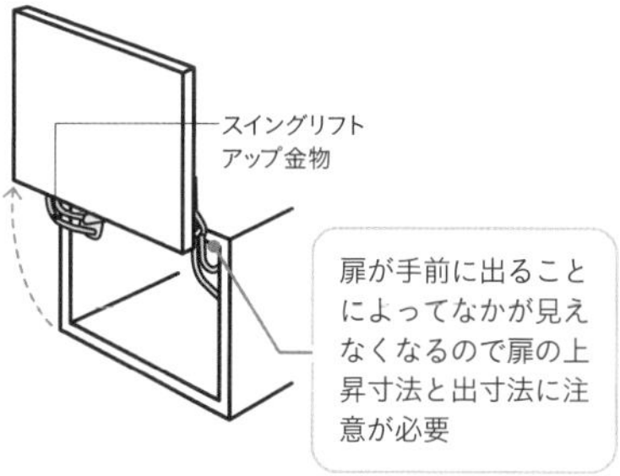
スイングリフトアップ金物
扉が手前に出ることによってなかが見えなくなるので扉の上昇寸法と出寸法に注意が必要

B） スライド蝶番にステーを組み合わせて上下方向に開く開き扉をつくる

キッチンの戸棚など、作業中は戸を開いたまま使用し、作業時以外は閉じて収納物を隠したいときには、上下に開く収納を活用しましょう。ステーの種類を選べば、戸が開く速度を調節するなどの機能を追加することもできます

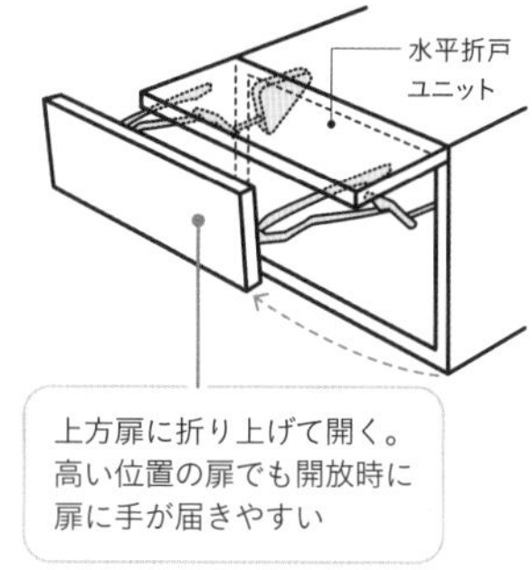
水平折戸ユニット
上方扉に折り上げて開く。高い位置の扉でも開放時に扉に手が届きやすい

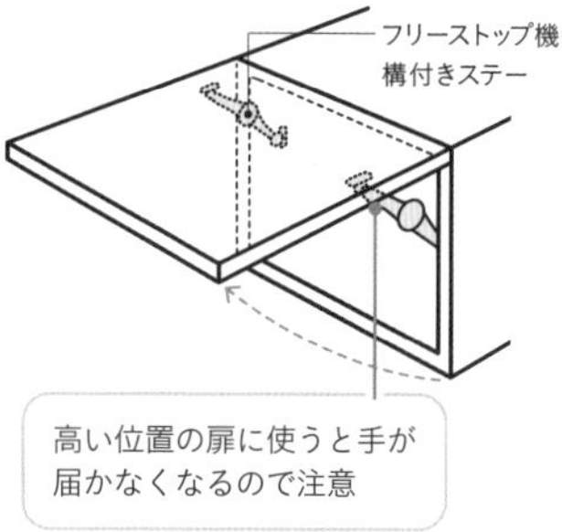
フリーストップ機構付きステー
高い位置の扉に使うと手が届かなくなるので注意

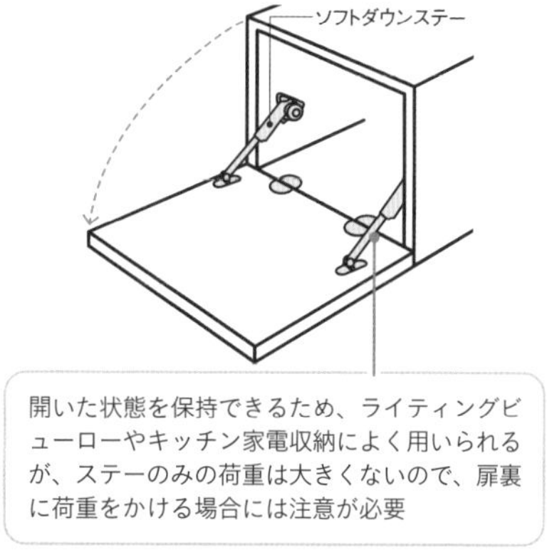
ソフトダウンステー
開いた状態を保持できるため、ライティングビューローやキッチン家電収納によく用いられるが、ステーのみの荷重は大きくないので、扉裏に荷重をかける場合には注意が必要

❷ 引出しと金物の使い分け

意匠とコスト、使い勝手で引出し金物を使い分ける

近年は、引出しの底板にスライドレールを設置する方法が主流。また、引出しの側板とスライドレールの雄部が一体化した「引出しシステム」と呼ばれる製品も登場しています

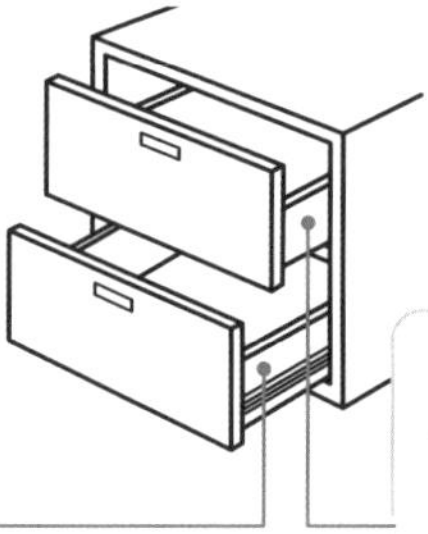

B）引出しシステム

側板とレールが一体になっているため、底板と奥板のみの製作で済む。メーカーの標準仕様は厚さ約16㎜の低圧メラミン板を想定している。大工工事ではメラミン材は加工できないので、15㎜のシナランバーかポリランバーを使用するとよい

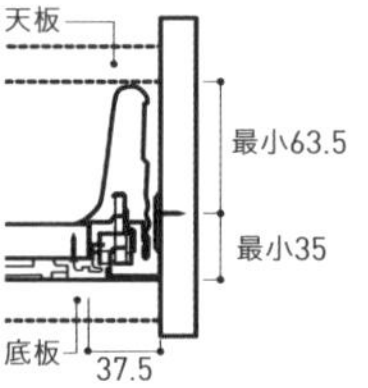

天板
最小63.5
最小35
底板
37.5

A）スライドレール

底板の下に機構が集中するため、底板の下に30㎜ほどの高さを確保する

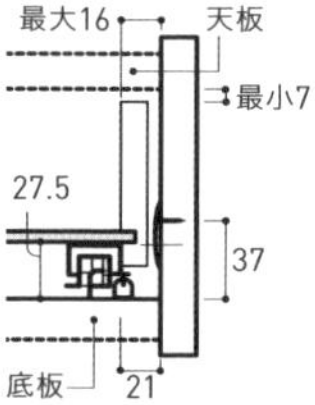

最大16
天板
最小7
27.5
37
底板
21

コラム

スライド蝶番は扉の付き方で納め方が変わる

スライド蝶番は、扉と側板の取合いによって3種類の納め方があります。小口に開き扉をかぶせる納まりをアウトセット、内側に開き扉が完全に入る納まりをインセットという。アウトセットはかぶせ代によって半かぶせ・全かぶせに分けられ、それぞれ専用の金物を使い分けます。インセットは軸吊り蝶番や平蝶番、またはインセット用のスライド蝶番を使用。アウトセットの全かぶせは、現在主流の納め方です。側板の小口に扉がかぶさるので、すっきりとした印象になる。半かぶせは、アウトセットの扉が連続する場合に用います。

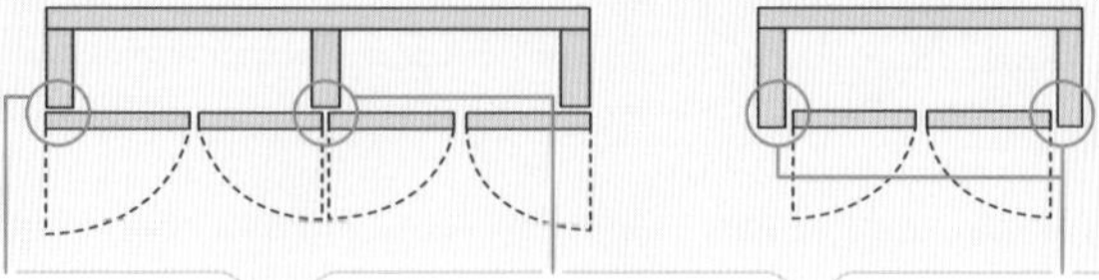

側板
扉

アウトセット（全かぶせ）

通常は105～160° 開きを使うが、扉が壁などに当たる場合は85° 開きや角度ストッパーなどを使用して調整する

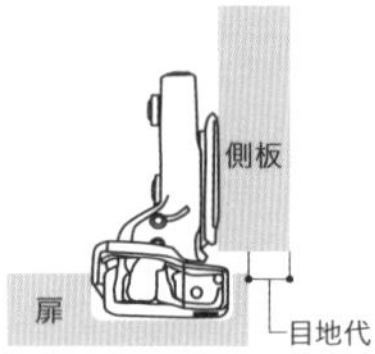

側板
扉
目地代

アウトセット（半かぶせ）

全かぶせ使用と比べてかぶせ量が半分、目地代が倍程度になる納め方。扉が連続する箇所に用いる

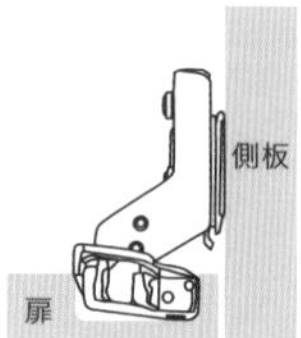

側板
扉

インセット（かぶせなし）

側板の小口が露出する納め方。扉と開き角度と側板の寸法によっては、扉と側板がぶつかってしまうことがあるので注意する

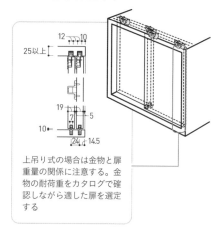

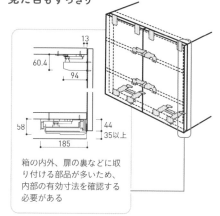

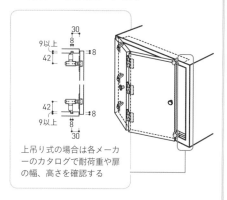

❹ そのほかの開き方と金物の使い分け

クローゼットなど、奥行きのある収納は開口を大きく設けて使い勝手をよくしたい。そういったときは折戸を採用するのがお薦め。取り付ける部品が多いため、内部の有効寸法には十分にご留意を。また、開いた扉分のスペースを十分に確保できる場合は折戸、扉のスペースをなるべく省略したい場合はシャッター扉を採用しましょう

A）一度に大きな開口幅を得たいなら折戸を使う

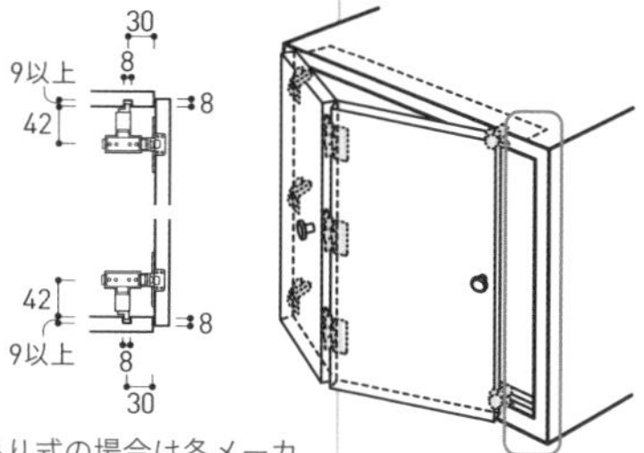
30
8
9以上
8
42
42
8
9以上
8
30

上吊り式の場合は各メーカーのカタログで耐荷重や扉の幅、高さを確認する

B）長時間開けたままの場所にはシャッター扉を使う

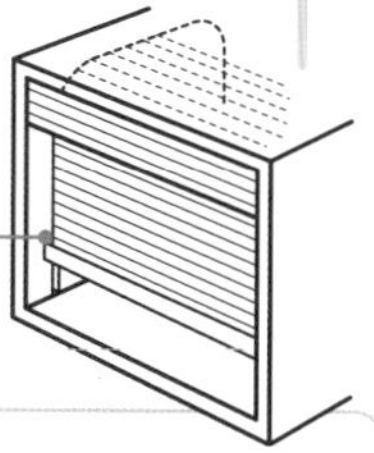

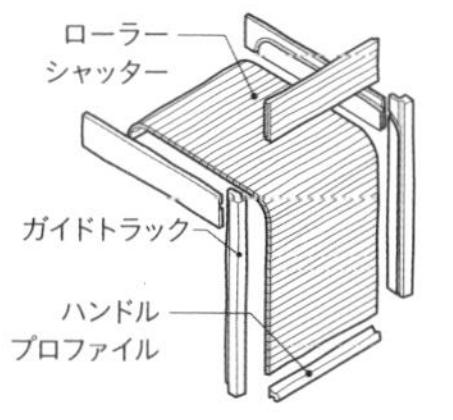
ローラーシャッター
ガイドトラック
ハンドルプロファイル

扉を開けたまま長時間棚を使用できるのが利点。オプションのコードリール［※2］を用いれば任意の位置でシャッターを止めることができる。ただし、シャッターが上部と奥部に引き込まれるため、収納量に限りがある点に注意したい

❺ 引戸と金物の使い分け

家具の引戸金物には、上吊りレールのみで支持するタイプと上下のレールで支持するタイプがあります。最近では、動作のスムーズさ・清掃性などを重視して上吊り式を用いることが多く、自動的にゆっくりと閉まるソフトクロージング機能［※1］付きが主流です

A）引戸の基本は上吊りレール

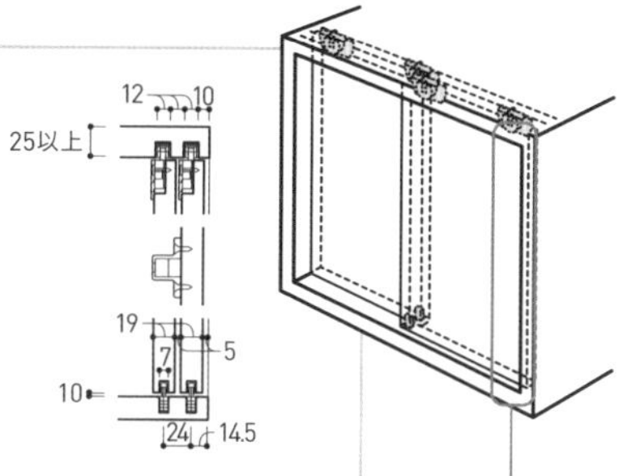
12
10
25以上
19
7
5
10
24
14.5

上吊り式の場合は金物と扉重量の関係に注意する。金物の耐荷重をカタログで確認しながら適した扉を選定する

B）フラットに納まる引戸なら見た目もすっきり

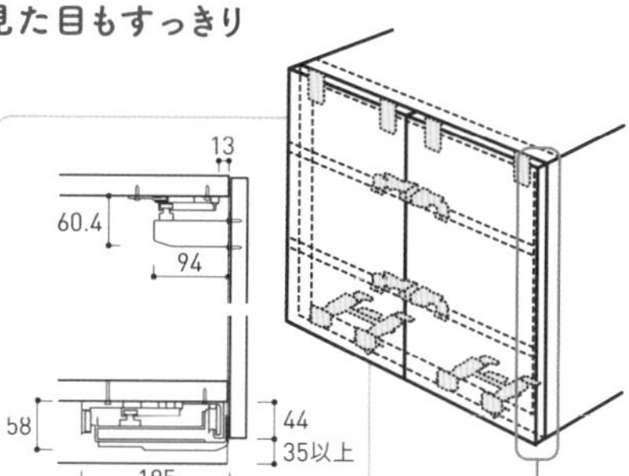
13
60.4
94
58
44
35以上
185

箱の内外、扉の裏などに取り付ける部品が多いため、内部の有効寸法を確認する必要がある

※1 扉が閉まる際にゆっくりと引き込むことで指挟みを防止したり、開閉の騒音を軽減する金物
※2 背面に取り付けて、内蔵しているスプリングの効果でシャッターを保ち、任意の位置で止めることができるようにするもの

PART
4

今どき家族の持ち物寸法事典

使いやすい収納をつくるには、
中に入れるモノを把握しておく必要があります。
この章では、新商品が日々登場し、
サイズの変化も著しい家電製品やキッチン用品をはじめ、
家の中に置かれるさまざまなモノの寸法や
それを収める収納用品のモジュールをご紹介します。

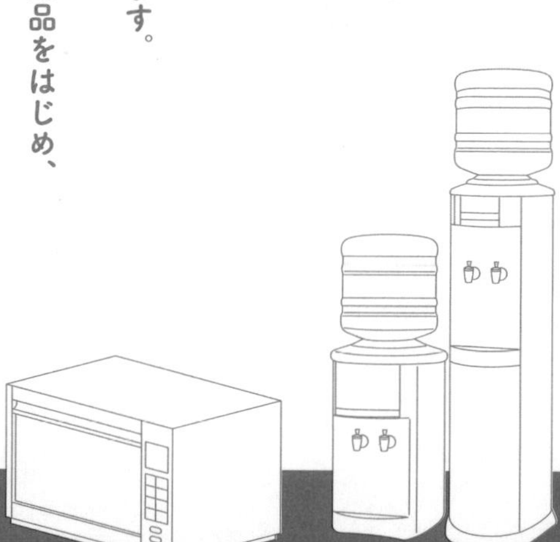

無印良品をフル活用

モジュールが統一された無印良品の収納用品は、どの部屋にもすっきり収まります。自然な素材感も木造住宅によくなじむので使いやすくお薦めです。

変わらないモジュール

無印良品の収納用品は、日本の住宅によく使われる半間幅（910㎜）を基準に考えてつくられており、半間の収納スペース［❶］に収めやすいよう、シェルフは幅860㎜でモジュールが統一されている［❷］。さらにシェルフに収める収納ケースはシェルフ側板などの厚みを考慮した「260㎜」と「370㎜」という寸法を基準に幅や奥行きの規格が統一されており、高さにはバリエーションが用意されている［❸］。ほぼ全ての収納用品がこの基準寸法でつくられているため、この規格に合わせてスペースをつくり、既製品を活用して収納をつくるのにうってつけである。ただし木造住宅では、収納の有効スペースが910㎜とは限らないので、幅860㎜のシェルフを利用するのではなく、フレームは建築工事（または家具工事）で造作、ケースのみ無印良品を活用するなどの工夫も必要だ

❶ 収納スペース
（半間、家具が入る前の状態）

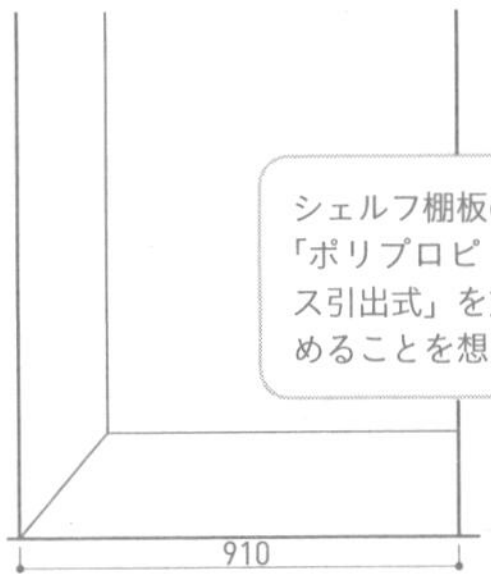
910

❷ 無印良品のシェルフ

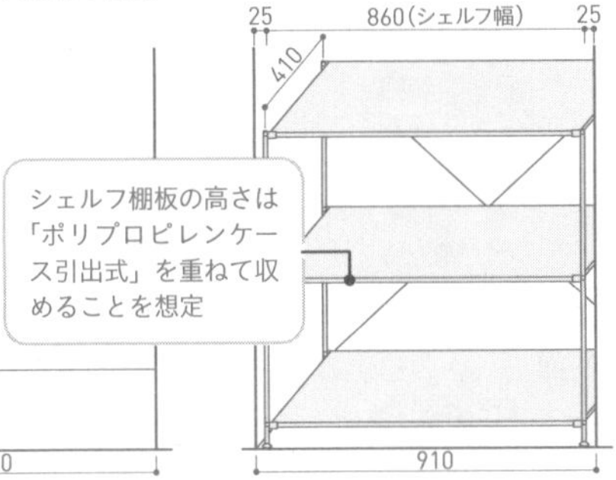
25
860（シェルフ幅）
25
410
シェルフ棚板の高さは「ポリプロピレンケース引出式」を重ねて収めることを想定
910

❸ 無印良品の収納ケース

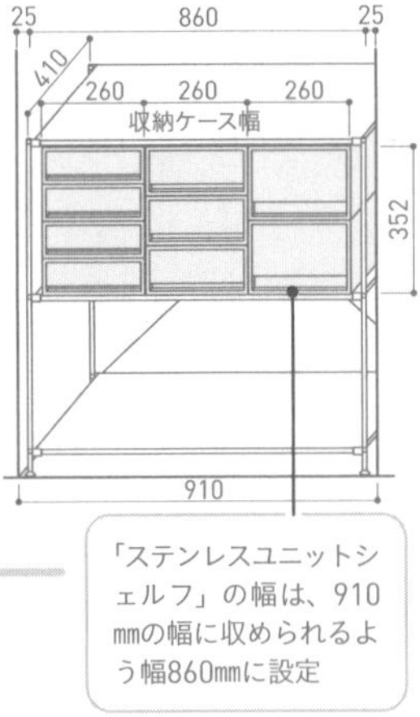
25
860
25
410
260
260
260
収納ケース幅
352
910
「ステンレスユニットシェルフ」の幅は、910㎜の幅に収められるよう幅860㎜に設定

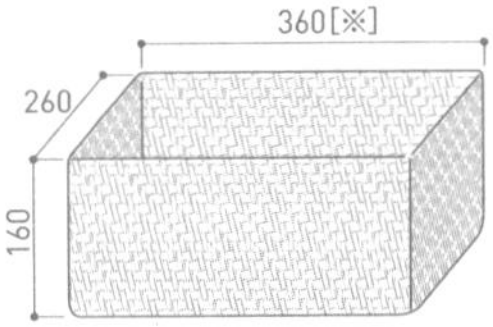
360［※］
260
160

重なるラタン
長方形バスケット（中）

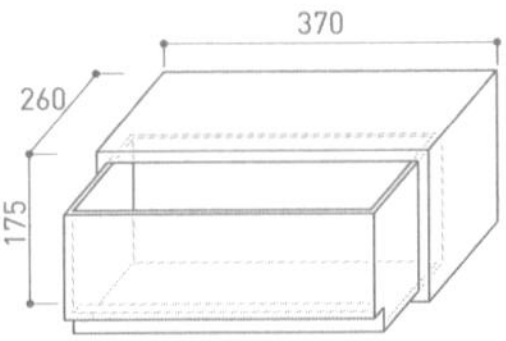
370
260
175

ポリプロピレンケース引出式・
横ワイド（深型）

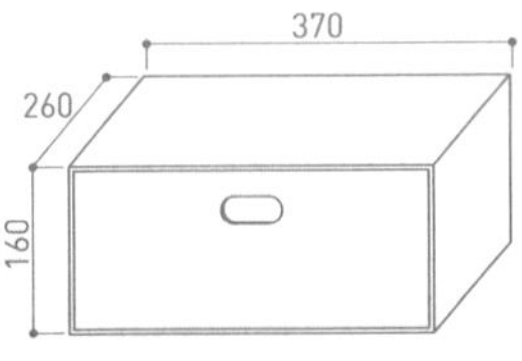
370
260
160

ダンボール・
引出式（深型）

合わせやすい素材

ナチュラルなラタンや軽くて丈夫なダンボールなど、飽きのこないシンプルなデザインと素材で、どのような住宅にもなじみやすい。壁や床の素材感に合わせて家具や収納用品を選ぶことができるため、住宅全体の雰囲気にも合わせやすい。また、素材を変えるだけで雰囲気を一新できる

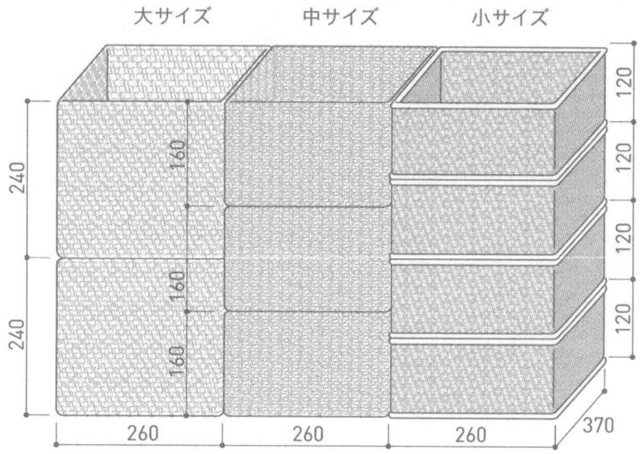

ケースの組み合わせも自由自在

ライフスタイルの変化に伴い収納するモノも変化する。収納スペースの広さは変えられないが、収納ケースはモジュールが共通であれば組み合わせは変えられる。無印良品の収納ケースの高さは約120～320㎜の範囲で複数用意されているので、組み合わせを替えて段を増やすなど、収納のサイズをモノに応じて変えることができる

収納スペースを設ける際は、無印良品の収納用品を基準に設計すると便利です。ポリプロピレンの収納ケースをはじめとする無印良品の収納用品はモジュールが統一されているため、ライフスタイルが変わっても収納ケースの組み合わせやレイアウトを変えるだけで簡単にアレンジができます。また、シンプルな形状で素材の風合いを生かした製品が多いので手持ちの家具ともなじみやすく、住宅の雰囲気を損なわず、住まい手の好みを選ばないのも魅力の1つです。

無印良品の収納用品を活用する場合でも、フレーム部分を建築工事で造作することで、住まい手に合った収納となります。すべての収納家具を無印良品の製品でそろえてしまうと、思いの外費用がかさむうえ、オリジナリティも出しにくいもの。造作する際には、棚板は可動式にして、無印良品以外の収納用品にも対応できるようにしておくとよいでしょう。

使用する収納家具が設計時に細かく決まっていない場合でも、あらかじめ無印良品の収納用品のモジュールに当てはまるようにしておけばフレキシブルに対応できて安心です。

[青木律典／デザインライフ設計室]

※ラタン材などの手作業でつくる収納ケースは、精度のバラつきを考慮して少し小さめの幅となっている

クロゼットの設計

クロゼットの幅は無印良品の収納ケースを基準に設計するとよい。幅260×奥行370㎜の基本モジュールの収納ケースと、幅550×奥行455㎜の「ポリプロピレン収納ケース・横ワイド」[左頁図❶]がどちらも収まるようにすると、無駄な空間がなくなる。さらに、棚板を可動式とし、高さはフレキシブルに設定できるようにすることで、使い勝手のよいクロゼットとなる

幅550×奥行455㎜の収納ケース[左頁図❶]に合わせて、左右にそれぞれ20㎜、奥行きに30㎜のクリアランスを設け、モノを取り出しやすくした

追加でハンガーパイプを取り付ける場合、幅700〜1,200㎜に対応できる「スチールアジャスターポール」を設置するとよい

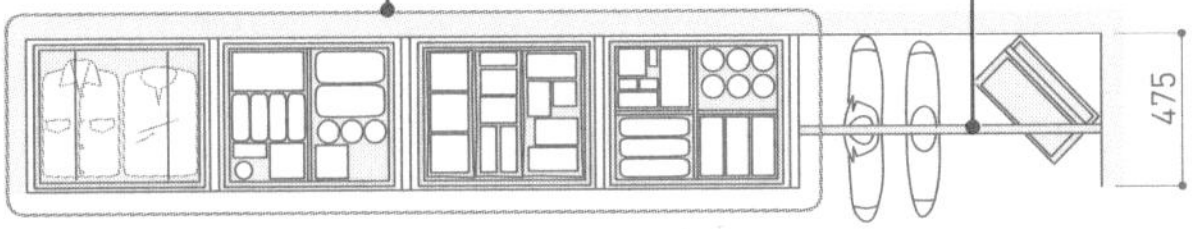

クロゼット平面図

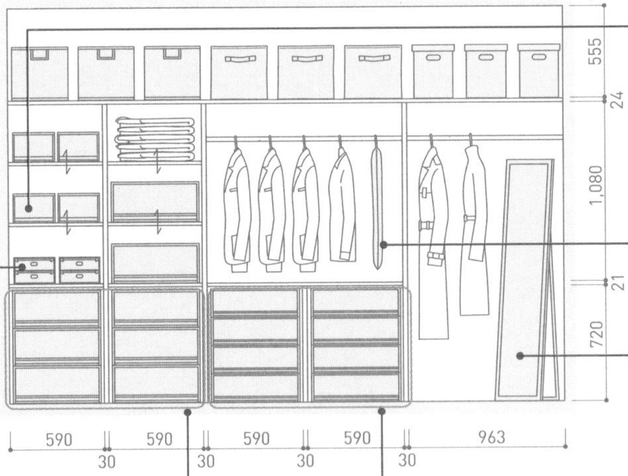

棚の有効幅を590㎜とすれば、幅260×奥行370㎜の収納ケース[左頁図❷]を2つ並べて置くことができる

高さ800㎜の「吊るせる収納ポケット」を利用すれば、ハンガーパイプスペースに小物やシャツも収納できる

クロゼット近くには鏡がほしい。設置場所がない場合は、「パイン材ミラー」(幅360×奥行500×高さ1,450㎜)をクロゼット内に収納するのも手だ

クロゼット展開図

見せたくないモノを収納する場合、ダンボールや硬質パルプなどの収納ケース[左頁図❸]を使うとよい

収納ケース[左頁図❶]は大サイズ(高さ240㎜)を3段積み上げた高さと、小サイズ(高さ180㎜)を4段積み上げた高さがほぼ同じになるようにつくられている

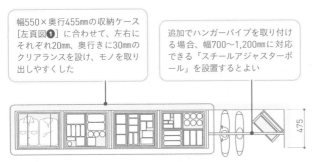

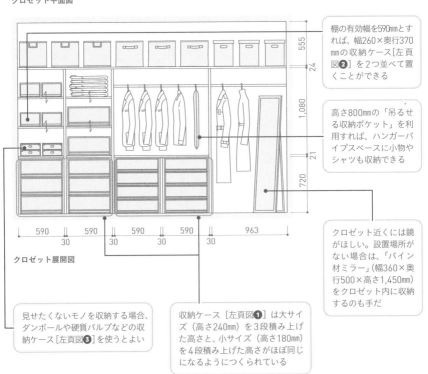

図❶「ポリプロピレン収納ケース・横ワイドシリーズ」

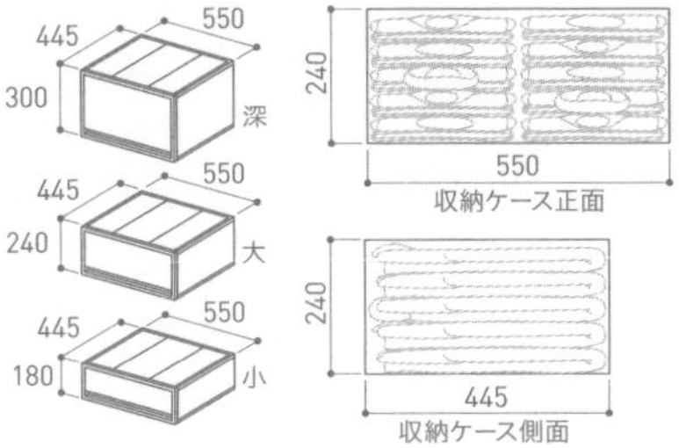
445
550
300
深
445
550
240
大
445
550
180
小
240
550
収納ケース正面
240
445
収納ケース側面

幅550㎜の収納ケースは、シャツやセーターを2枚並べて収納できる。大サイズは内寸高さ195㎜で、ワイシャツが5〜6枚重ねて入れられる

図❷「ポリプロピレンケース（深型）」

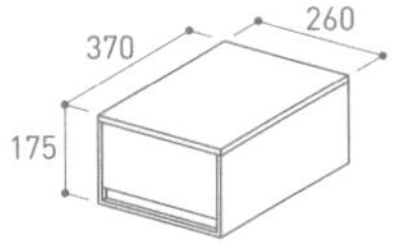
370
260
175

内寸は幅220×奥行335㎜で、靴下などの小物収納に向いている

図❸「硬質パルプボックス引出式・2段」

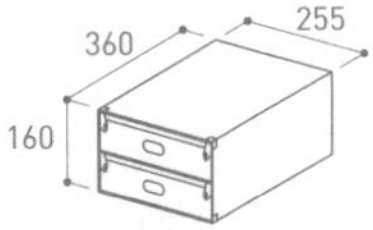
360
255
160

2段に分かれており、より細かくモノを分けて収納できる

無印良品のクロゼット収納用品の寸法

クロゼットの収納は、衣類をまとめて収納できる大きいポリプロピレン収納ケースが使いやすい。ポリプロピレンの収納ケースは掃除や手入れが楽にでき、中身を全部出してしまえば丸洗いすることも可能。また、半透明なので、外からでも中身を把握しやすく便利だ

図❹「高さが変えられる不織布仕切ケース」

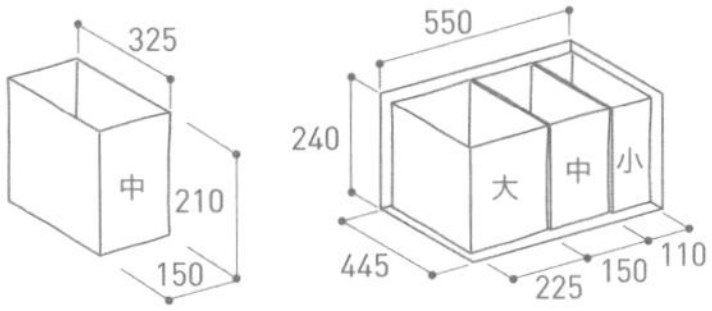
325
中
210
150
550
240
大
中
小
445
225
150
110

不織布の仕切ケースなら仕切ったモノだけをケースごと抜き出すこともできる

図❺「ポリスチレン仕切板（大）」

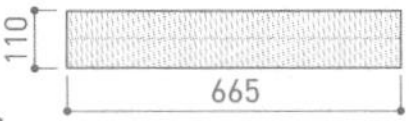
110
665

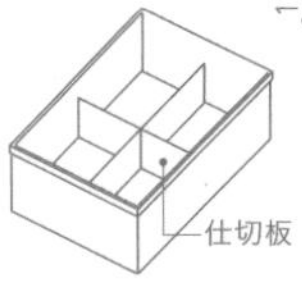
仕切板

仕切板は好きな長さに折って使用できるので、ケースに収めるモノに合わせやすい

コラム

押入れ

押入れの寸法は畳1枚分（幅1,820×奥行910㎜）にすることが多い。奥行きが深いので、奥行740㎜の「チェスト（LD）」（アイリスオーヤマ）を用いるとよい。無印良品の衣装ケース（幅400×奥行650㎜）を用いる場合は奥にスペースが残るため、有効に活用するには工夫が必要になる

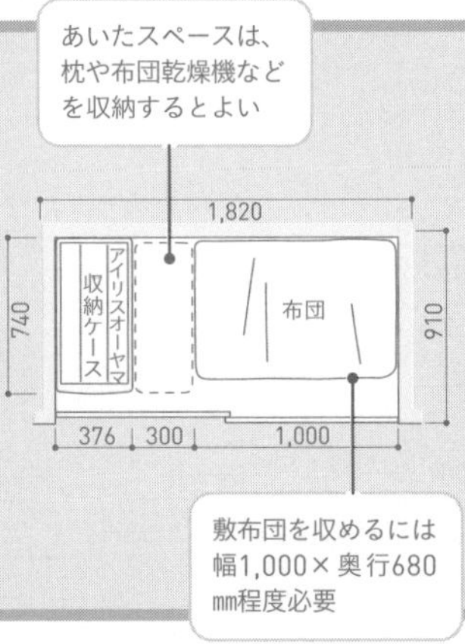
あいたスペースは、枕や布団乾燥機などを収納するとよい
1,820
740
収納ケース
アイリスオーヤマ
布団
910
376
300
1,000
敷布団を収めるには幅1,000×奥行680㎜程度必要

図❻「チェストⅠ（LD）」

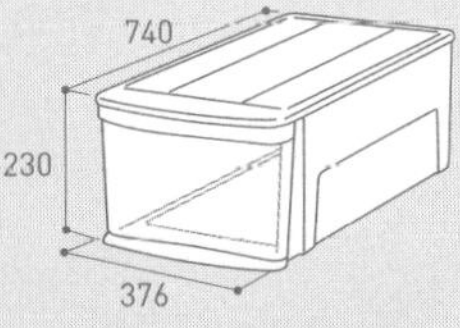
740
230
376

幅376×奥行740㎜のアイリスオーヤマの「チェストⅠ（LD）」であれば、深い奥行きを有効利用できる

無印良品で機能的に収納

無印良品の製品は、クロゼット以外のスペースにも活用できます。また、寸法は統一されていませんが、IKEAの収納用品も人気があります。

洗面室の設計

洗面室にはハンドソープや洗顔料、化粧水をはじめとする美容用品、洗濯物など、こまごまと仕分けして収納する必要があるモノが多い。収納スペースの棚をあえてつくり込まず、行為ごとに無印良品の収納グッズを活用してモノを仕分ければ、使い勝手のよい収納スペースとなる

鏡台の収納スペースに扉を付けると使用時に扉を開けるというアクションが増えてしまう。見せたくないモノは「ポリプロピレンメイクボックス」[図❶] に収めるのも手だ

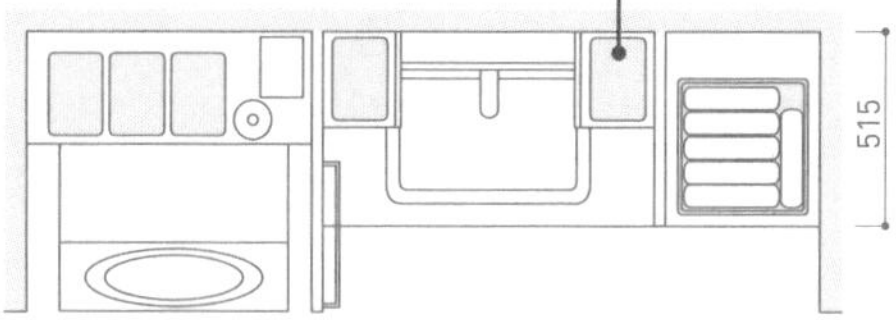
515

洗面室平面図

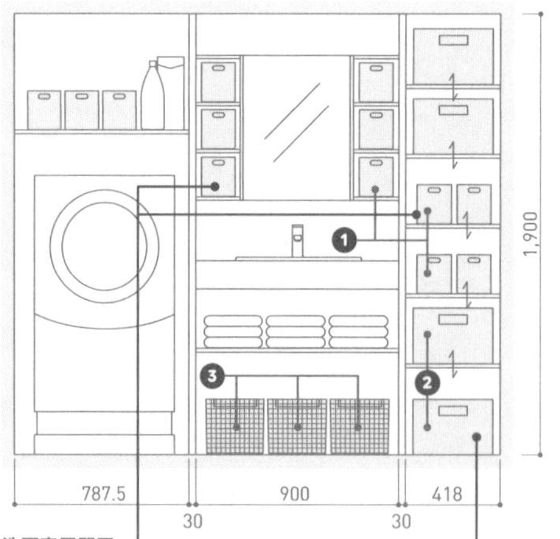
1,900
❶
❷
❸
787.5
900
418
30
30

洗面室展開図

使用頻度の高いモノは手の届きやすい高さに設置する。ここにも「ポリプロピレンメイクボックス」などの小物収納を利用し、使用者ごとに個別に収納する

ここでは幅350㎜の「重なるラタン角型バスケット」[図❷] が収まる幅に棚の側板を設定。頻繁に出し入れするため、68㎜のクリアランスを確保した

図❶「ポリプロピレンメイクボックス」

半透明で中身を把握しやすく、化粧品やドライヤーなど雑多なモノを収納するのに便利

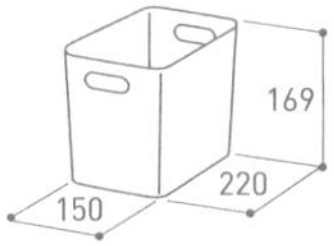
169
220
150

図❷「重なるラタン角型バスケット（大）」

中のモノが見えず落ち着いた雰囲気になる。大サイズなら畳んだバスタオルを6〜7枚入れられる

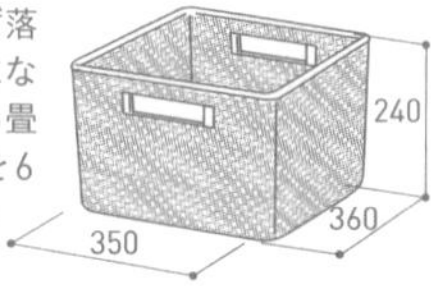
240
360
350

図❸「18-8ステンレスワイヤーバスケット5」

洗濯カゴとしても使え、そのまま物干し場に持っていける

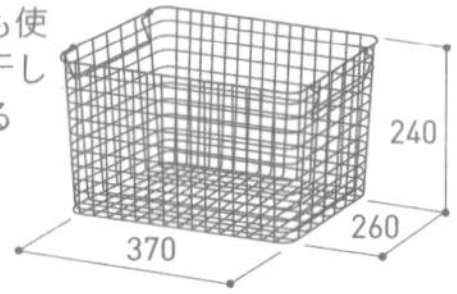
240
260
370

キッチンの設計

キッチンではなるべくゴミ箱の存在感を消したいもの。オープンキッチンであればなおさらだ。無印良品のゴミ箱はデザインがシンプルでサイズも使いやすいため愛用する住まい手も多いので、シンク下や家電収納の下にこれをぴったり収められるスペースを造作しておくとよい

幅260mmで統一されたラタン材やブリ材のバスケット［図❷］を3つ並べるには、棚の幅が820mm程度必要。少し大きめにつくると自由度が高まる

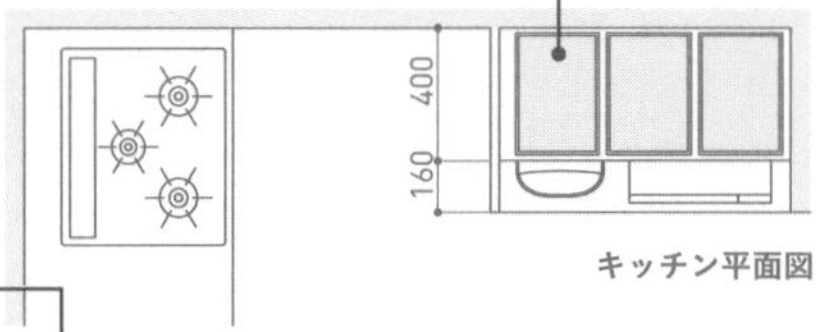

キッチン平面図

「ポリプロピレン整理ボックス」［図❶］で引出しのなかを小分けにしておくと、汚れても整理ボックスを取り出して洗える。奥行き340mmの整理ボックスを横向きにも収められるよう、引出しの幅は362.5mmとするとよい

鍋やフライパンなどを収納するときも、小分けにしておくと取り出しやすい。奥行き260mmのバスケットを2列収めるなら600mm程度の奥行きが必要となる

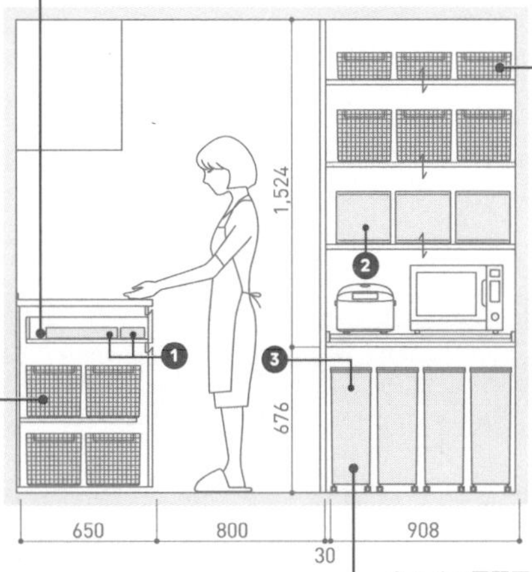

キッチン展開図

キッチン廻りにゴミ箱は必須だが、目立たないように収納したい。ここでは無印良品のゴミ箱［図❸］に合わせて家電収納の下段の棚の高さを676mmとした

目線より上の高さに収めるケースは、一目で中身が分かるものを選ぶと便利。収めるケースのサイズに合わせやすいよう可動棚とする

図❶
「ポリプロピレン整理ボックス（4）」

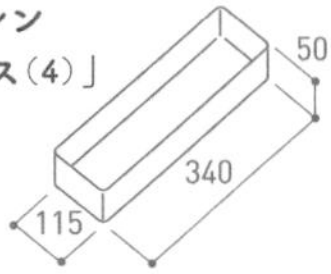

図❷「重なるブリ材長方形バスケット（大）」

ブリ材のバスケットはとても軽いので、頻繁に出し入れするモノを入れるのによい。フタ付きのものもあるので、中身を見せたくない場合には特に有効だ

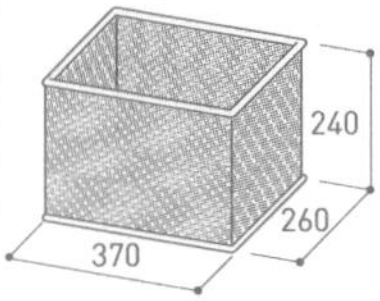

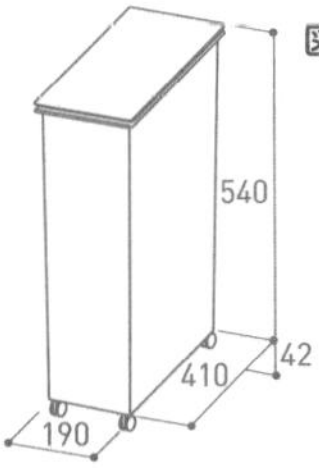

図❸「ポリプロピレンフタが選べるダストボックス（大）」

無印良品のゴミ箱は30ℓ用でも幅が細めにつくられているので、並べて置くことができ、ゴミを分別しやすい。キャスターを付ければさらに使いやすくなる

ワークスペースの設計

コンセント・スイッチをワークスペースの収納内にまとめると、部屋の壁に余計なコンセント・スイッチが並んで見苦しくなるのを避けられる。棚の奥行きや棚板の高さは、本や書類を仕分ける際に無印良品の製品がうまく収まるよう設計するとよい。

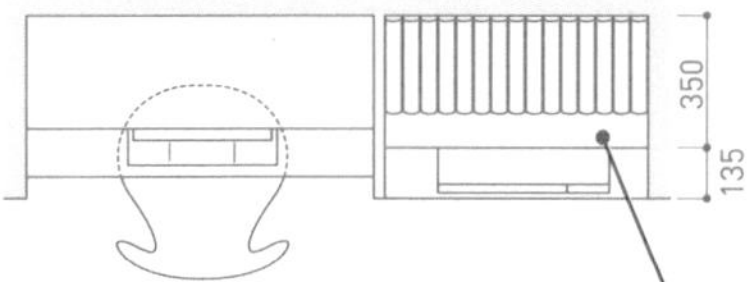

ワークスペース平面図

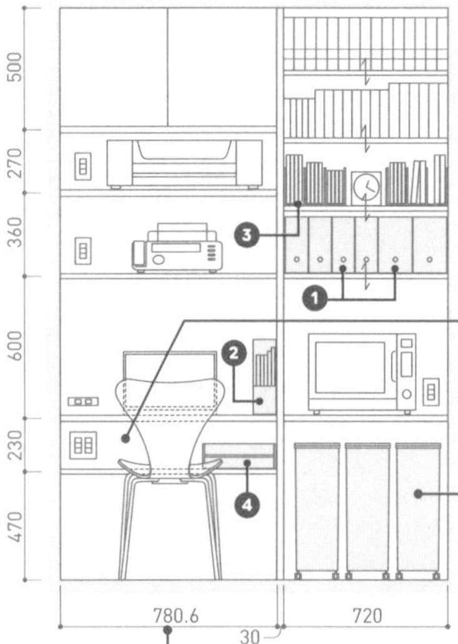

ワークスペース展開図

上部の本棚はポリプロピレン製のファイルボックス［図❶・❷］の奥行きに合わせて設置する。本の高さが一定とは限らないので、棚板は可動式にして「アクリル仕切りスタンド」［図❸］を用いる

机の下は「木製書類整理トレー」［図❹］や「硬質パルプ引出4個」を置くために高さ200㎜程度の収納スペースを設ける

ゴミ箱を収納した棚の高さ（700㎜）と机の高さはそろう。ここでは、「ポリプロピレンフタが選べるダストボックス（大）」［175頁キッチン図❸］を置くことを想定している

ワークスペースの机の幅はPCを設置しても小物が置けるよう幅780㎜程度確保

図❶「ポリプロピレンファイルボックス・スタンダードタイプ」

ファイルボックスは汎用性が高く、ワークスペース以外でも使える。見せたくない書類を収めるときはスタンダードタイプが使いやすい

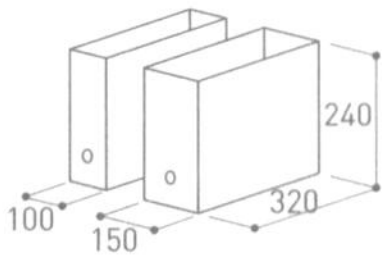

図❷「ポリプロピレンスタンドファイルボックス」

スタンドタイプは書類以外のモノを収めるときも活用できる。キッチン収納でフライパンを立てて入れるなどしても便利だ

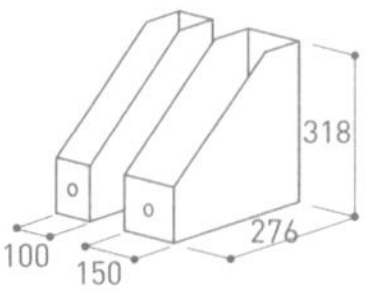

図❸「アクリル仕切スタンド（3仕切り）」

アクリルの仕切スタンドは透明で悪目立ちしない。本を収める場合も本棚の見た目の邪魔をしないのでお薦め

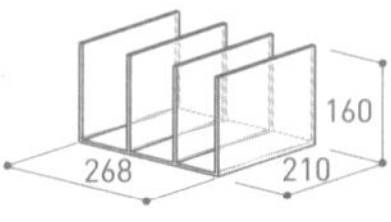

図❹「木製書類整理トレー」

書類整理トレーは浅いつくりで天板がないため低い場所の設置に適している。引出しやデスク下のスペースで使いやすい

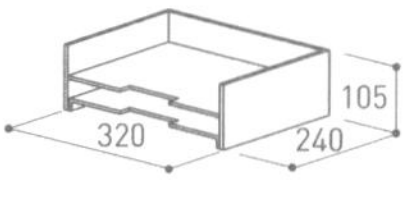

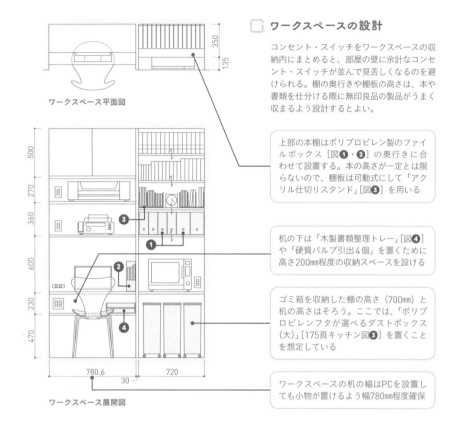

コラム

IKEAの収納製品を活用する

無印良品の製品と並んで、北欧風のIKEAの製品も住まい手から根強い人気がある。中でも、主に寝室や玄関などで活躍するシステム収納「PAX」（IKEA）は、さまざまなフレームや扉、引き出しや棚、内部照明などのアクセサリーの組み合わせも自在でカラーバリエーションも豊富なため、収納計画に取り入れやすいアイテムなので覚えておきたい。「PAX」のような壁面いっぱいの大型の家具を採用する際は、壁とのクリアランスに配慮が必要。特に組み立て式の家具は建物の施工精度だけでなく、家具の精度にも注意する。もちろん、搬入の際の作業スペースも必要になるのでしっかり確保しておこう。

「PAX」は複数のワードローブを組み合わせ可能な製品だが、組み合わせによっては寸法精度が悪くなる可能性もある。左右の壁と天井から100㎜程度のクリアランスを設けたい

「PAX」のワードローブの寸法からクロゼットを設計し、壁一面に納まるように使うのがおすすめ。壁一面のデザインが統一されることで、部屋のアクセントにもなる。この製品は幅500・750・1,000㎜で展開されており、高さは2,010・2,360㎜の2種類がある。扉を設置する場合は、オーク材などの木材やガラス戸などの素材と色を選べる

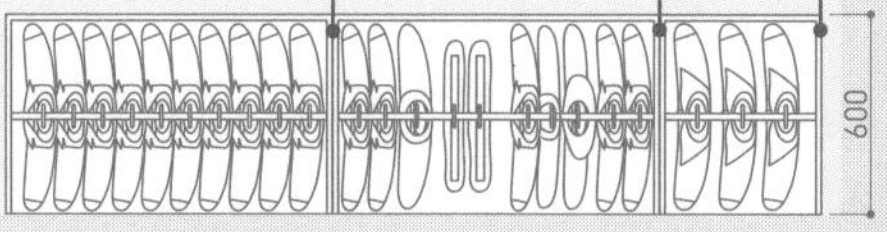

クロゼット平面図

ここでは扉を取り去ってオープン収納としているが、後から扉を付けることもできる。引戸を付ける場合、棚の奥行きが約60〜80㎜厚くなるのであらかじめ余裕をもたせたい

「PAX」は棚板や引出しなどの内部パーツを自由に入れ替えられる。「マルチユースハンガー」［図❶］や「シューズシェルフ」［図❷］などのパーツを追加すれば、好みや用途に応じて自由に組み合わせられる

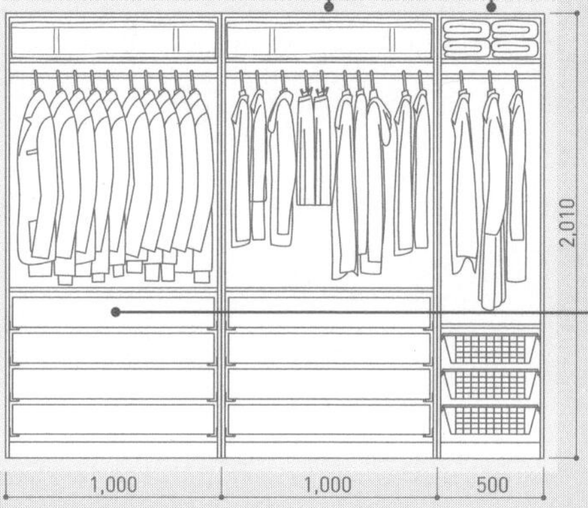

クロゼット展開図

図❶「引き出し式マルチユースハンガー」

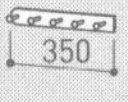

マルチユースハンガーはかばんなどを収納するのに便利。内部のパーツを追加する際は、内側にあけられたダボ穴を基準に位置を決める

図❷「引き出し式シューズシェルフ」

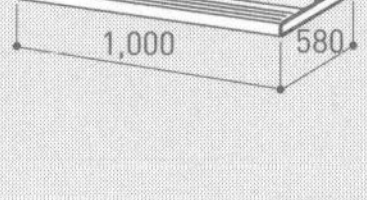

今どき家電の寸法事典

家電は人気の高いアイテムやサイズ、扉の開き方などが時代によって変化します。その都度、柔軟に対応できるように設計しておくとよいでしょう。

キッチン家電の寸法

キッチン家電はさまざまに進化している。電気ケトルやフードプロセッサーなど出し入れして用いるものは軽くてよいが、ホームベーカリーやコーヒーメーカー、炊飯器など据え置きする重いものはスライド式の棚に収納すると使い勝手がよい。オーブンレンジなど蒸気が出るものは、噴出孔の位置も考慮して収納する。最近の炊飯器は蒸気カット機能をもつタイプも多い

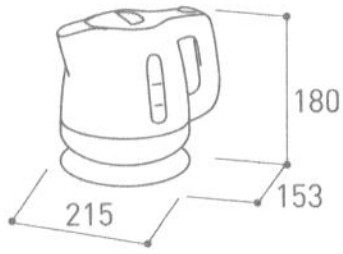

電気ケトル

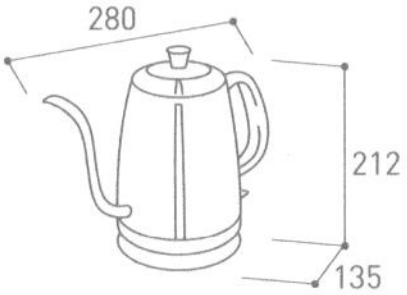

ドリップ式ケトル

炊飯器はフタの開閉が必要なので、スライド棚などに収納して出し入れできるようにするとよい。容量0.5〜5.5合で重さ約4〜7kg、1合〜1升で約5〜8kgと幅があるので、棚を造作する際は要注意

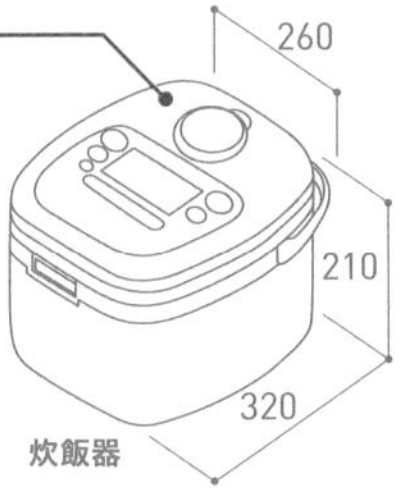

炊飯器

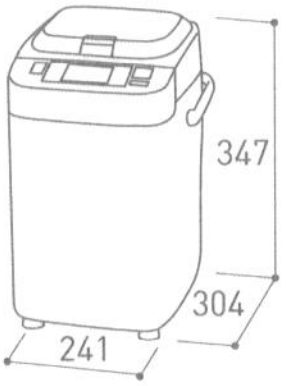

ホームベーカリー

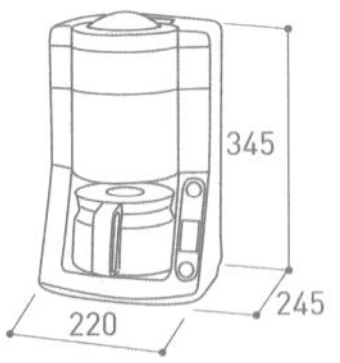

コーヒーメーカー

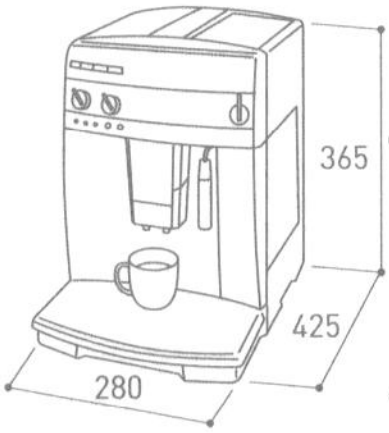

エスプレッソマシン

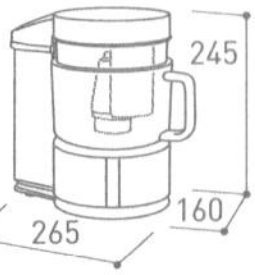

フードプロセッサー

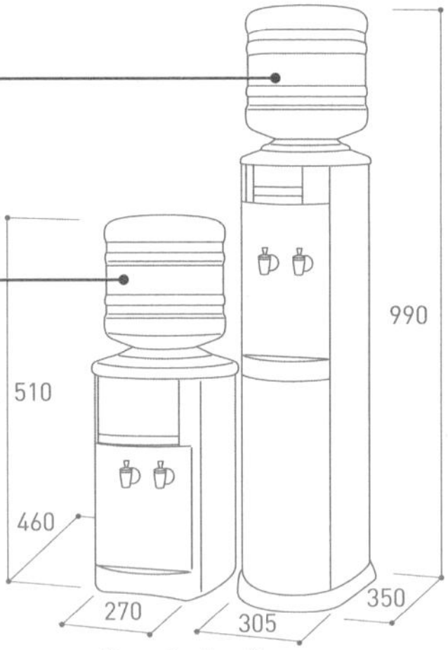

ウォーターサーバー

ウォーターサーバーはお湯も出るようになっているため、設置場所に電源が必要になる。ボトルをセットした重さは、大きなもので最大約33kg、小さなものでも最大約30kgにもなるので、設置後に移動させる手間は省きたい

ウォーターボトル
(12.6kg)

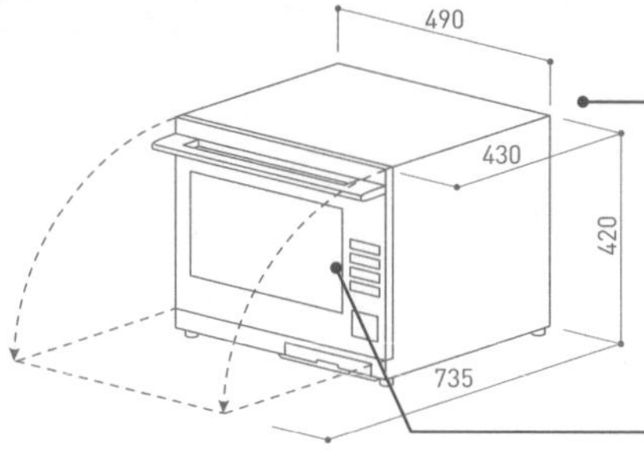

オーブンレンジ30L

オーブンレンジのなかでも、特に人気が高いのが「ヘルシオ」(シャープ) シリーズなど、過熱水蒸気を利用したタイプ。減塩と脱油の効果があり、栄養分の損失も少ないとされている。高熱で肉やピザなどを短時間で美味しく焼き上げる「石窯ドーム」(東芝) シリーズも人気が高い。容量は4人家族の場合、30Lあるとよい

扉のタイプには縦開きと横開きがある。縦開きは開いたときのスペースが小さくて済むが、目線より高い場所に置くと、庫内が見えにくくなる

「BALMUDA The Toaster」(BALMUDA) は独自のスチームテクノロジーと、1秒単位の温度制御によって、それぞれのパンに最適な焼き上がりを実現する。クラシックなデザインも人気の理由の1つ

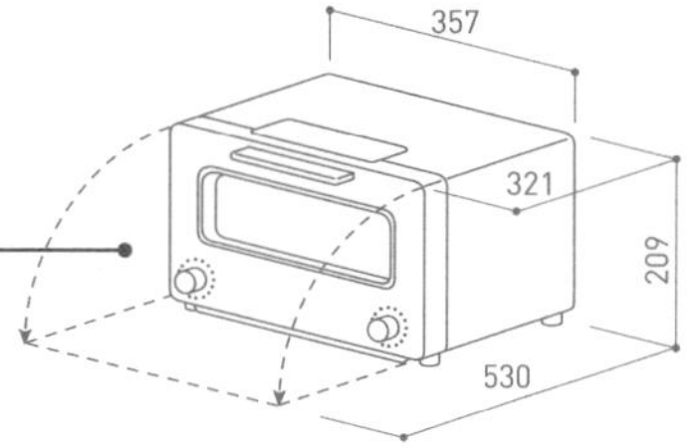

トースター

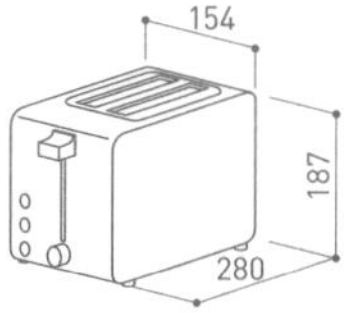

トースター(ポップアップ型)

パンにレーズンやナッツなどを生地に練り込むことができる。やや高価格帯の製品ならうどん・パスタ・餅からヨーグルト・チーズ・ジャムまでつくることができる

ロースターでは「けむらん亭」(パナソニック) が定番。煙やにおいをほとんど出さずに、室内で美味しい燻製をつくることができる。魚焼き器としても使える

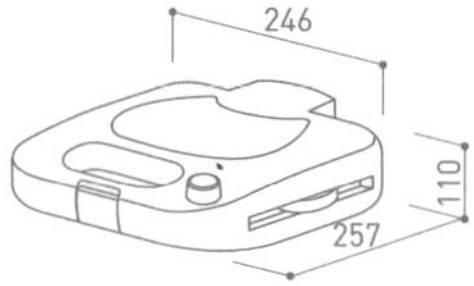

ホットサンドメーカー

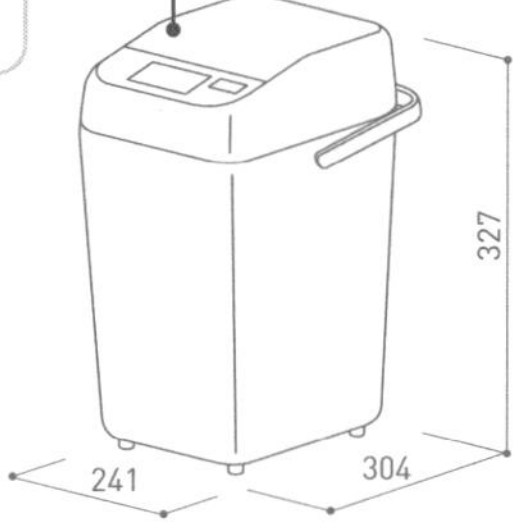

ホームベーカリー

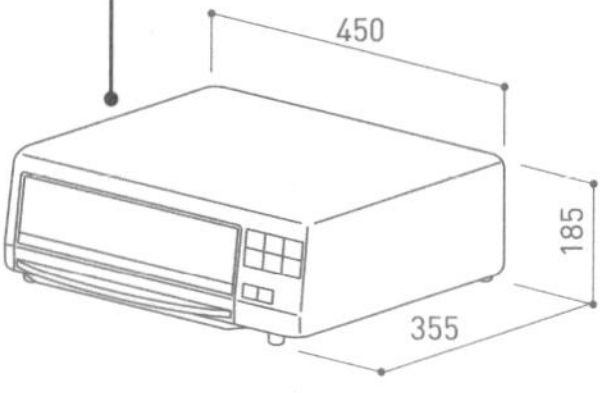

ロースター

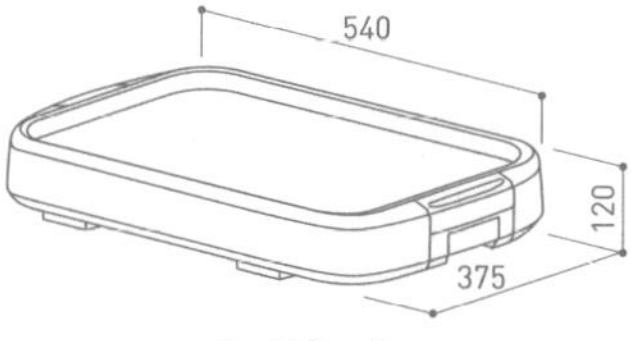

ホットプレート

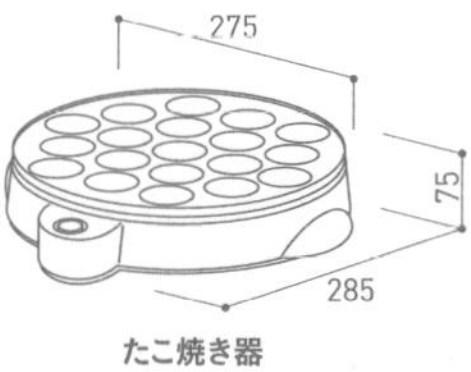

たこ焼き器

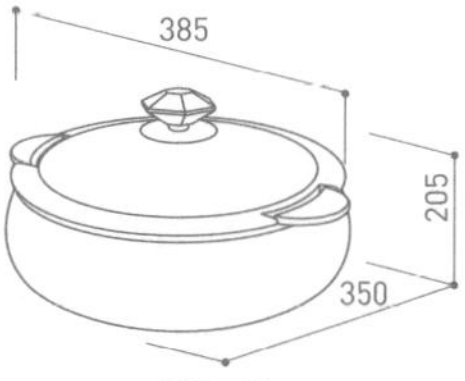

グリル鍋

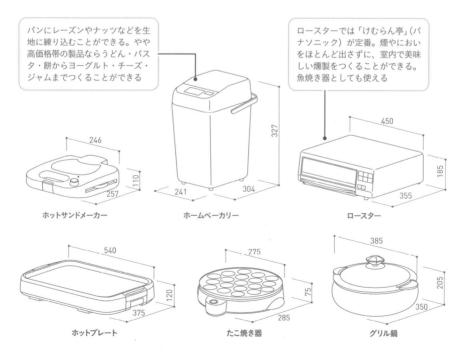

冷蔵庫

冷蔵庫は設計の面でも注意が必要。設置寸法に余裕がないと、放熱の効率が悪くなり、消費電力が増加する。最悪の場合は、故障に至ることもあるので注意したい。また、搬入経路も設計段階で考慮する必要がある。各メーカーも、冷蔵庫は各機種に定められている設置寸法に、更に10㎜（上部は40㎜）以上あけての設置を推奨している。基本的に容量が大きくなるほど高価格・高スペックとなる。4人家族なら500Lクラスがちょうどよい大きさ

すぐ横に壁があると、ドアが90度までしか開かなくなり、内部が見えづらくなるので注意

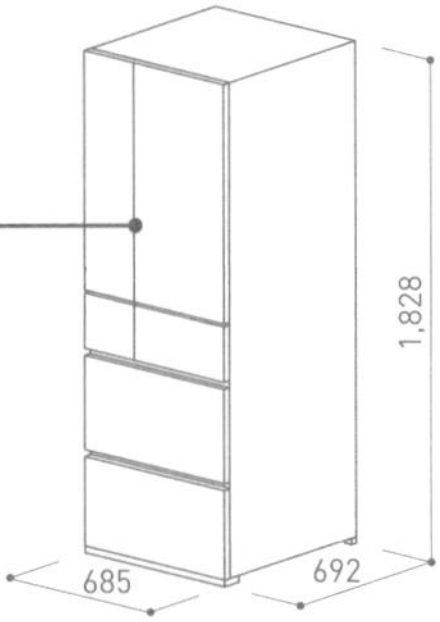
1,828
685
692

冷蔵庫（観音開き型）501L

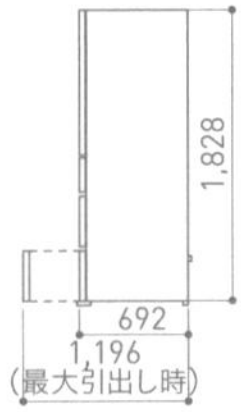
1,828
692
1,196
（最大引出し時）

側面寸法例

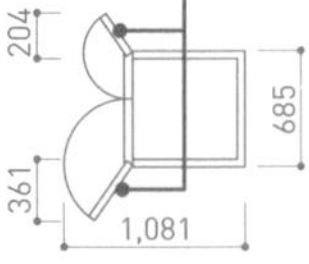
204
685
361
1,081

扉開放時の寸法例

大型の冷蔵庫で主流となりつつあるのが、ドアが観音開きになっているタイプ。冷気が逃げにくく、省エネ性が高いとされる。片開きに比べてドアの開閉に必要なスペースも小さくて済む

近年は、肉や魚の鮮度を保ったまま1週間保存できる機能を備えたタイプが人気。庫内を真空状態にして肉の鮮度を維持する「真空チルド」（日立）や、庫内を－3℃程度に保つことで肉の細胞を傷つけない「微凍結パーシャル」（パナソニック）などがある

片開き型はドアポケットの収納量が多く、ワンアクションで開けるため、未だに根強い人気がある。基本的には、購入の時点で右開きか左開きを選ぶ必要があるため、設計の際には確認が必要

左右どちらからも開けるタイプがシャープから販売されている

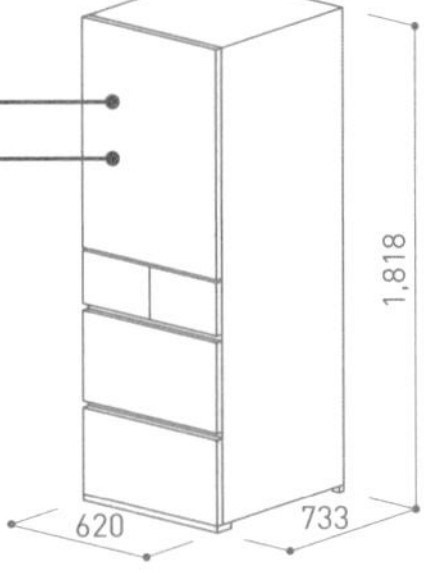
1,818
620
733

冷蔵庫（片開き型）501L

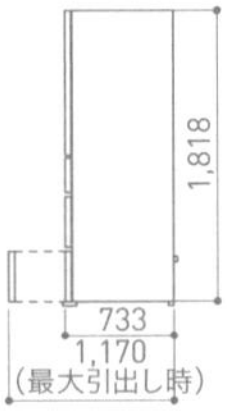
1,818
733
1,170
（最大引出し時）

側面寸法例

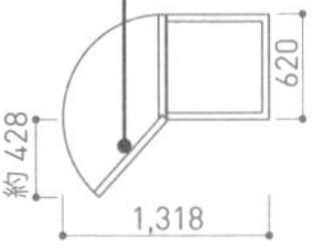
620
約428
1,318

扉開放時の寸法例

住まい手が料理好きの場合、業務用冷蔵庫の設置を希望するケースがある。家庭用に比べ容量が大きく、掃除しやすく強度があり、保冷性も高い点が魅力。横型の場合、天板を作業台にできる。縦型の場合、付近に排水口が必要となるので要注意

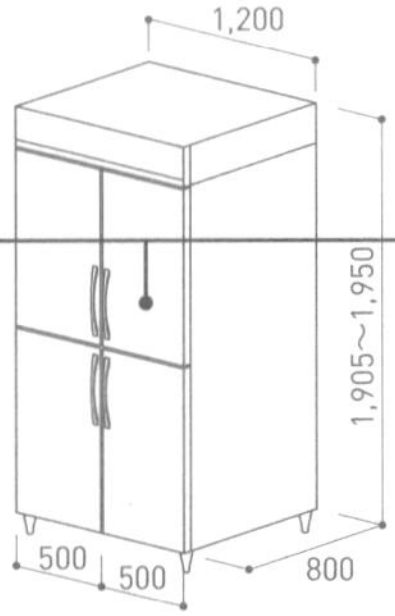
1,200
1,905〜1,950
500
500
800

業務用冷蔵庫（縦型）

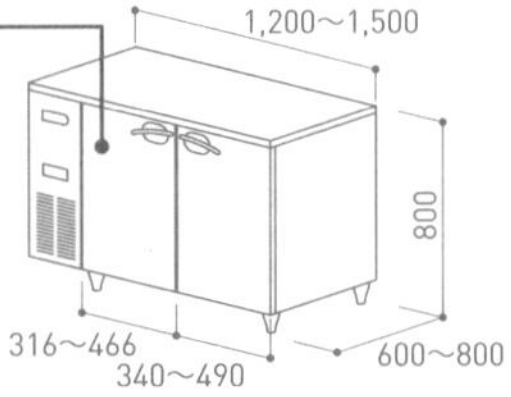
1,200〜1,500
800
316〜466
340〜490
600〜800

業務用冷蔵庫（横型）

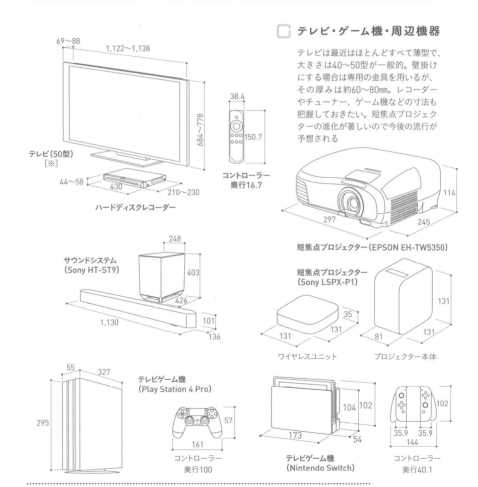

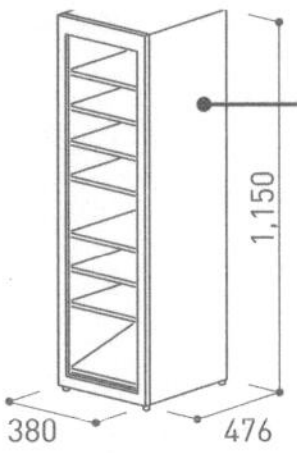
1,150
380
476

ワインセラー(24本入り)

ワインセラー(ワイン専用冷温庫)には安価なペルチェ方式、長寿命で騒音の少ないアンモニア吸熱方式、高価格で冷却機能の高いコンプレッサー方式がある。業務用として一般的なのはコンプレッサー方式。近年はどのタイプも性能が上がり、コストパフォーマンスも向上しつつある

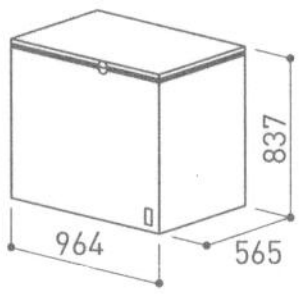
837
964
565

冷凍庫(上開き型)

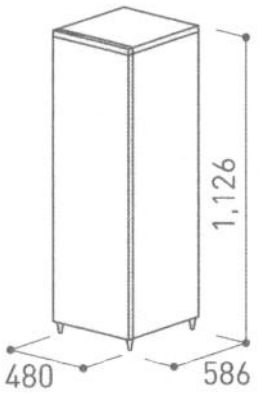
1,126
480
586

冷凍庫(横開き型)

テレビ・ゲーム機・周辺機器

テレビは最近はほとんどすべて薄型で、大きさは40〜50型が一般的。壁掛けにする場合は専用の金具を用いるが、その厚みは約60〜80㎜。レコーダーやチューナー、ゲーム機などの寸法も把握しておきたい。短焦点プロジェクターの進化が著しいので今後の流行が予想される

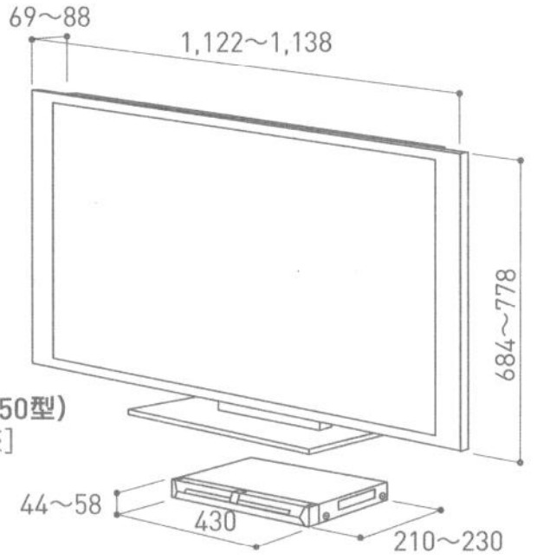
69〜88
1,122〜1,138
684〜778
44〜58
430
210〜230

テレビ(50型)
[※]

ハードディスクレコーダー

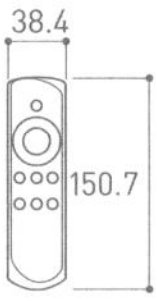
38.4
150.7

コントローラー
奥行16.7

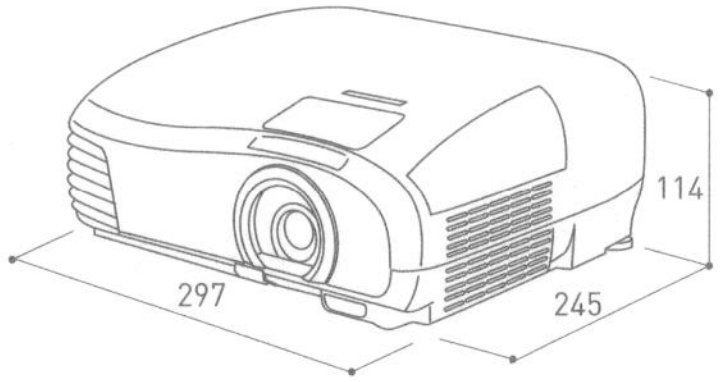
114
297
245

短焦点プロジェクター(EPSON EH-TW5350)

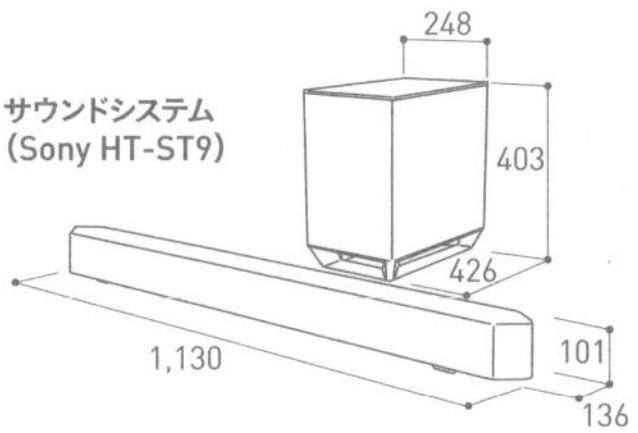
248
403
426
1,130
101
136

サウンドシステム
(Sony HT-ST9)

短焦点プロジェクター
(Sony LSPX-P1)

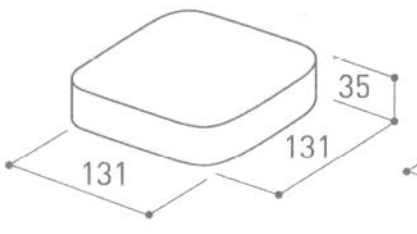
35
131
131

ワイヤレスユニット

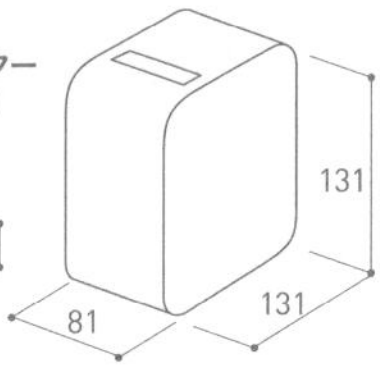
131
81
131

プロジェクター本体

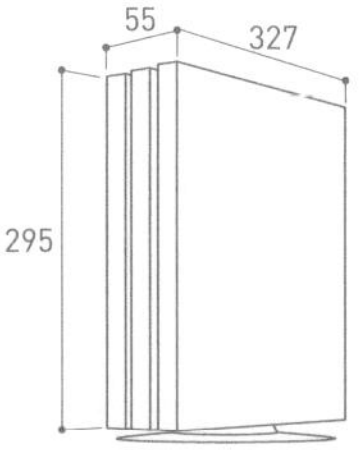
55
327
295

テレビゲーム機
(Play Station 4 Pro)

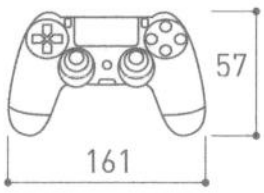
57
161

コントローラー
奥行100

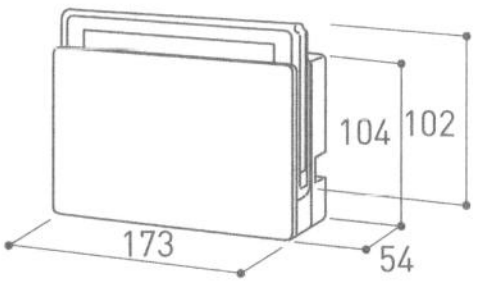
104
102
173
54

テレビゲーム機
(Nintendo Switch)

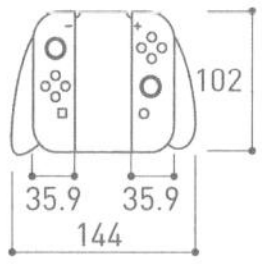
102
35.9
35.9
144

コントローラー
奥行40.1

※ スタンドを付けた重さは16.5kg〜27kg。壁掛けにするためスタンドを外すと15.5〜22kgになる

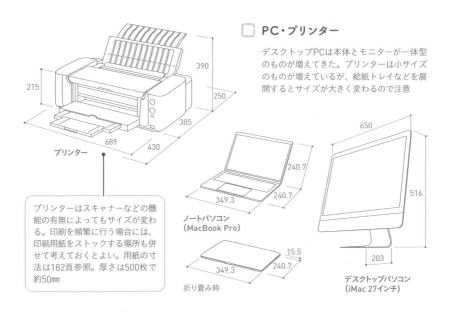

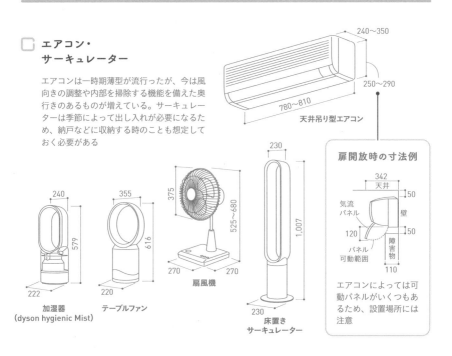

PC・プリンター

デスクトップPCは本体とモニターが一体型のものが増えてきた。プリンターは小サイズのものが増えているが、給紙トレイなどを展開するとサイズが大きく変わるので注意

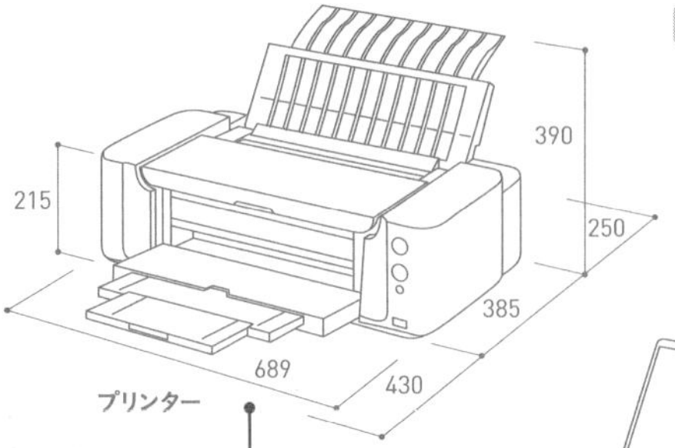
390
215
250
385
689
430
プリンター

プリンターはスキャナーなどの機能の有無によってもサイズが変わる。印刷を頻繁に行う場合には、印刷用紙をストックする場所も併せて考えておくとよい。用紙の寸法は182頁参照。厚さは500枚で約50㎜

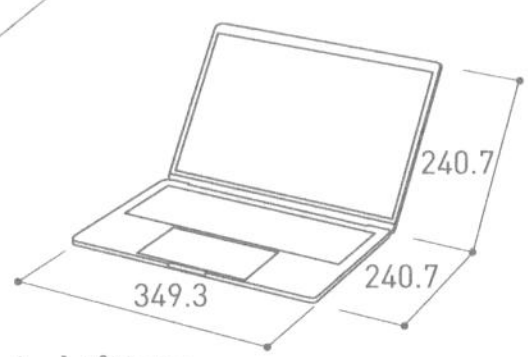
240.7
240.7
349.3
ノートパソコン
(MacBook Pro)

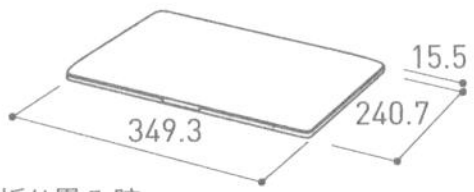
15.5
240.7
349.3
折り畳み時

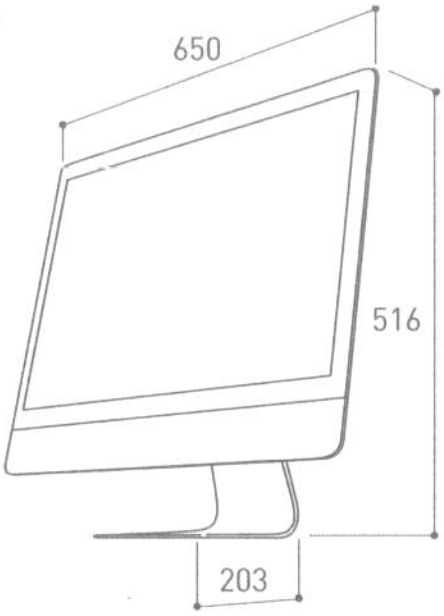
650
516
203
デスクトップパソコン
(iMac 27インチ)

エアコン・サーキュレーター

エアコンは一時期薄型が流行ったが、今は風向きの調整や内部を掃除する機能を備えた奥行きのあるものが増えている。サーキュレーターは季節によって出し入れが必要になるため、納戸などに収納する時のことも想定しておく必要がある

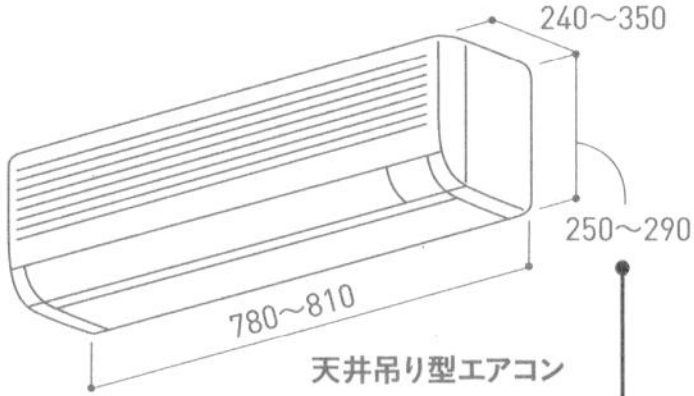
240〜350
250〜290
780〜810
天井吊り型エアコン

扉開放時の寸法例

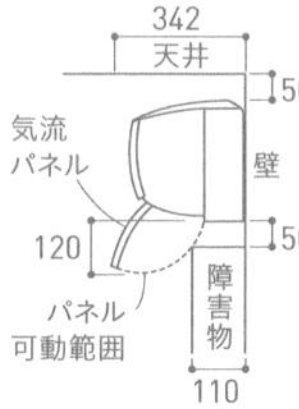
342
天井
50
気流
パネル
壁
120
50
パネル
可動範囲
障
害
物
110

エアコンによっては可動パネルがいくつもあるため、設置場所には注意

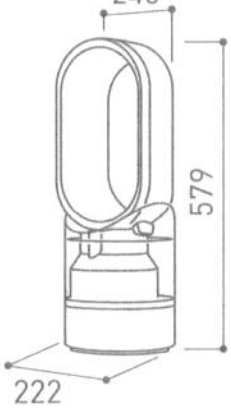
240
579
222
加湿器
(dyson hygienic Mist)

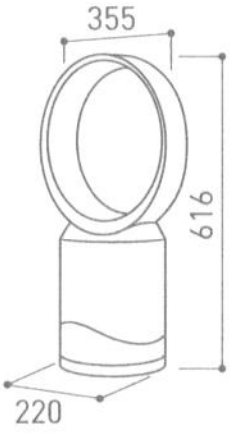
355
616
220
テーブルファン

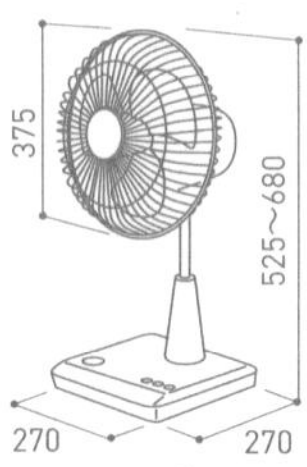
375
525〜680
270
270
扇風機

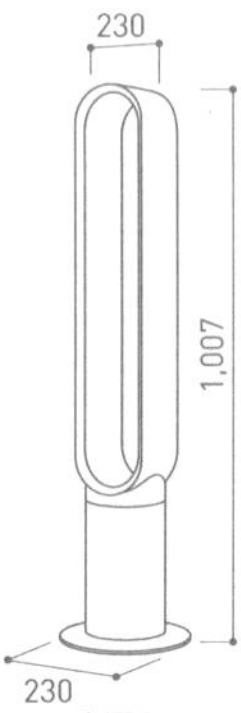
230
1,007
230
床置き
サーキュレーター

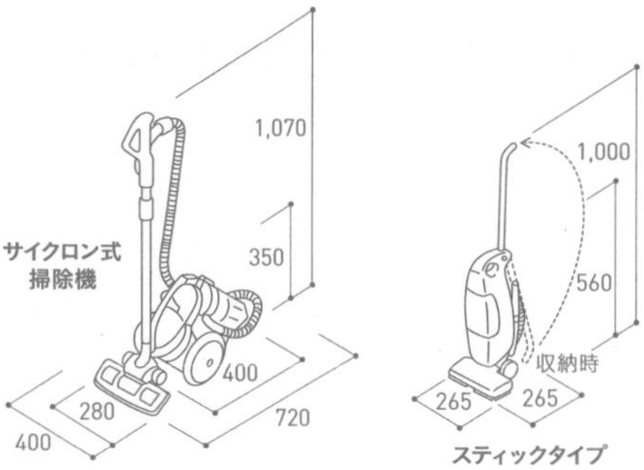
1,070
350
サイクロン式
掃除機
400
280
400
720
1,000
560
収納時
265
265
スティックタイプ

掃除機

掃除機は充電式が増えているため、収納場所に電源を用意しておくとよい。ハンディタイプやロボット掃除機も普及しており、メーカーによって大きさが異なるので注意

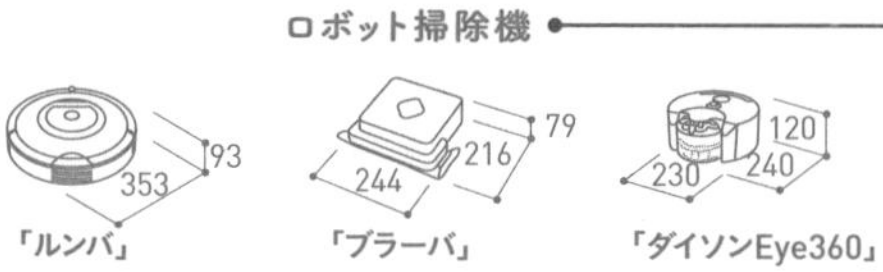
ロボット掃除機
93
353
「ルンバ」
79
216
244
「ブラーバ」
120
240
230
「ダイソンEye360」

ロボット掃除機は、本体だけでなく据え置き型の充電台もメーカーによってサイズが異なるので注意する。本体に隠れるサイズが多いが、充電台にゴミを収納できる大きなもの（高さ285㎜）もある

洗濯機

洗濯機はドラム式と縦型が主流。本体は防水パンの大きさによる制限で、ほとんどが640㎜角に納まる寸法でつくられている。扉の開き方も必要寸法にかかわるが、防水パンなどの形状によって寸法がかさ上げされるため、給排水の位置にも注意する

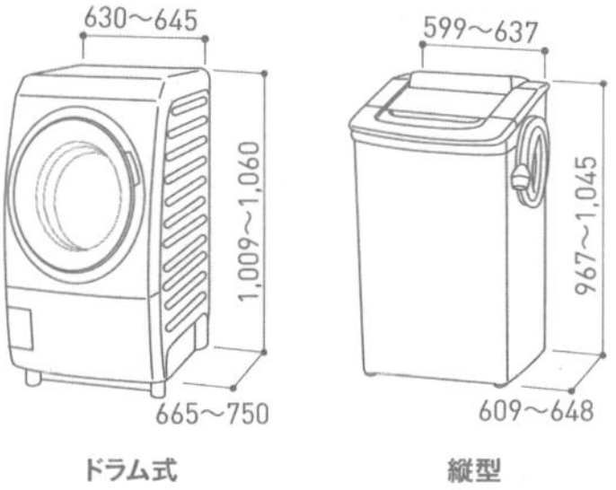
630〜645
1,009〜1,060
665〜750
ドラム式
599〜637
967〜1,045
609〜648
縦型

排水口の位置による設置例

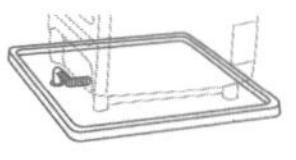

排水口が真下以外の場合：
幅広の防水パンを使用

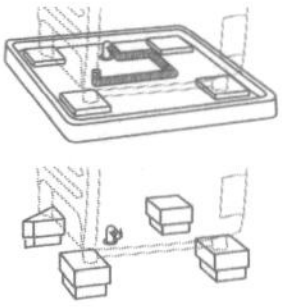

排水口が真下の場合：
台付き防水パンかかさ上げ足を使用

扉開放時の寸法

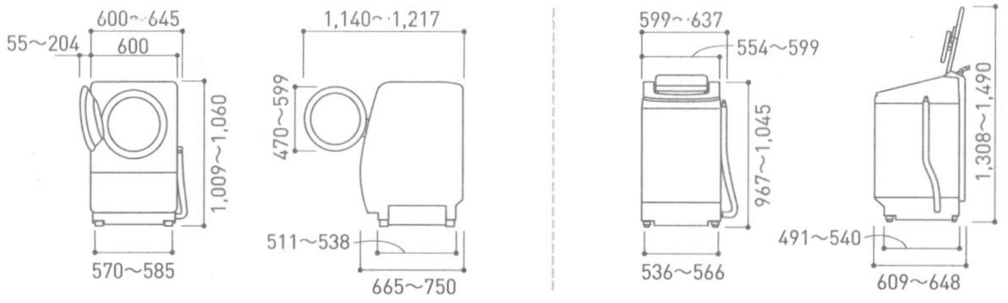
600〜645
55〜204
600
1,009〜1,060
570〜585
1,140〜1,217
470〜599
511〜538
665〜750
599〜637
554〜599
967〜1,045
536〜566
1,308〜1,490
491〜540
609〜648

場所別収納寸法

玄関や水廻りスペース、パントリー、クロゼットに収納されるモノは設計時にある程度想定できます。コンパクトかつ機能的に納めましょう。

玄関

靴、傘、靴べらのほかにスポーツ用品［188頁参照］、ベビーカー［184頁参照］など、玄関にはさまざまなモノが置かれる。靴1つをとってもサイズやヒールの高さ、丈の長さなど種類は多岐に渡る。最低限、一般的な靴の種類やサイズは押さえておきたい

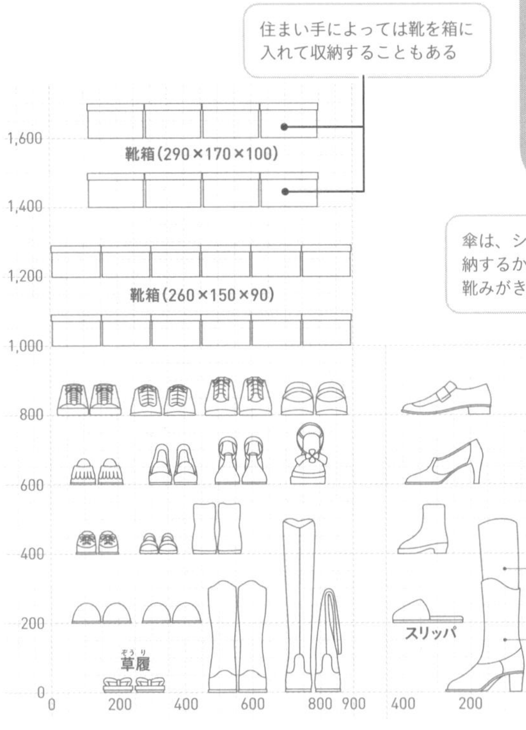

住まい手によっては靴を箱に入れて収納することもある
靴箱(290×170×100)
靴箱(260×150×90)
1,600
1,400
1,200
1,000
800
600
400
200
0
草履《ぞうり》
0
200
400
600
800
900
スリッパ

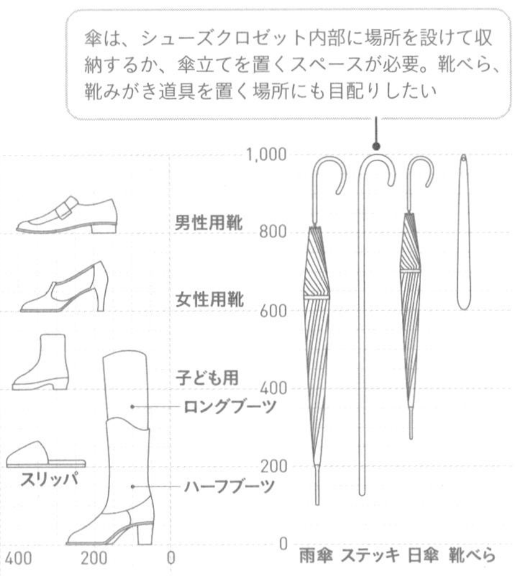

傘は、シューズクロゼット内部に場所を設けて収納するか、傘立てを置くスペースが必要。靴べら、靴みがき道具を置く場所にも目配りしたい
男性用靴
女性用靴
子ども用
ロングブーツ
ハーフブーツ
400
200
0
1,000
800
600
400
200
0
雨傘
ステッキ
日傘
靴べら

洗面所

洗面台廻りにはこまごまとした洗面用品の収納棚が必須となる。洗面所廻りの収納棚は扉がない方がお勧めだが、雑然として見えないよう、収納ケースなどに合った奥行きや幅の収納棚を設けるとすっきり収納できる。併せて、コンセントも使い勝手のよい位置に設定したい。

300
200
100
0
せっけん
綿棒
液体せっけん
歯磨き粉
コップ
歯ブラシ
液体歯磨き
クレンジングオイル
洗顔フォーム
かみそり
コンタクトケア用品
ロールブラシ
ブラシ
電動歯ブラシ

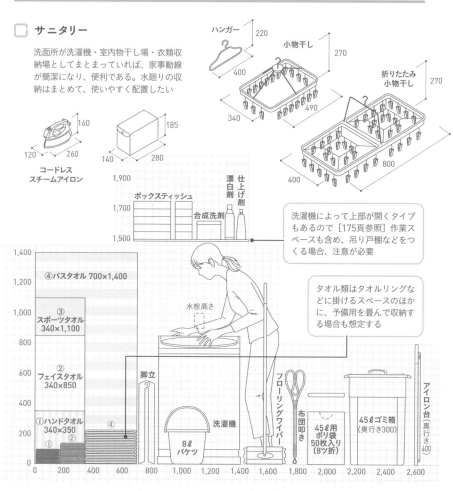

電化製品はコンセントを差し込んだまま収納できるとさらに使い勝手がよくなる。そのため、洗面台廻りのコンセントは複数個所あると便利

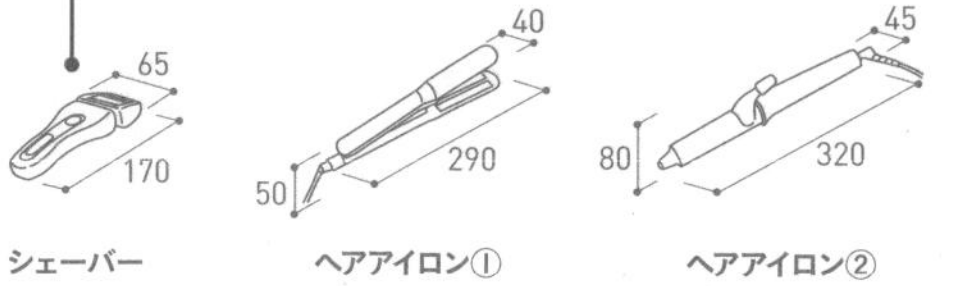
65
170
シェーバー
40
290
50
ヘアアイロン①
45
80
320
ヘアアイロン②

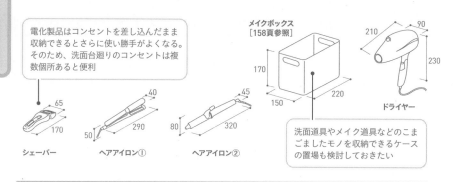

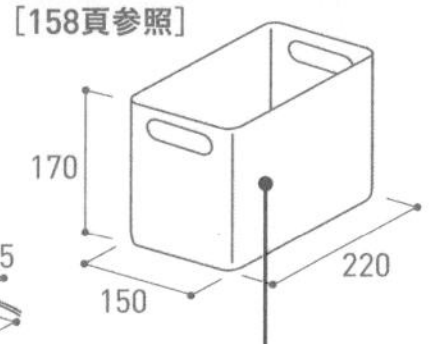
メイクボックス
[158頁参照]
170
150
220

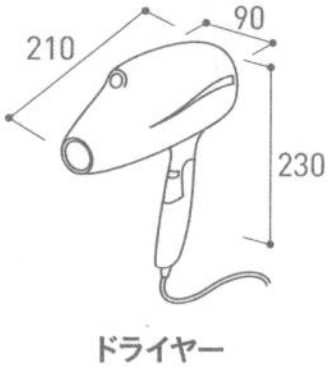
210
90
230
ドライヤー

洗面道具やメイク道具などのこまごましたモノを収納できるケースの置場も検討しておきたい

サニタリー

洗面所が洗濯機・室内物干し場・衣類収納場としてまとまっていれば、家事動線が簡潔になり、便利である。水廻りの収納はまとめて、使いやすく配置したい

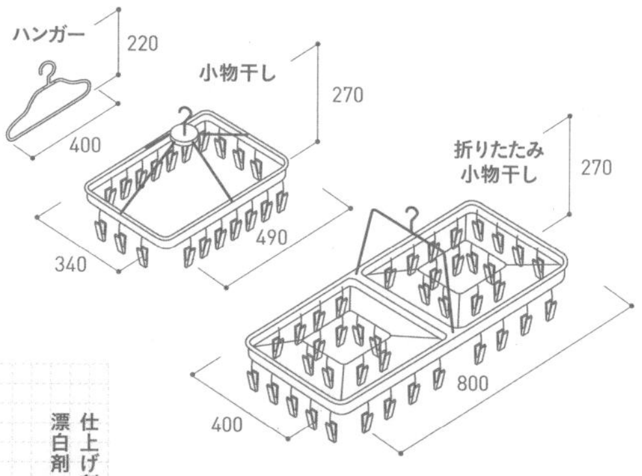
ハンガー
220
400
小物干し
270
340
490
折りたたみ
小物干し
270
400
800

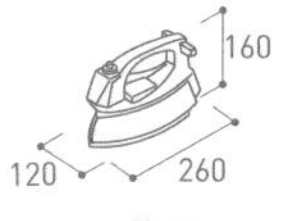
160
120
260
コードレス
スチームアイロン

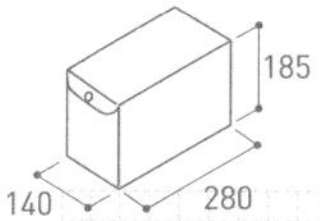
185
140
280

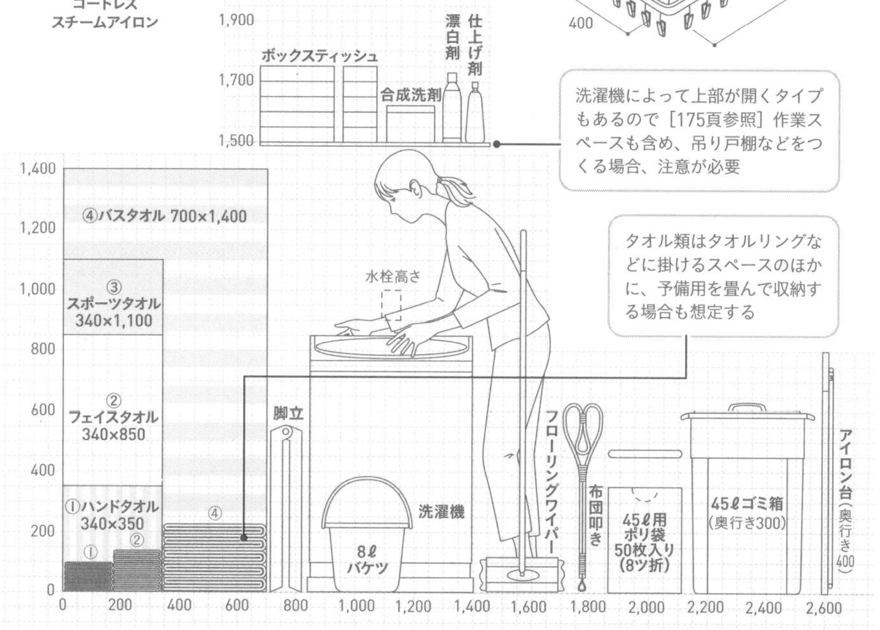
1,900
1,700
1,500
ボックスティッシュ
合成洗剤
漂白剤
仕上げ剤
1,400
1,200
1,000
800
600
400
200
0
④バスタオル 700×1,400
③
スポーツタオル
340×1,100
②
フェイスタオル
340×850
①ハンドタオル
340×350
①
②
④
脚立
水栓高さ
8ℓ
バケツ
洗濯機
フローリングワイパー
布団叩き
45ℓ用
ポリ袋
50枚入り
(8ツ折)
45ℓゴミ箱
(奥行き300)
アイロン台(奥行き400)
0
200
400
600
800
1,000
1,200
1,400
1,600
1,800
2,000
2,200
2,400
2,600

洗濯機によって上部が開くタイプもあるので［175頁参照］作業スペースも含め、吊り戸棚などをつくる場合、注意が必要

タオル類はタオルリングなどに掛けるスペースのほかに、予備用を畳んで収納する場合も想定する

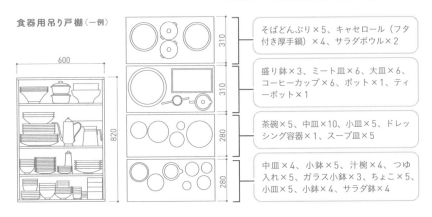

キッチン背面収納（食器類）

食器類はキッチン背面の収納など、棚での収納が主になる。皿類、茶碗などを重ねたときの寸法を把握し、頻繁に使用するか否かなどによって食器類の場所を決め、その後棚板の数や高さを検討したい。

食器用吊り戸棚（一例）

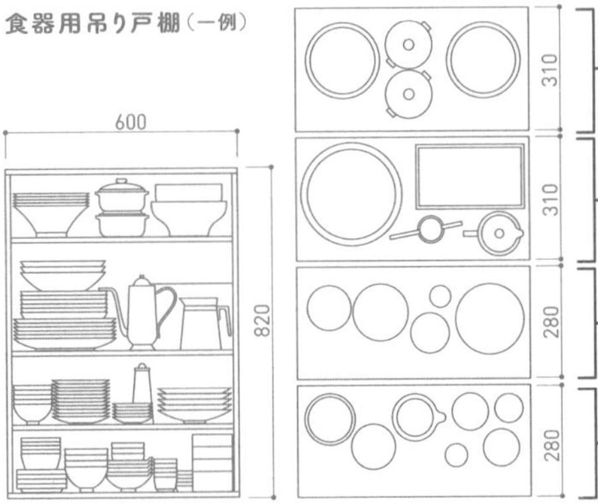

600
820
310
310
280
280

そばどんぶり×5、キャセロール（フタ付き厚手鍋）×4、サラダボウル×2

盛り鉢×3、ミート皿×6、大皿×6、コーヒーカップ×6、ポット×1、ティーポット×1

茶碗×5、中皿×10、小皿×5、ドレッシング容器×1、スープ皿×5

中皿×4、小鉢×5、汁椀×4、つゆ入れ×5、ガラス小鉢×3、ちょこ×5、小皿×5、小鉢×4、サラダ鉢×4

シンク下・コンロ下（調理用具）

鍋などの調理器具やカトラリーはキッチン下に収納。流行の重い鋳物ホーロー鍋などは、なるべく下部かつ取り出しやすい場所に収納する。

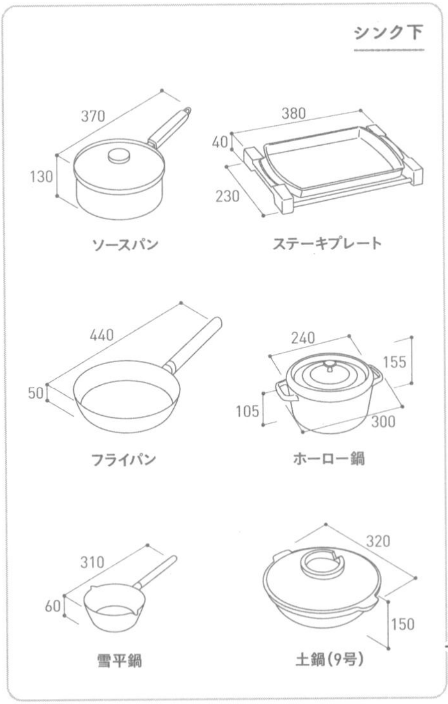

シンク下
370
130
ソースパン
380
40
230
ステーキプレート
440
50
フライパン
240
155
105
300
ホーロー鍋
310
60
雪平鍋
320
150
土鍋(9号)

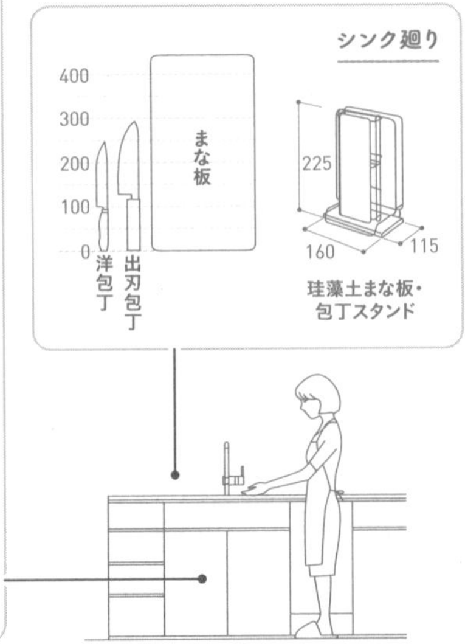

シンク廻り
400
300
200
100
0
洋包丁
出刃包丁
まな板
225
160
115
珪藻土まな板・包丁スタンド

調理器具

はしやスプーンなどはまとめて収納ボックスに入れ、作業台下の引出しに入れることが多い。また、まな板は収納場所だけでなく乾かすスペースも確保しておきたい

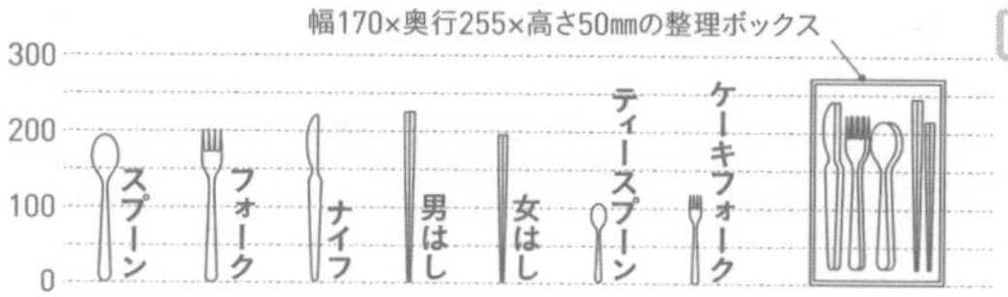
幅170×奥行255×高さ50㎜の整理ボックス
300
200
100
0
スプーン
フォーク
ナイフ
男はし
女はし
ティースプーン
ケーキフォーク

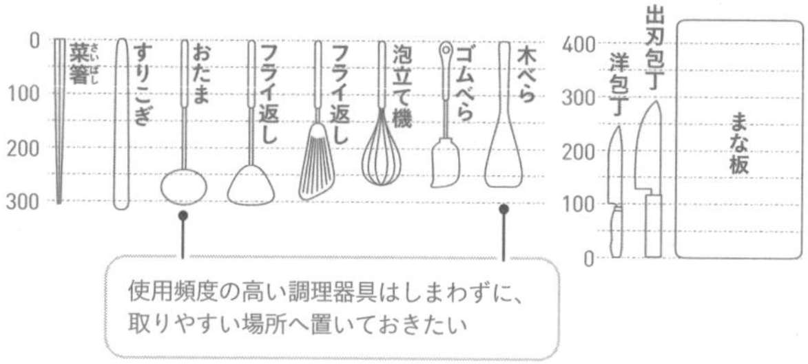
0
100
200
300
菜箸《さいばし》
すりこぎ
おたま
フライ返し
フライ返し
泡立て機
ゴムべら
木べら
400
300
200
100
0
出刃包丁
洋包丁
まな板
使用頻度の高い調理器具はしまわずに、取りやすい場所へ置いておきたい

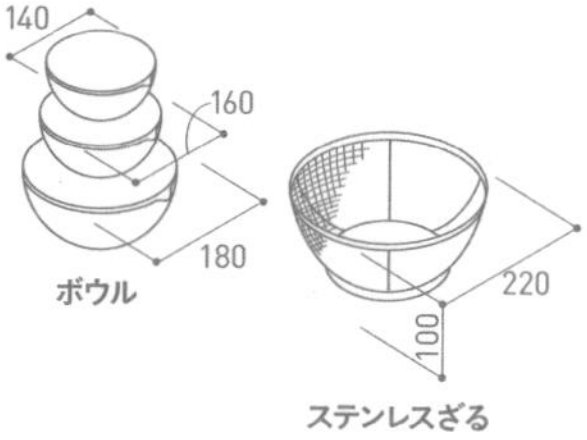
140
160
180
ボウル
220
100
ステンレスざる

食器・グラス

食器類は重ねて収納することが多いので、なるべく同じような形状のものを揃えるように勧めるとよい。グラスは高さに注意したい。

ワイングラス用に収納場所を設ける場合、デキャンタを置くことも考慮して、高さは300㎜以上確保したい

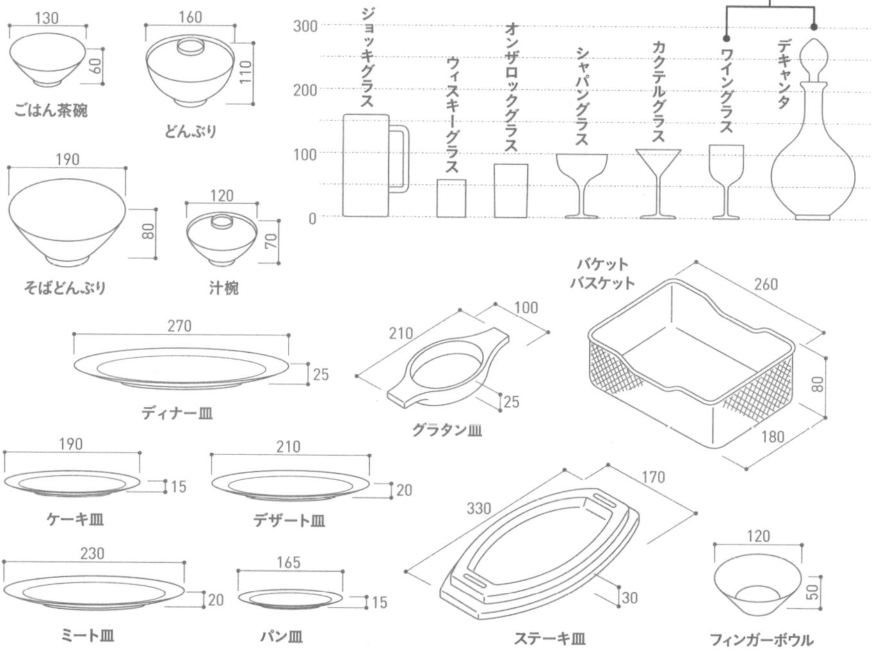
130
60
ごはん茶碗
160
110
どんぶり
190
80
そばどんぶり
120
70
汁椀
300
200
100
0
ジョッキグラス
ウィスキーグラス
オンザロックグラス
シャパングラス
カクテルグラス
ワイングラス
デキャンタ
270
25
ディナー皿
210
100
25
グラタン皿
バケット
バスケット
260
80
180
190
15
ケーキ皿
210
20
デザート皿
330
170
30
ステーキ皿
230
20
ミート皿
165
15
パン皿
120
50
フィンガーボウル

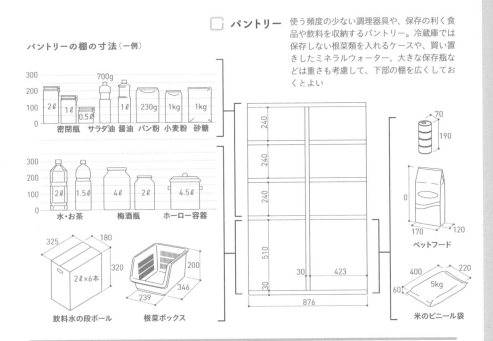

パントリー

使う頻度の少ない調理器具や、保存の利く食品や飲料を収納するパントリー。冷蔵庫では保存しない根菜類を入れるケースや、買い置きしたミネラルウォーター、大きな保存瓶などは重さも考慮して、下部の棚を広くしておくとよい

パントリーの棚の寸法（一例）

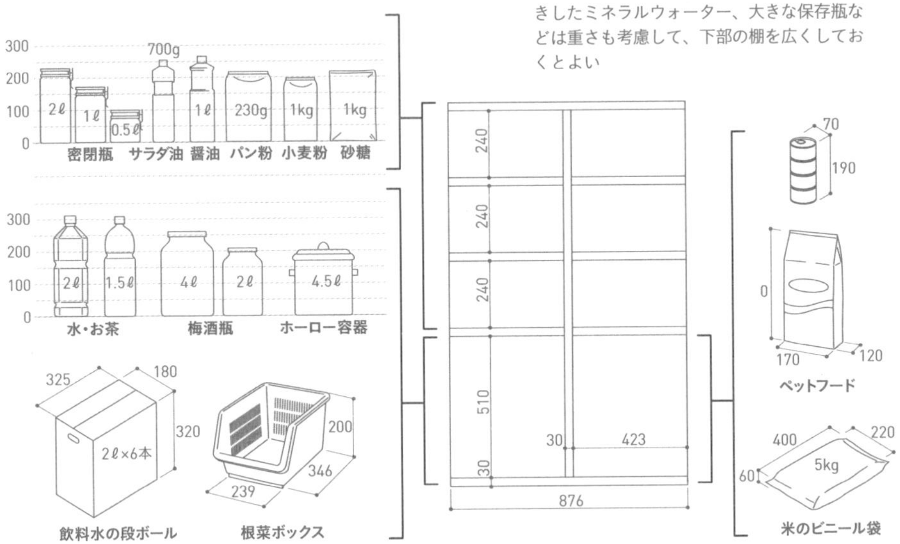
300
200
100
0
700g
2ℓ
1ℓ
0.5ℓ
1ℓ
230g
1kg
1kg
密閉瓶
サラダ油
醤油
パン粉
小麦粉
砂糖
2ℓ
1.5ℓ
4ℓ
2ℓ
4.5ℓ
水・お茶
梅酒瓶
ホーロー容器
325
180
320
2ℓ×6本
飲料水の段ボール
200
346
239
根菜ボックス
240
240
240
510
30
30
423
876
70
190
0
170
120
ペットフード
400
220
60
5kg
米のビニール袋

トイレ

トイレという限られたスペースにも最低限必要な収納スペースを押さえておきたい。トイレットペーパーやクリーナーなど来訪者に見せたくないモノを収納する棚は必須である

ほかにも手洗い器やタオル掛け、手摺、スイッチなどは使い勝手を考えると手元に集中するため、配置にも注意する

115
110
トイレットペーパー

トイレットペーパーはJIS規格で一つひとつの大きさは決まっているが、ストックする量[右表参照]に応じて収納スペースを考えなくてはならない

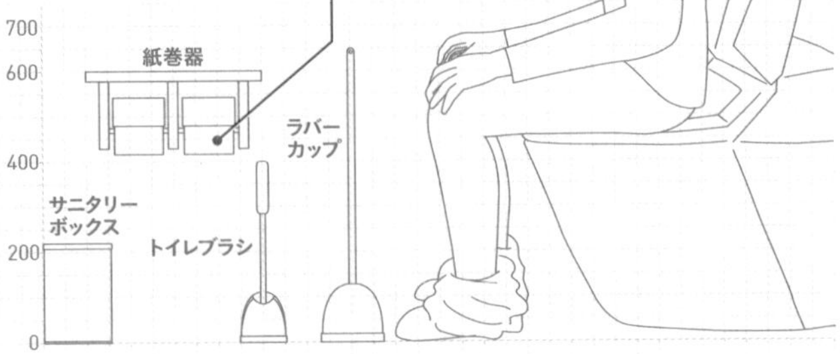
700
600
400
200
0
紙巻器
ラバーカップ
サニタリーボックス
トイレブラシ

表｜トイレットペーパーなどの寸法

		幅	奥行き	高さ
トイレットペーパー	6巻入り	220	110	345
	12巻入り	220	220	345
生理用品		250	200	70

		幅	奥行き	高さ
紙おむつ（乳児用）	新生児用	250	120	230
	Mサイズ	250	150	400
	Lサイズ	250	180	400

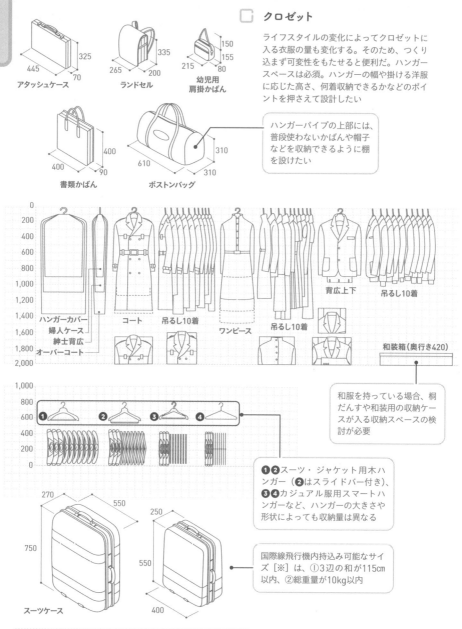

クロゼット

ライフスタイルの変化によってクロゼットに入る衣服の量も変化する。そのため、つくり込まず可変性をもたせると便利だ。ハンガースペースは必須。ハンガーの幅や掛ける洋服に応じた高さ、何着収納できるかなどのポイントを押さえて設計したい

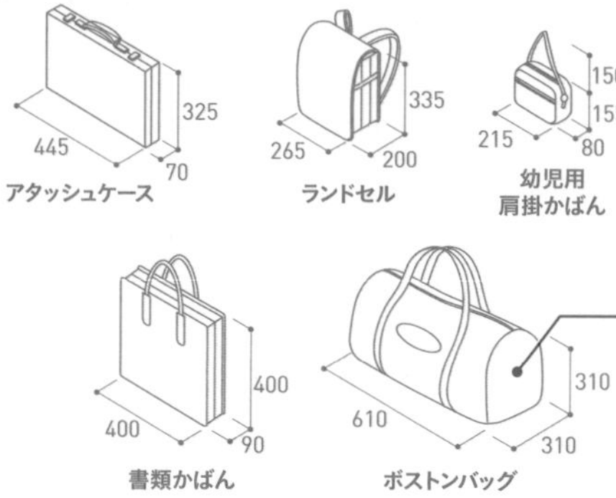

445
325
70
アタッシュケース
265
335
200
ランドセル
150
155
215
80
幼児用
肩掛かばん
400
400
90
書類かばん
610
310
310
ボストンバッグ

ハンガーパイプの上部には、普段使わないかばんや帽子などを収納できるように棚を設けたい

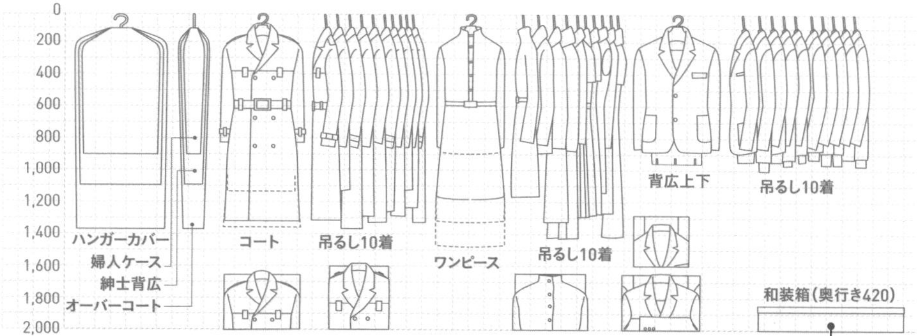

0
200
400
600
800
1,000
1,200
1,400
1,600
1,800
2,000
ハンガーカバー
婦人ケース
紳士背広
オーバーコート
コート
吊るし10着
ワンピース
吊るし10着
背広上下
吊るし10着
和装箱(奥行き420)

和服を持っている場合、桐だんすや和装用の収納ケースが入る収納スペースの検討が必要

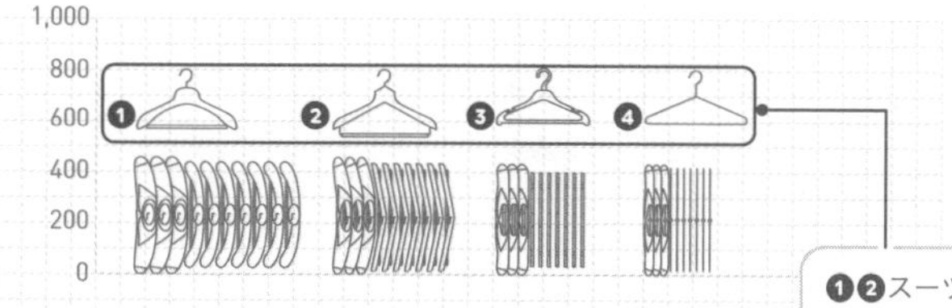

1,000
800
600
400
200
0
❶
❷
❸
❹

❶❷スーツ・ジャケット用木ハンガー(❷はスライドバー付き)、❸❹カジュアル服用スマートハンガーなど、ハンガーの大きさや形状によっても収納量は異なる

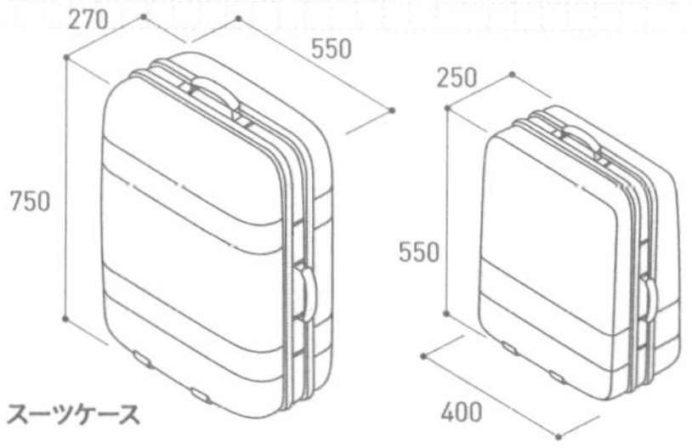

270
550
750
スーツケース
250
550
400

国際線飛行機内持込み可能なサイズ[※]は、①3辺の和が115㎝以内、②総重量が10kg以内

※航空会社や座席数100席以下の飛行機など、条件によって異なる

本棚・デスク

本は紙の規定寸法によってサイズが決まっているため、棚板の高さはこちらを考慮する。DVD・BD・CDはディスク自体のサイズは変わらないが、ケースのサイズが異なるため注意。封筒も紙より一回り大きい規定の寸法がある。仕事に使う部屋には、この寸法が納まる棚や、収納ケースを入れ込むスペースをつくると便利

A4判

写真集・美術書など
例：「コンパクト建築設計資料集成」（丸善）（厚さ約25mm、860mmの幅に約34冊）

B5判

週刊誌、一般雑誌など
例：「JR時刻表」（交通新聞社）（厚さ約35mm、860mmの幅に約24冊）

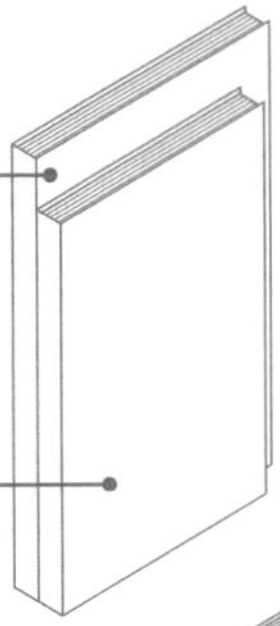

A5判

文芸雑誌・教科書など
例：雑誌「群像」（講談社）（厚さ約18mm、860mmの幅に約47冊）

四六判

文芸書単行本
例：鹿島出版会SD選書シリーズ（厚さ約16mm、860mmの幅に約53冊）

B6判

単行本・青年漫画など
例：『ゴルゴ13』（リイド社）（厚さ約22mm、860mmの幅に約39冊）

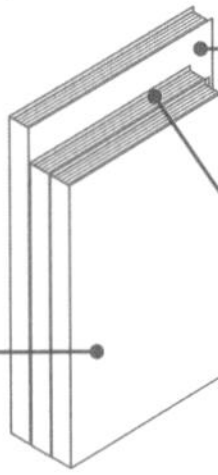

表1｜紙の規格サイズ一覧（単位：mm）

JIS記号	W	H
A4	210	297
A5	148	210
A6	105	148
A7	74	105
B4	257	364
B5	182	257
B6	128	182
B7	91	128

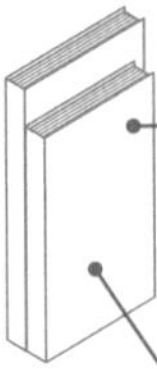

小B6判

新書・少年少女コミックなど
例：講談社ブルーバックスシリーズ（厚さ約15mm、860mmの幅に約57冊）

A6判

文庫
例：筑摩学術文庫シリーズ（厚さ約13mm、860mmの幅に約66冊）

各メディアの基本サイズ

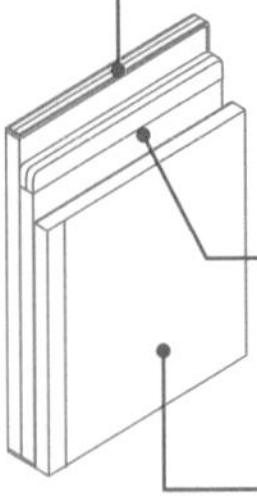

DVDケース
190×135×15mm
（860mmの幅に約57点）

BDケース
170×135×13mm
（860mmの幅に約66点）

CDケース
124×142×10mm
（860mmの幅に約86点）

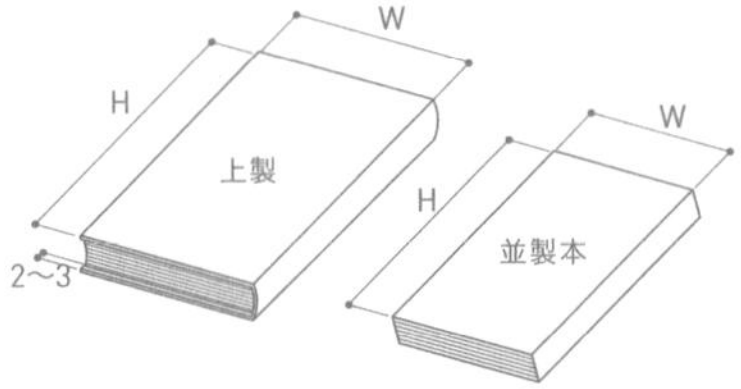

書籍には大きく分けて上製（ハードカバー）と並製（ソフトカバー）の2種類がある。小説の単行本や専門書には上製のものが多く、並製に比べて厚く高さも高くなるため、本棚の造作の際は用紙サイズに加えてクリアランスをもたせる必要がある

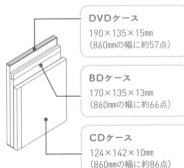

封筒の基本サイズ

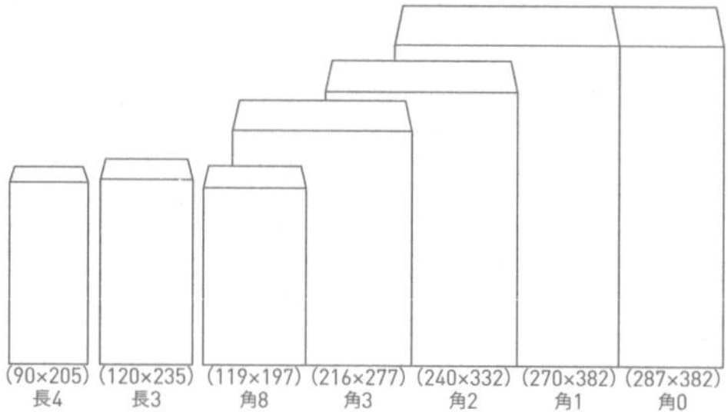
(90×205)
長4
(120×235)
長3
(119×197)
角8
(216×277)
角3
(240×332)
角2
(270×382)
角1
(287×382)
角0

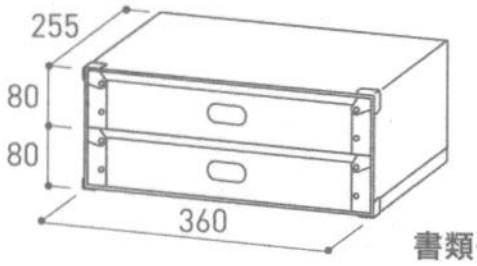
255
80
80
360
書類ケース1

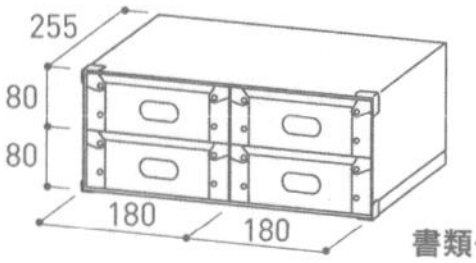
255
80
80
180
180
書類ケース2

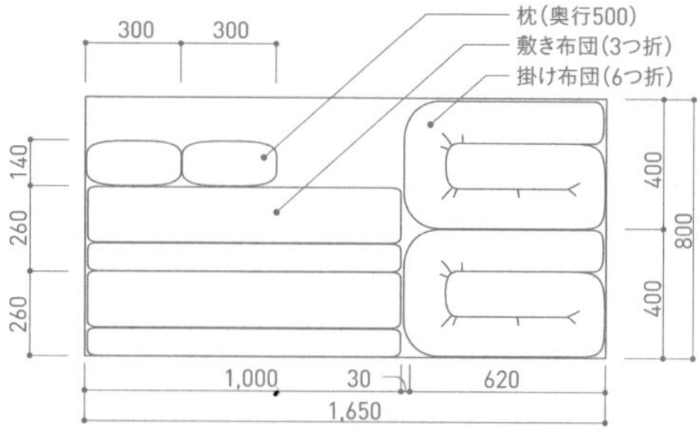
枕(奥行500)
敷き布団(3つ折)
掛け布団(6つ折)
300
300
140
260
260
400
400
800
1,000
30
620
1,650

押入れ(寝具)

布団は基本的な寸法が決められており、畳み方によって収納方法が異なってくる。押入れの基本寸法の内寸幅1,650〜1,800㎜、奥行き800〜900㎜には、3つ折りにした敷布団と6つ折りにした掛布団、枕がそれぞれ2つずつ収納できる。収納ケースに入れる場合もあるため、こちらの寸法も要注意

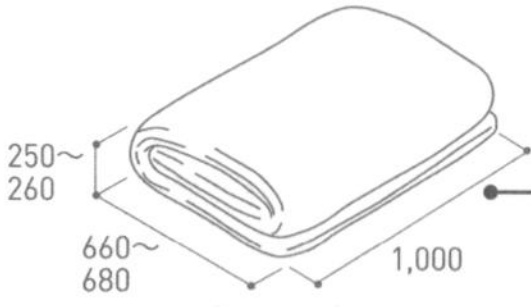
250〜
260
660〜
680
1,000
敷き布団(3つ折)

1,000×2,100㎜、 綿50%、ポリエステル50%の場合。羊毛など別素材だと寸法はわずかだが異なる

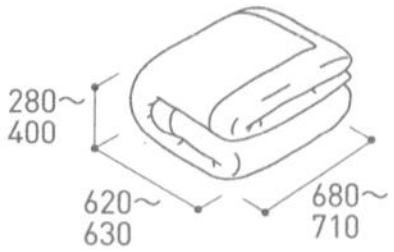
280〜
400
620〜
630
680〜
710
掛け布団(6つ折)

1,500×2,000㎜、 ポリエステル100%の場合。ほかには羽毛などが一般的

布団の基本寸法

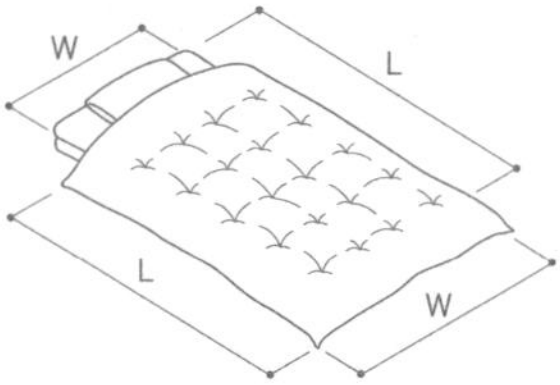
W
L
L
W

表2｜布団のサイズ一覧(単位:㎜)

敷き布団

種類	W	L
シングル	1,000	2,000
シングルロング	1,000	2,100
ダブル	1,400	2,000
ダブルロング	1,400	2,100

掛け布団

種類	W	L
シングル	1,500	2,000
シングルロング	1,500	2,100
ダブル	1,900	2,000
ダブルロング	1,900	2,100

布団収納カバーの基本寸法

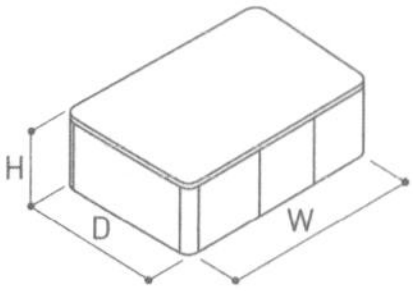
H
D
W

表3｜布団収納カバーのサイズ目安(単位:㎜)

種類	D	W	H
掛け布団用	680	1,000	350
敷け布団用	680	1,000	250
毛布用	480	680	230
整理用	340	480	200

習得したい特殊な寸法

季節のモノや一時期しか使われないモノ、趣味のモノなどをうまく収めるためには、そのモノの寸法を知ることが重要。片付く家の設計に必須の知識です。

季節の飾りモノ

五月人形やひな人形など「季節の飾りモノ」収納への要望は多い。常に飾っておくものではないが、あらかじめ飾るスペースを想定したうえで、収納場所を考えたい

最近はおひな様とお内裏様2体だけの「親王飾り」のように小型・簡略化されているものも多い

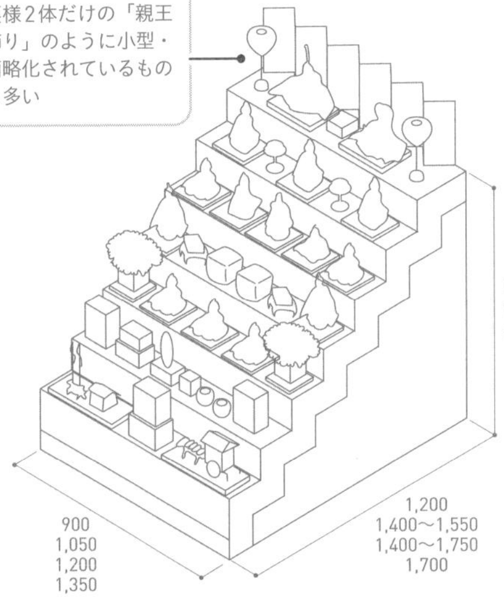

1,200〜1,250
1,500〜1,550
1,650〜1,750
1,750
1,200
1,400〜1,550
1,400〜1,750
1,700
900
1,050
1,200
1,350

七段飾りひな人形

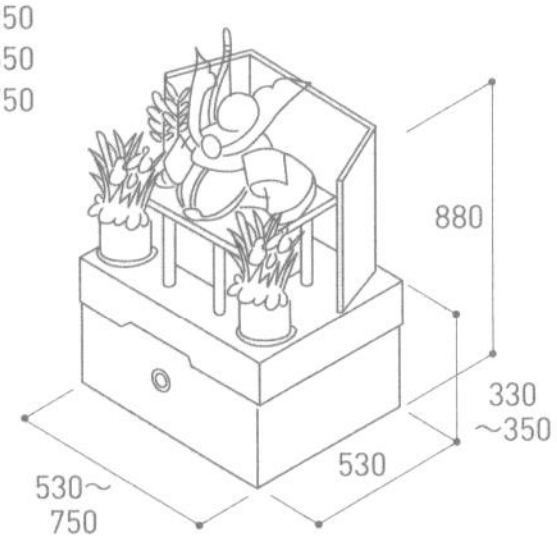

880
330
〜350
530
530〜
750

収納箱式五月人形

ベビーカー・ショッピングカート

玄関にベビーカーや子どものおもちゃなどの収納スペースがあると便利である。しかし、これらの専用収納スペースは、ライフサイクルの変化により「死に地」となるおそれもある。代替となる収納物を考えておくなど注意が必要である

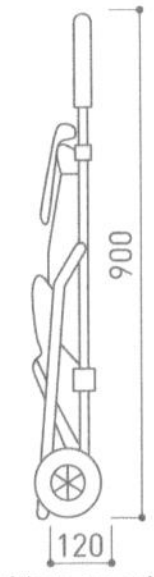

900
120
(奥行き360)

ショッピングカート

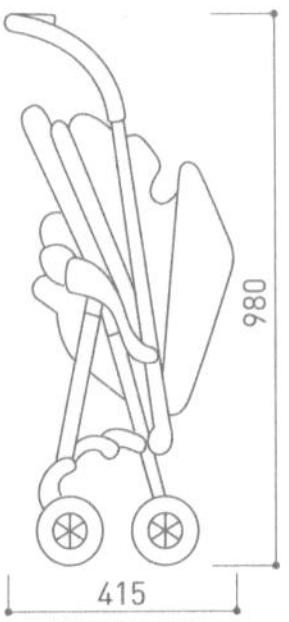

980
415
(奥行き390)

ベビーカー(A型)

ベビーカーには生後約1カ月から使えるA型と、赤ちゃんの首や腰が据わった頃から使えるコンパクトなB型がある

仏具・神具

神棚はできるだけ明るく清浄な場所、最上階の天井近くの南向きまたは東向きに設置するのがよいとされている。また、同じ部屋に神棚と仏壇を置く場合は向かい合わせの設置は避ける

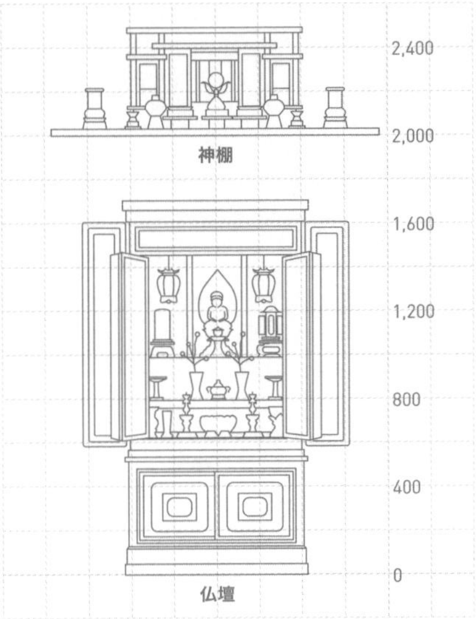
2,400
2,000
神棚
1,600
1,200
800
400
0
仏壇

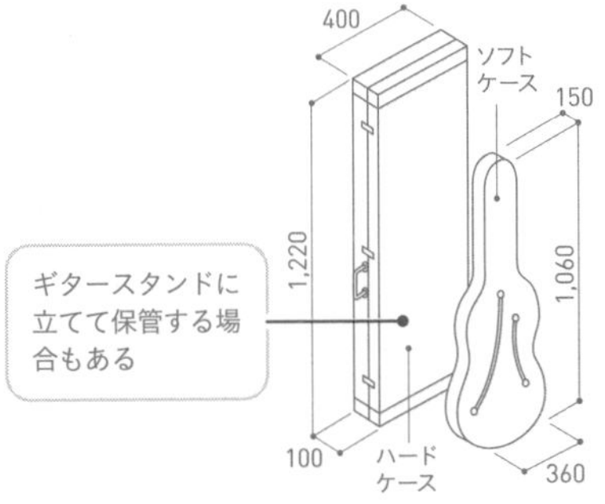
400
ソフトケース
150
1,220
1,060
ギタースタンドに立てて保管する場合もある
100
ハードケース
360

エレキギター

楽器

楽器の収納は、単にスペースを確保すればよいというものではない。音の問題や重さ、搬入経路の確保がポイントとなる。グランドピアノは脚を外して搬入することも可能だが、アップライトピアノはそのままの形状での搬入となる

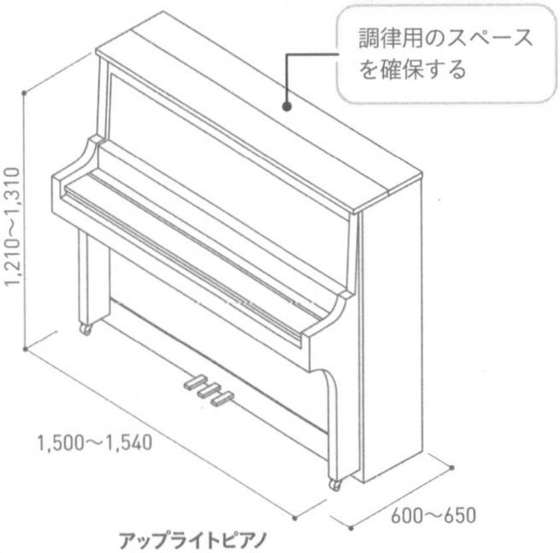
調律用のスペースを確保する
1,210〜1,310
1,500〜1,540
600〜650

アップライトピアノ
(215〜255kg)

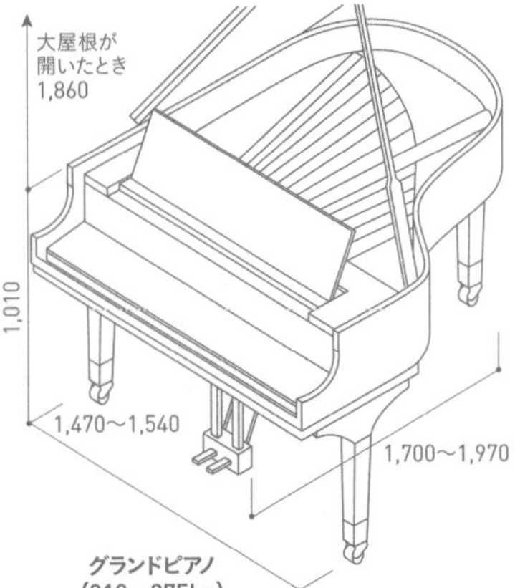
大屋根が開いたとき
1,860
1,010
1,470〜1,540
1,700〜1,970

グランドピアノ
(310〜375kg)

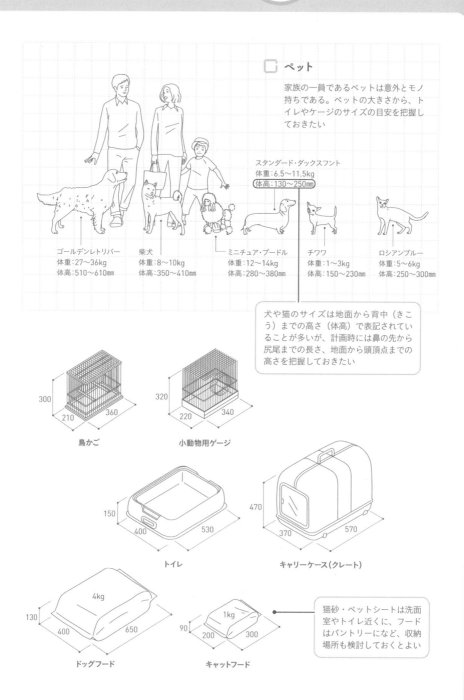

ペット

家族の一員であるペットは意外とモノ持ちである。ペットの大きさから、トイレやケージのサイズの目安を把握しておきたい

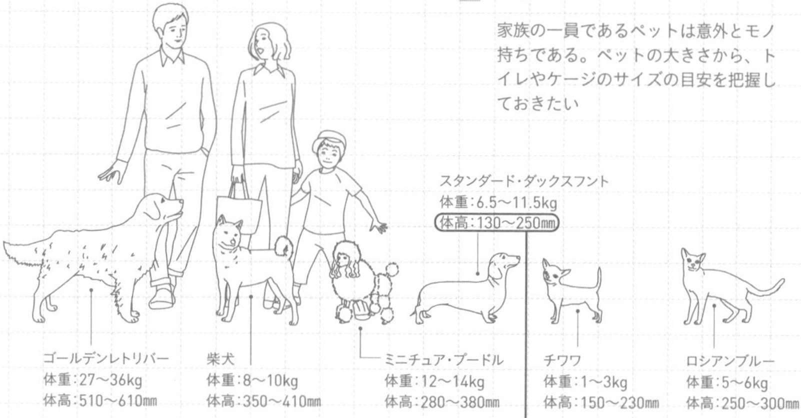
スタンダード・ダックスフント
体重：6.5〜11.5kg
体高：130〜250㎜
ゴールデンレトリバー
体重：27〜36kg
体高：510〜610㎜
柴犬
体重：8〜10kg
体高：350〜410㎜
ミニチュア・プードル
体重：12〜14kg
体高：280〜380㎜
チワワ
体重：1〜3kg
体高：150〜230㎜
ロシアンブルー
体重：5〜6kg
体高：250〜300㎜

犬や猫のサイズは地面から背中（きこう）までの高さ（体高）で表記されていることが多いが、計画時には鼻の先から尻尾までの長さ、地面から頭頂点までの高さを把握しておきたい

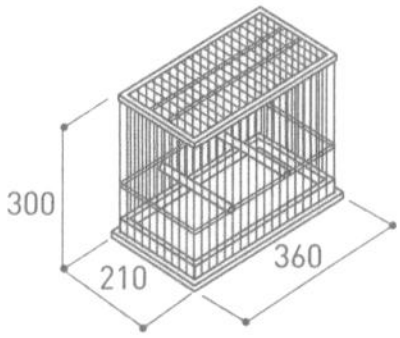
300
210
360

鳥かご

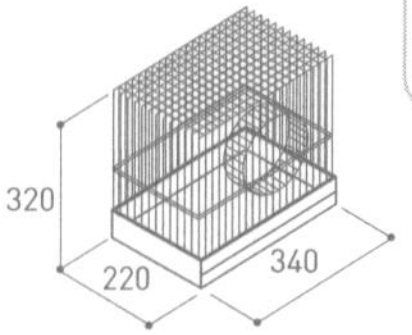
320
220
340

小動物用ゲージ

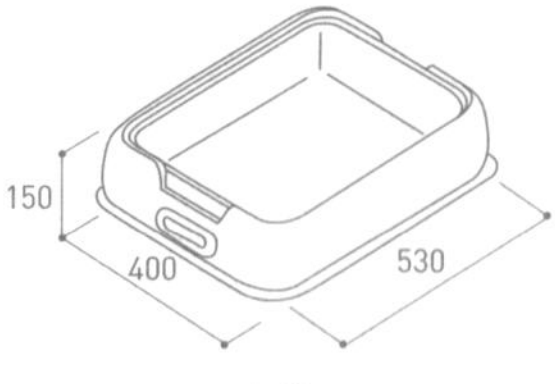
150
400
530

トイレ

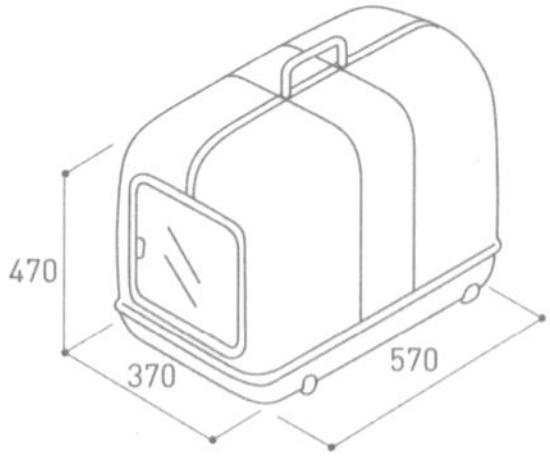
470
370
570

キャリーケース（クレート）

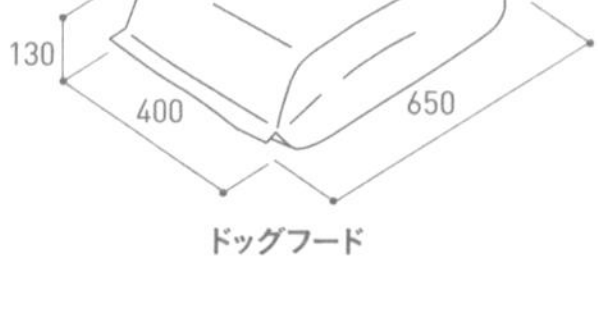
4kg
130
400
650

ドッグフード

1kg
90
200
300

キャットフード

猫砂・ペットシートは洗面室やトイレ近くに、フードはパントリーになど、収納場所も検討しておくとよい

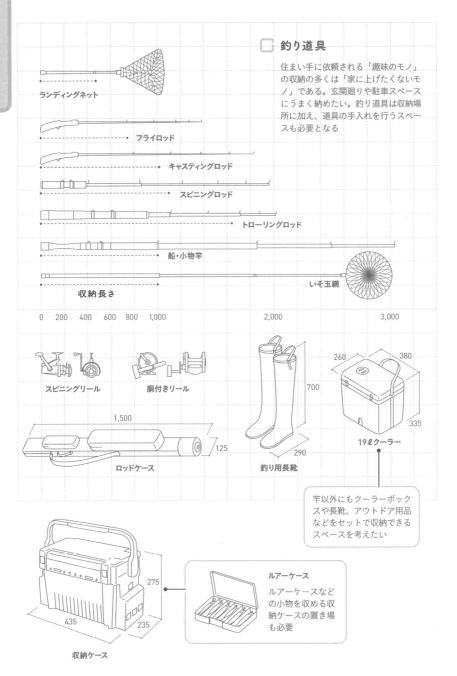

釣り道具

住まい手に依頼される「趣味のモノ」の収納の多くは「家に上げたくないモノ」である。玄関廻りや駐車スペースにうまく納めたい。釣り道具は収納場所に加え、道具の手入れを行うスペースも必要となる

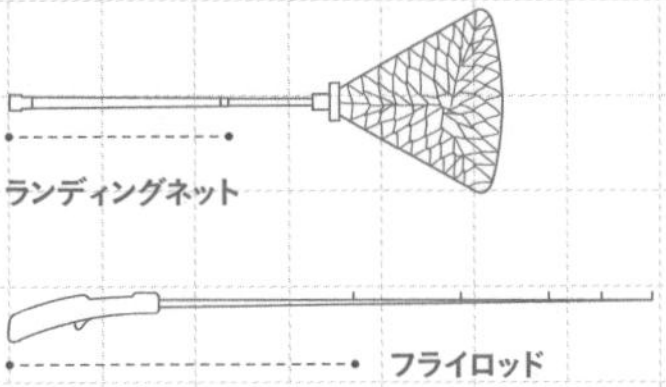
ランディングネット
フライロッド

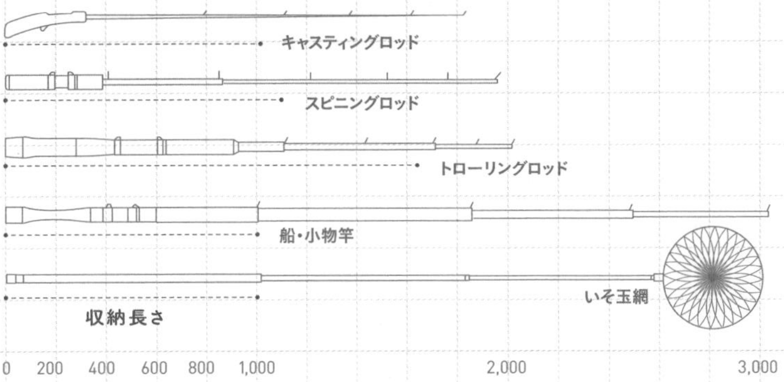
キャスティングロッド
スピニングロッド
トローリングロッド
船・小物竿
いそ玉網
収納長さ
0
200
400
600
800
1,000
2,000
3,000

スピニングリール
胴付きリール

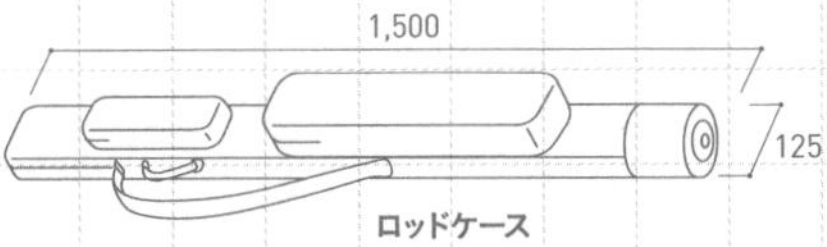
1,500
125
ロッドケース

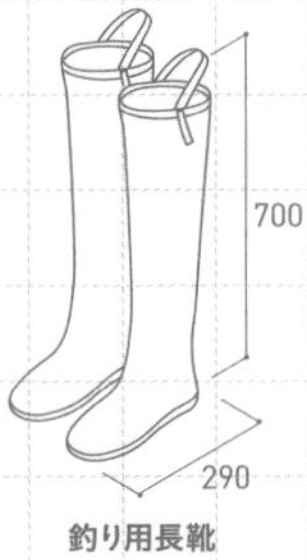
700
290
釣り用長靴

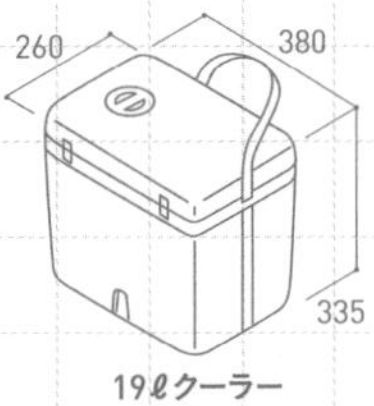
260
380
335
19ℓクーラー

竿以外にもクーラーボックスや長靴、アウトドア用品などをセットで収納できるスペースを考えたい

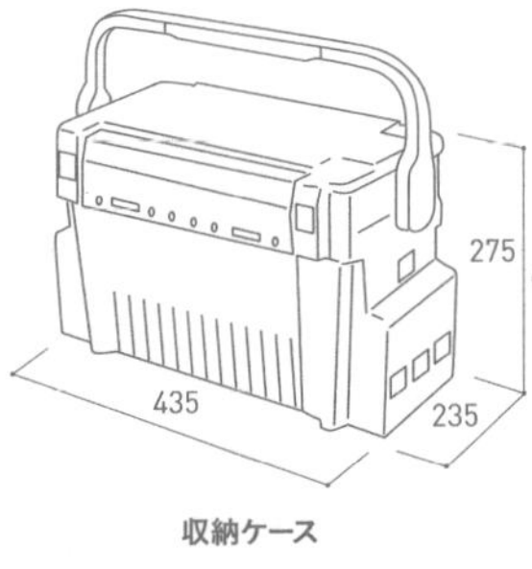
275
435
235
収納ケース

ルアーケース

ルアーケースなどの小物を収める収納ケースの置き場も必要

スポーツ用品

スポーツ用品の収納スペースは住まい手の趣味のためだけでなく、将来的に子どもの部活動などで必要となることも想定される

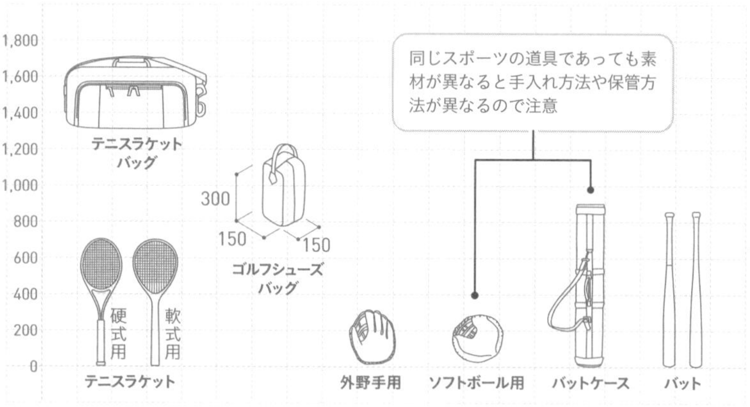

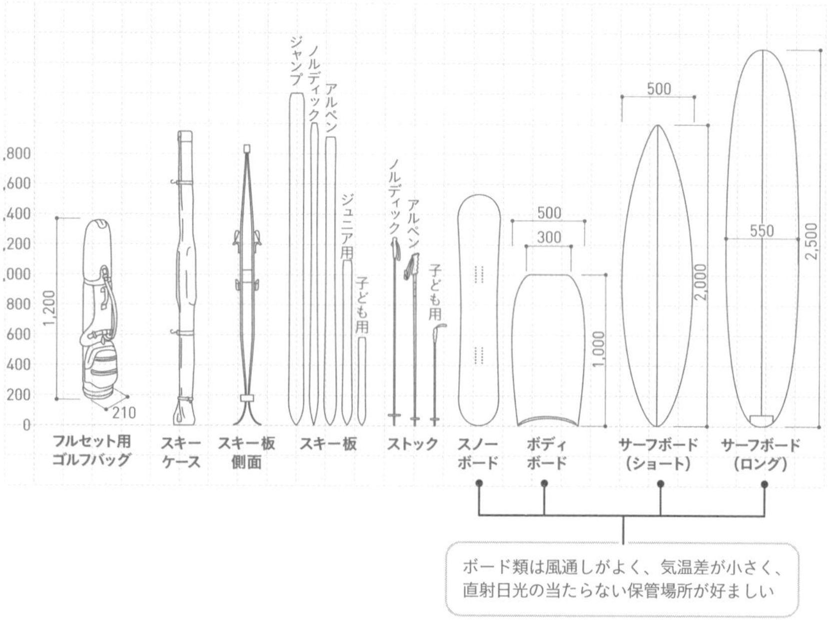

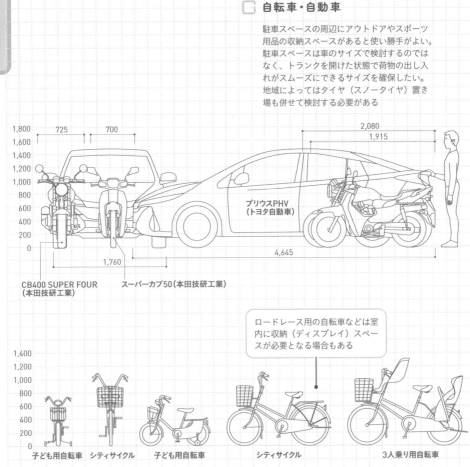

自転車・自動車

駐車スペースの周辺にアウトドアやスポーツ用品の収納スペースがあると使い勝手がよい。駐車スペースは車のサイズで検討するのではなく、トランクを開けた状態で荷物の出し入れがスムーズにできるサイズを確保したい。地域によってはタイヤ（スノータイヤ）置き場も併せて検討する必要がある

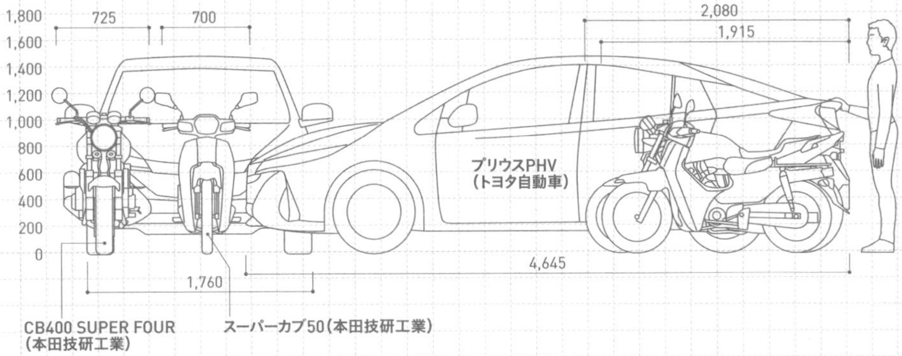
1,800
1,600
1,400
1,200
1,000
800
600
400
200
0
725
700
2,080
1,915
プリウスPHV
（トヨタ自動車）
1,760
4,645
CB400 SUPER FOUR
（本田技研工業）
スーパーカブ50（本田技研工業）

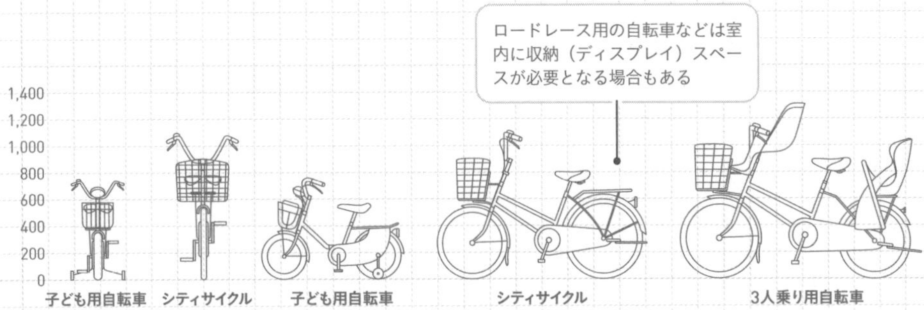
ロードレース用の自転車などは室内に収納（ディスプレイ）スペースが必要となる場合もある
1,400
1,200
1,000
800
600
400
200
0
子ども用自転車
シティサイクル
子ども用自転車
シティサイクル
3人乗り用自転車

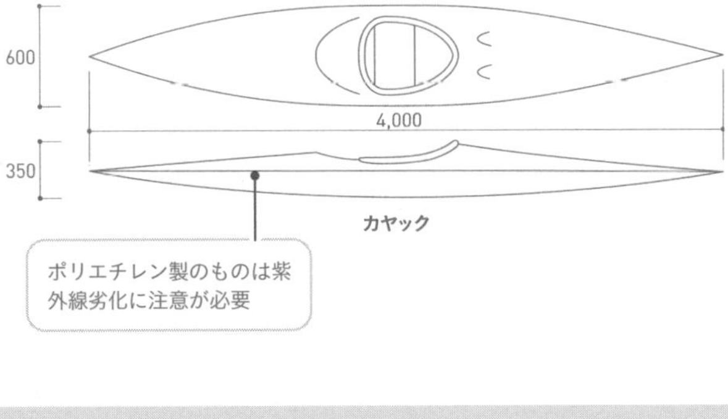
600
4,000
350
カヤック
ポリエチレン製のものは紫外線劣化に注意が必要

執筆者プロフィール（五十音順）

青木律典［あおき・のりふみ］
デザインライフ設計室
1973年神奈川県生まれ。日比生寛史建築計画研究所、田井勝馬建築設計工房勤務を経て、2010年青木律典建築設計スタジオ設立。'15年デザインライフ設計室に改組

安藤和浩［あんどう・かずひろ］
アンドウ・アトリエ
1962年東京都生まれ。'85年武蔵野美術大学建築学科卒業。'88年アンドウ・アトリエ設立。'90年アーキテクチャー・ファクトリーをトム・ヘネガン（英国）と共に設立、熊本県アートポリス都市計画事業に参加。'98年アンドウ・アトリエの活動を再開

石井大［いしい・だい］
石井井上建築事務所
1967年大分県生まれ。'91年東京工業大学工学部建築学科卒業。'93年同大学大学院建築学専攻修士課程修了。ファブリカ・アルティス勤務を経て'98年TASTEN設立。2005年組織改編し石井井上建築事務所設立

出原賢一［いずはら・けんいち］
レベル アーキテクツ
1974年神奈川県生まれ。2000年芝浦工業大学大学院工学研究科建設工学専攻修了。納谷建築設計事務所を経て、'04年レベル アーキテクツ設立

井上牧子［いのうえ・まきこ］
石井井上建築事務所
1971年東京都生まれ。'97年イリノイ工科大学建築学部卒業。ワークステーション勤務を経て2003年より石井大と協働。'05年石井井上建築事務所設立

柏木穂波［かしわぎ・ほなみ］
カシワギ・スイ・アソシエイツ
1967年東京都生まれ。'90年東京都市大学（旧武蔵工業大学）卒業。同年早川邦彦建築研究室。'92年インターデザインアソシエイツ。'96年穂（スイ）設計室設立。'99年柏木学とカシワギ・スイ・アソシエイツを共同設立。2005年有限会社カシワギ・スイ・アソシエイツ一級建築士事務所に法人化。現在東京都市大学、東京家政学院大学、阿佐ヶ谷美術専門学校非常勤講師

柏木 学［かしわぎ・まなぶ］
カシワギ・スイ・アソシエイツ
1967年茨城県生まれ。'90年近畿大学卒業。同年早川邦彦建築研究室。'94年塚田建築設計事務所。'99年柏木穂波とカシワギ・スイ・アソシエイツを共同設立。2005年有限会社カシワギ・スイ・アソシエイツ一級建築士事務所に法人化

勝見紀子［かつみ・のりこ］
株式会社アトリエ・ヌック建築事務所
1963年石川県生まれ。'86年より連合設計社市谷建築事務所勤務、主に個人住宅の設計に携わる。'98年アトリエ・ヌック設立（新井聡と共同主宰）。一級建築士、住宅医

菊田康平［きくた・こうへい］
ボタンデザイン
1982年福島県生まれ。2006年日本大学芸術学部デザイン学科卒業。同年妹尾正治建築設計事務所。不動産会社勤務を経て'14年ボタンデザイン共同主宰

佐藤哲也［さとう・てつや］
佐藤・布施建築事務所
1973年東京都に生まれる。'96年東京デザイン専門学校建築デザイン科を卒業後、椎名英三建築設計事務所に勤務。2003年布施木綿子建築設計事務所を共同主宰。'06年に佐藤・布施建築事務所を共同設立

鈴木信弘［すずき・のぶひろ］
鈴木アトリエ
1963年神奈川県生まれ。神奈川大学建築学科在学中、英国アストン大学へ交換留学。修了後、東京工業大学助手。'94年鈴木アトリエ一級建築士事務所設立（鈴木洋子氏と共同主宰）。2004年有限会社鈴木アトリエに改組。神奈川大学建築学部教授

関尾英隆［せきお・ひでたか］
あすなろ建築工房

1969年兵庫県生まれ。'95年東京工業大学大学院理工学研究科建築学専攻修了。'95〜2005年日建設計に勤務。'05〜'08年 沖工務店に勤務。'08年関尾英隆建築設計工房一級建築士事務所開設。'09年あすなろ建築工房設立

関本竜太〔せきもと・りょうた〕
リオタデザイン
1971年埼玉県生まれ。'94年日本大学理工学部建築学科を卒業し、'99年までエーディーネットワーク建築研究所に勤務。2000〜'01年フィンランドのヘルシンキ工科大学（現アールト大学）に留学。帰国後、'12年にリオタデザイン設立

髙木 亮〔たかぎ・りょう〕
ブルースタジオ
1984年栃木県生まれ。2006年日本工業大学工学部建築学科卒業。同年組織設計事務所入社。その後、アトリエ天工人を経て、'12年ブルースタジオ入社

田野恵利〔たの・えり〕
アンドウ・アトリエ
1963年栃木県生まれ。'85年武蔵野美術大学建築学科卒業。'86年レミングハウス、中村好文氏に師事。'91年アーキテクチャー・ファクトリーに参加。'98年アンドウ・アトリエ共同主宰

中村和基〔なかむら・かずき〕
レベル アーキテクツ
1973年埼玉県生まれ。'98年日本大学理工学部建築学科卒業。納谷建築設計事務所を経て、2004年レベル アーキテクツ設立

布施木綿子〔ふせ・ゆうこ〕
佐藤・布施建築事務所
1971年東京都生まれ。'94年日本大学理工学部建築学科を卒業後に、椎名英三建築設計事務所に所属。2002年布施木綿子建築設計事務所主宰。'06年佐藤・布施建築事務所を共同設立

本間 至〔ほんま・いたる〕
ブライシュティフト
1956年東京都生まれ。'79年日本大学理工学部建築学科卒業、同年林寛治設計事務所入所。'86年本間至／ブライシュティフト開設。2023年同事務所解散

水越美枝子〔みずこし・みえこ〕
アトリエサラ
1959年茨城県生まれ。'82年日本女子大学住居学科卒業後、清水建設に入社。'98年より一級建築士事務所アトリエサラを共同主宰。新築・リフォームの住宅設計から、インテリアコーディネート、収納計画まで幅広く手がけている。現在日本女子大学非常勤講師、NHK文化センター講師

村上 譲〔むらかみ・ゆずる〕
ボタンデザイン
1984年岩手県生まれ。2006年日本大学芸術学部デザイン学科卒業。同年三浦慎建築設計室。'14年ボタンデザイン共同主宰

八島正年〔やしま・まさとし〕
八島建築設計事務所
1968年福岡県生まれ。'93年東京藝術大学美術学部建築科卒業。'95年同大学大学院美術研究科修士課程修了。現在八島建築設計事務所代表

八島夕子〔やしま・ゆうこ〕
八島建築設計事務所
1971年神奈川県生まれ。'95年多摩美術大学美術学部建築科卒業。'97年東京藝術大学大学院美術研究科修士課程修了。現在八島建築設計事務所副代表

和田浩一〔わだ・こういち〕
スチュディオ・カズ
1965年福岡県生まれ。九州芸術工科大学芸術工学部工業設計学科卒業。'94年スチュディオ・カズ設立。オーダーキッチン、オーダー家具、リノベーションなどの設計を手がける。2014年より、工務店にオーダーキッチンを指導する「キッチンアカデミー」主宰。東京デザインプレックス研究所非常勤講師。著書に『キッチンをつくる／KITCHENING』(彰国社)、『世界で一番やさしいインテリア』『世界で一番やさしい家具設計』『世界で一番くわしいインテリア』(エクスナレッジ)

最新版
暮らしが整う、ラクになる

成功する収納デザイン

2023年4月1日　初版第1刷発行

発行者　**澤井聖一**

発行所　**株式会社エクスナレッジ**

〒106-0032
東京都港区六本木7-2-26
https://www.xknowledge.co.jp/

問合せ先　編集　Tel：03-3403-1381
Fax：03-3403-1345
info@xknowledge.co.jp
販売　Tel：03-3403-1321
Fax：03-3403-1829